选择

古今图书集成术数丛刊

郑同◎点校

華龄出版社

责任编辑：李成志
责任印制：李未圻

图书在版编目(CIP)数据

选择/郑同点校.—北京:华龄出版社,2008.1
(古今图书集成术数丛刊)
ISBN 978—7—80178—492—6
I. 选… Ⅱ.郑… Ⅲ.风水—中国—古代 Ⅳ.B992.4
中国版本图书馆 CIP 数据核字(2007)第 191425 号

书　　名:选　择(古今图书集成术数丛刊)
作　　者:郑同　点校

出 版 人:胡福君
出版发行:华龄出版社
地　　址:北京市东城区安定门外大街甲 57 号　**邮　　编**:100011
电　　话:(010)58122246　**传　　真**:(010)84049572
网　　址:http://www.hualingpress.com

印　　刷:九洲财鑫印刷有限公司
版　　次:2008 年 1 月第 1 版　2021 年 1 月第 4 次印刷
开　　本:787mm×1092mm　1/16　**印　　张**:20.5
字　　数:380 千字　**印　　数**:12001～15000
定　　价:50.00 元

目录

卷一　选择汇考一[①]

礼记

曲礼

外事以刚日，内事以柔日。

注：甲丙戊庚壬为刚，乙丁己辛癸为柔。治兵、巡狩、朝聘、盟会之类，皆外事也，内事如祭祀冠婚之礼。

太乙经

论昼夜及嫁娶日辰

天一所在甲戊庚，旦大吉，夕小吉。乙己昼神后，夜传送。丙丁旦登明，暮从魁。六辛昼胜光，夜功曹。壬癸昼太乙，夜太冲。

诸欲娶妇嫁女必记，初许嫁之日，以为本其娶妇时，慎无令克其许嫁日辰也。克日害舅，克辰害姑。姑舅，夫之父母也。尽克日辰，为不利一家。

假令甲子日许嫁，庚辛日纳财，皆为克日。戊己纳之，为克辰也。

假令辛未日纳，皆为克日辰，戊申己酉日亦然也。又欲令日辰阴阳中及用传中，有天后，无螣蛇白兽相克，吉。谓内妇时如此者，即吉。又无令夫家之门伤妇年，即妇有咎。

假令二月乙未日巳时，天罡加己，妇年立辰，从魁加之，夫家门在子地，太乙加之，夫家门在丑，胜光加之，此并为夫家门伤妇年也，谓夫家门上火神克妻家门上金

---

① 点校者注：为方便读者阅读与检索，本书卷次为点校者依据原书卷次所加。

神也。若夫门立酉，功曹加酉，妇在东方，卯来氐酉，酉入功曹，即妇有咎。他仿此。又无令妇年上神，伤夫家之门，即夫家有咎也。

假令妇年立辰，从魁加之，夫门在酉，功曹临之，夫门在戌，太冲临之，此为妇年上神，伤夫家之门，即夫家有咎。门者所出之辰，凡娶妇为入顽，嫁女为出顽，从方入圆为入顽，从方出圆为出顽也。又不欲所出入之神伤日辰为女，固有败伤，又不欲令伤日为害翁，谓神将共伤日也。

假令二月庚子日，魁罡加丑之时也，太乙临庚，上其将得朱雀，此为神将并伤日，伤日害舅。若日并伤，神将为害矣。

假令二月癸丑日巳时，胜光加癸，将得螣蛇，此为日并伤神将，害夫。又辰中有微气往助之者，为夫死。

假令二月甲戌日辰时，而传送加甲，甲木也，传送金也，金伤木，又戌中之金复往助之者，为夫死。伤辰为妇，谓神将共伤辰也。

假令二月庚申日，魁加丑之时也，太乙临申，将得朱雀，此为神将并伤辰也。

假令二月壬子日，魁加辰，胜光临子为用，将得螣蛇，此为日辰并伤神将也。但辰伤妇，谓辰伤其阳神神将者。又日内有微气往助之者，为妇死也。

假令二月丁巳日，魁加卯神后加巳，巳火也，神后水也，水伤火，又丁巳复往助之，为妇死。以其上将为所坐形状。

假令二月甲戌日，魁加辰，传送为青龙，而加甲为夫妇死。死坐送行酒食故也。[①]

① 在昔元女著述，卷帙颇繁，诸目略具夹漈志中，今所授经，亦占家绪余也。汉制日，辟诸死忌，以五行为主，是也。

扁鹊子午经

主司

东方甲乙木，主人肝胆筋膜魂；

南方丙丁火，主人心小肠血脉神；

西方庚辛金，主人肺大肠皮毛魄；

北方壬癸水，主人肾膀胱骨髓精志；

中央戊己土，主人脾胃肌肉意智。

主命

木命人行年在木，则不宜针及服青药。

火命人行年在火，则不宜汗及服赤药。

土命人行年在土，则不宜吐及服黄药。

金命人行年在金，则不宜灸及服白药。

水命人行年在水，则不宜下及服黑药。

行年人神

脐项肘咽口头脊膝	一	六	十一	十六	二十一	二十六	三十一	三十六	四十一	四十六	五十一	五十六	六十一	六十六	七十一	七十六	八十一	八十六
	二	七	十二	十七	二十二	二十七	三十二	三十七	四十二	四十七	五十二	五十七	六十二	六十七	七十二	七十七	八十二	八十七
	三	八	十三	十八	二十三	二十八	三十三	三十八	四十三	四十八	五十三	五十八	六十三	六十八	七十三	七十八	八十三	八十八
	四	九	十四	十九	二十四	二十九	三十四	三十九	四十四	四十九	五十四	五十九	六十四	六十九	七十四	七十九	八十四	八十九
	五	十	十五	二十	二十五	三十	三十五	四十	四十五	五十	五十五	六十	六十五	七十	七十五	八十	八十五	九十

上九部行神岁移一部，周而复始。

十二部人神所在

心辰、喉卯、头寅、眉丑、背子、腰亥、腹戌、项酉、足申、膝未、阴午、股巳。

日辰忌

一日足大趾，二日外踝，三日股内，四日腰，五日口舌咽悬膺，六日足小趾，七日内踝，八日足腕，九日尻，十日背腰，十一日鼻柱，十二日发际，十三日牙齿，十四日胃脘，十五日遍身，十六日胸乳，十七日气冲，十八日腹内，十九日足趺，二十日膝下，二十一日手小指，二十二日伏兔，二十三日肝腧，二十四日手阳明两胁，二十五日足阳明，二十六日手足，二十七日膝，二十八日阴，二十九日膝胫颞颥，三十日关元下至足心。

干支人神忌日

甲乙日忌寅时头，丙丁日忌辰时耳，戊己日忌午时发，庚辛日忌申时阙，壬癸日忌酉时足。

子日目，丑日耳，寅日口，卯日鼻，辰日腰，巳日手，午日心，未日足，申日头，酉日背，戌日项，亥日顶。建日申时头，除日酉时膝，满日戌时腹，平日亥时腰背，定日子时心，执日丑时手，破日寅时口，危日卯时鼻，成日辰时唇，收日巳时足，开日午时耳，闭日未时目。

十二时忌

子时踝，丑时头，寅时目，卯时面耳，辰时项口，巳时缺，午时胸胁，未时腹，申时心，酉时背脾，戌时腰阴，亥时股。

又：立春春分脾，立夏夏至肺，立秋秋分肝，立冬冬至心，四季十八日肾。

又：正月丑，二月戌，三月未，四月辰，五月丑，六月戌，七月未，八月辰，九月丑，十日戌，十一月未，十二月辰。

又：春左胁，秋右胁，夏在肾，冬在腰。

又：男避除，女避破，男忌戌，女忌巳。

孙思邈元女房中经

王相日

春甲乙，夏丙丁，秋庚辛，冬壬癸。

月宿日

正月：一日、六日、九日、十日、十一日、十二日、十四日、二十一日、二十四日、二十九日。

二月：四日、七日、八日、九日、十二日、十四日、十九日、二十二日、二十七日。

三月：一日、二日、五日、六日、七日、八日、十日、十七日、二十日、二十五日。

四月：二日、五日、六日、八日、十日、十二日、十五日、十八日、二十二日、二十八日。

五月：一日、二日、三日、四日、五日、六日、十二日、十五日、二十日、二十五日、二十八日、二十九日、三十日。

六月：一日、三日、十日、十三日、十八日、二十三日、二十六日、二十七日、二十八日、二十九日。

七月：一日、八日、十一日、十六日、二十一日、二十四日、二十五日、二十六日、二十七日、二十九日。

八月：五日、八日、十日、十三日、十八日、二十一日、二十二日、二十三日、二十四日、二十五日、二十六日。

九月：二日、六日、十一日、十六日、十九日、二十日、二十一日、二十三日、二十四日。

十月：一日、四日、九日、十日、十四日、十七日、十八日、十九日、二十日、二十二日、二十三日、二十九日。

十一月：一日、六日、十一日、十四日、十五日、十六日、十七日、十九日、二十六日、二十九日。

十二月：一日、六日、十一日、十四日、十五日、十六日、十七日、十九日、二十六日、二十九日。

吉凶时日善恶宿曜经

序三九秘宿品第三

一九之法：命宿、荣宿、衰宿、安宿、危宿、成宿、坏宿、友宿、亲宿。

二九之法：业宿、荣宿、衰宿、安宿、危宿、成宿、坏宿、友宿、亲宿。

三九之法：胎宿、荣宿、衰宿、安宿、危宿、成宿、坏宿、友宿、亲宿。

此法以定人所生日为宿，直为命宿为第一，次以荣宿，又次衰宿，及安宿、危宿、成宿、坏宿、友宿、亲宿，如是九宿为一九之法。其次则次业宿为首，以下九准前为二九之法。次即以胎宿为首，以下九准前三九之法。而周二十七宿众为秘密。

景风曰：假如有人二月五日生者，其人属毕宿，为第一命宿，以次觜宿为荣宿，参为衰宿，井为安宿，鬼为危宿，柳为成宿，星为坏宿，张为友宿，翼为亲宿，轸为业宿，角为荣宿，亢为衰宿，并同友直，如女胎宿虚为荣宿，已下准前，是为三九之法，他皆准此。

三藏云：凡与人初结交者，先须看彼人宿命押我何宿，又看我命宿押彼人何宿，大抵以荣成友亲为善堪结交，自余并恶，不可与相知，以为秘法耳。

景风曰：案太史有旧翻九执，宿命占殊未有此法，今则新译庶用，传之流行万代耳。

凡命胎宿直日，不宜举动百事。业宿直日，所作皆吉祥。衰危坏宿日，并不宜远行出入，及迁移、卖买、裁衣、剃头、剪甲，并不吉。坏日又宜厌镇降伏怨仇，及讨伐暴恶。安日移动远行，修园宅卧，具作坛场，并吉。危日宜结交婚姻，欢会宴聚，吉。成日修门道，合药求仙，吉。友亲日宜结交朋友，大吉。凡日月直星，没犯逼守命胎之宿，此人是厄会之时也。宜修功德，持真言念诵，立道场以禳之，若犯业宿及荣安成友亲等宿，并所求不遂，百事迍邅，亦宜修福念善。若犯衰危坏等宿者，则所求称意，百事通达。

景风曰：凡欲知五星所在者，天竺历术，推知何宿具知也。今有迦叶氏、瞿昙氏、拘摩罗等三家天竺历，并掌在太史阁，然今之用多瞿昙氏历，与大术相参俱奉耳。

序七曜直品第四

夫七曜，日月五星也。上曜子天神六直，人所以司善恶而主理吉凶也。行一日一易，七日一周，周而复始，直神善恶言具说之耳。

景风曰：推求七曜直日法，今具在此经卷末，第八历算法中具备足矣。

日精曰太阳。太阳直日，宜策命拜官，观兵习战，持直言，行医药，放群牧，远行造福，设斋祈神，合药内仓库，入学，论官，并吉。不宜诤竞，作誓，行奸，对阵不得先起。若人此曜直日生者，法合足智策，端正美貌，孝顺短命。若五月五日得此曜者，则其岁万物丰熟。若有亏蚀地动者，则万物莫实，不千日为殃。

月精曰太阴。太阴直日，宜造功德成就，作喜乐朋僚，教女人裁衣服，造家具、安床、穿渠、修井灶，买卖财物，仓库内财，洗头割甲著新，并吉。不宜婚嫁，入宅结交。私出行大凶。奴婢逃走难捉得。囚系者出迟。不宜杀生及入阵，并凶。此日生人，合多智策，美貌，乐福田好，布施孝顺。若五月五日得此曜者，岁多疾病，秋足霜冷。若有亏蚀地动者，则岁中饶疾死。

火精曰荧惑。荧惑直日，宜决罚罪人，国取盗贼，作欺诳事，买金宝牛羊，动甲兵，修戎，具教旗。克贼必胜，诉先起合药种莳割甲，结婚不得出财，征债禁者，难出病者，必死。若此直日生人，法合丑陋恶性，妨亲害族，便弓马多嗔，若五月五日得此曜者，则岁中多诤竞，若亏蚀地动者，则岁中多有兵马损伤。

水精曰辰星。辰星直日，宜入学，事师长，学功，技能，攻城，又宜举债公行，怨敌伏仇，得财。唯不宜修造宅舍，对战斗敌，作贼妄语，并凶。被囚者即后必有阴谋，说动当时。若五月五日得此曜者，则岁中有水灾，亏蚀地动，则百物不熟，人多瘴疠耳。

木精曰岁星。岁星直日，宜策命使王，及求善知识并学问礼拜，修福布施，嫁娶作诸吉事，请谒及结友入宅，著新衣沐发，种果木，调伏象马，买奴婢，并吉。若为凶事，则大凶。若人此日生者，法合贵重荣禄。若五月五日得此曜者，岁中丰熟，若有亏蚀地动，则公王必死。

金精曰太白。太白直日，宜见大人官长，沐浴冠带，求亲结婚，良友置馔，宜入宫室，并吉。逃亡难得，畋猎并战不吉。若人此日生者，法合短命好善，人皆钦慕。若五月五日得此直日者，则岁中惊扰之事。若亏蚀，则六畜多损伤耳。

土精曰镇星。镇星直日，宜修园圃，买卖田地，口马合药，伏怨放火，立精舍，作井灶，吉。唯不宜结婚、冠带及公行。若人此日生者，法合足声名，少孝顺，信朋友。若五月五日得此直者，则合岁中多土功。若亏蚀地动，则国中人民不安泰。

景风曰：茫茫造化，乃为阴阳，精曜运天，虚神直地，吉凶之应，唯人信之，故译出此法，万代秘密，经庶传习者，幸无谬矣。凡人公行，不得面冲七曜。若冲当日曜，遭大厄；若冲月曜，亲眷多伤；若冲木曜，家人背心；若冲土曜，女有死厄；若冲金曜，则灾祥并至，乃为颂曰：

火日月建，德贵神眷，岁背镇死，金冲并至。

秘密杂占品第五

凡如七曜运文，犯著人六宫宿者，必有灾厄。一者命宿，二者事宿，三者意宿，四者聚宿，五者同宿，六者克宿。从命数第十为事宿，第四为意宿，第十六为聚宿，第二十为同宿，第十三为克宿。

景风曰：有人属娄宿者，而数得毕为意宿，第十得星宿，则为事，十三得轸，则轸为克宿也，他皆准此，数之即得也。

若七曜犯命宿，则亡失钱财，必多灾厄。若犯事宿，则招殃咎。若犯意宿，则必多愁苦。若犯聚宿，则亡失财囚闭。若犯同宿，则离拆不安家口衰耗。若犯克宿，亡财失官势力衰损。若七曜总不犯此六处者，则所为皆得。

景风曰：皆须共三九，秘宿相参，然后定灾厄也。颂曰：

十事规求镇不来，四意愁烦困恼也，十六聚失灾厄形，二十同路相乖背，十三克挫势力名。

七曜与此宿不犯者，则百恶澄清。

凡日在本宫，及第三、第六、第十位，为果大吉，荧惑守本宿，大有灾厄耳。月在本命宫，及第六、第七、第三宫，即果吉。岁星与氐第三、第七、第九宫者，吉。辰与氐第四、第十宫者，并吉。太白在本命宫者，合有大厄。凡人有灾厄，时可持真言立道场而用禳之。

若有人不记得本所属宿，而来问疾者，何以答之？曰：皆须看人初来之时，触著处而断之，则可知耳。若先触头者，则属昴宿；若先触额者，则属毕宿；若先触眉者，属觜宿；若先触眼者，则属参宿；若触两颊及耳者，则属井宿；若先触牙及骨者，则属鬼宿；若触齿者，则属柳宿；若触顶者，则属星宿；若触右肩者，则属张宿；若触左肩者，则属翼宿；若触手者，则属轸宿；若触颏颐者，则属角宿；若触缺盆及项胸上者，则属亢宿；若触臆者，则属氐宿；若触右臂者，则属房宿；若触左臂者，则属心宿；若触心脾骨者，则合属尾宿；若触左胁者，则属箕宿；若触右胁者，则属斗宿；若触脐者，则属牛宿；若触腹肚者，则属女宿；若触小腹下者，则属虚宿；若触胯腿及后分者，则属危宿；若触右腿胜者，则属室宿；若触左腿胜者，则属壁宿；若触膝䏿者，则属奎宿；若触胫者，则属娄宿，若触脚者，则属胃宿。

景风曰：若人不得本生日月者，则知本所属宿，用此法以定之，和尚以此法为秘密耳。

凡轸星太阳直，毕宿太阴直，星宿土直，井宿火直，柳宿水直，鬼宿木直，房宿金直，此等七日，名为甘露，吉祥日，宜学道求法，受密印及习真言。凡尾宿太阳直，女宿太阴直，壁宿水直，昴宿火直，井宿木直，张宿金直，亢宿土直，此等七日，名为金刚峰日，宜降伏魔怨，持日天子真言。凡胃宿太阳直，鬼宿太阴直，翼宿火直，参宿水直，氐宿木直，奎宿金直，柳宿土直，上此等七日，名为罗刹日，不宜举动百事，惟射猎及诸损害之事也。

序黑白分品第六

凡月有黑白两分，从一日至十五日为白月分、从十六日至三十日为黑月分。每月白月一日，三日、五日、七日、九日、十一日、十三日；黑月一日、三日、五日、七日、九日、十一日、十三日，所向皆成就，名为吉祥日。又白月四日夜，八日昼，十一日夜，十五日昼。黑月三日夜，七日昼，十日夜，十四日昼，为凶恶时，所作不成就。

又白月二日、六日、九日、十二日，又黑月六日、九日、十二日、十四日，此等平平，时随立宿曜为吉凶。

又黑月四日、十一日夜，八日、十五日昼，白月三日、十日夜，七日、十四日昼，凶恶气生时，所及招殃咎。

凡凶恶之日，日中以后，却成吉时，凶恶之夜，夜半巳后，却成吉时。乃为颂曰：

一三五七九，十一与十三，于二白黑分，所作皆成就，黑三夜七昼，十夜十四昼，白四夜八昼，一夜十五昼，于此白黑分，昼夜不成就，日中夜已后，所求皆成就。

序日名善恶品第七

从一日至十六日。

景风曰：一日即是白月之一日也，十六即黑月之一日也，今恐读者难会，故略云黑白之言，直裁日数之尔。

名为建，名日梵，天宜为善业，学道求仙及事师尊宿并吉，唯不宜远出行耳。

凡二日、十七日名为得财日，尔造化神，宜合药按摩，工巧出行，结交婚亲，增益田宅，并吉。

凡三日、十八日名为威力得日，那罗延下，宜摧敌除逆，习战畜兽，奖训下人，营田种莳，大吉。

凡四日、十九日名为猛武日，阎罗天下，宜作恶业，杀害残贼，摧伏叛逆则吉，为善事却凶。

凡五日、二十日名圆满日，日天子下，宜为善业，修营床帐，及车乘衣服，营田宅结婚，并吉。

凡六日、二十一日名为求名日，童子神下，宜为久长安定事，营宅宇寝庙，及建国邑伽蓝牛马坊厩等并吉，不宜出行。

凡七日、二十二日名为朋友日，北斗天下，宜结交庆喜，安定和药王者初服，及造旌旗帷帐并吉，唯不宜远行。

凡八日、二十三日名为大战日，婆薮天下，宜为力用之事，造兵仗城垒，穿壕堑并吉。

凡九日、二十四日名为凶猛日，毗舍阁鬼下，宜围城缚敌，进途伐逆，不宜入宅，及削发并凶。

凡十日、二十五日名为善法日，善法神下，宜安久之事，及急速飞捷，穿凿井灶，修道作坊，功德伽蓝，顺法之事，并大吉。

凡十一日、二十六日为慈猛日，目在天下，宜新立宅舍，营建庙馆宇厩坊，及设火祭祀天神，并吉。

凡十二日、二十七日为名闻日，宜作久长安国之事，及车乘仓库并吉，唯不宜放债。

凡十三日二十八日为最胜日，大魔王下，所作皆急速皆吉，及著衣服华鬘，金玉装画，又宜嫁娶，修车乘，入坛场学法求道，吉。

凡十四日、二十九日为勇猛日，药义大将下，宜擒缚掩捕，诡诈相谋害，大吉；唯不宜远行，凶。

凡十五日、三十日名吉祥日，魂灵神下，宜祭先亡作婆罗门大祭，求福布施，供养师僧，尊长学戒，善事求法，大吉。

西国每一月分为白黑两分，入月一日至十五日为白月，分以其光生渐明白之谓也。入月十六日至三十日为黑月，分以其光减损暗黑之谓也。文殊师利菩萨说时日偈云：

一三五七九，十一与十三。于二黑自分，所作皆成就。黑三夜七昼，十夜十四昼。白四夜八昼，一夜十五昼。[①] 于此黑白月，昼夜不成就。日中及中夜，已后皆通吉。

择日

每入月一日十六日，三日十八日，五日二十日，七日二十二日，九日二十四日，十一日二十六日，十三日二十八日，已上是吉日，所作吉祥，事必成就。

择时

入月四日夜，八日昼，十一日夜，十五日昼，十八日夜，二十二日昼，二十五日夜，二十九日昼，已上日昼夜之时所作，皆不吉，为事不成。善犹不可作，何况恶事？如于咸卤之地，种物不生。

入月二日、六日、九日、十二日、十四日、十七日、十九日、二十一日、二十三日、二十四日、二十七日、三十日，已上平日，若与好宿好曜并者即吉，如与恶宿恶曜并者即凶。夫凶恶昼，日中已后通吉用；凶恶夜，夜半已后亦通吉用。

① 所谓一夜者，十一夜也，勤颂者贵，省文也。

白黑月所宜吉凶历

每月一日十六日，梵云钵阇钵底下，此云梵王下，是建名日，宜为善业，学伎艺苦节，修行布施等事，及作爱敬，增益长久定事，并吉，不宜远行。

二日十七日是得财日，梵云苾利诃驳钵底神下，此云造化神下，宜按摩合药，作工巧法，远行进路，结交婚姻。

三日十八日是威力日，梵云毗纽神下，亦云那罗延天下，宜摧敌除逆，调习象马四足诸畜等，及训奖恶人下贱之类，营田种莳有大为作事，皆吉。十八日夜恶，中夜已后还吉。

四日十九日是猛武日，梵云阎谟神下，作恶业日是杀害日，与一切不善事残酷业皆悉相应，宜摧敌破逆，吉，余并凶。四日夜不吉，中夜已后吉。

五日二十日是圆满日，梵云苏谟神下，此云月天子下，宜修福善业，作卧具床座，衣服装饰物，及车舆等物，营田宅，结婚姻，凡诸庆乐事，并吉。

六日二十一日是求名日，梵云摩罗神下，此云童子天下，宜诸久长安定之事，营田宅，及天庙福舍伽蓝，建城邑，立牛马等诸畜坊厩，并吉，不宜远行进路。

七日二十二日是朋友日，梵云七婆怛沙邪仙神下，此云北斗下，宜结朋友，安定之事，王者服新衣，及爇帜床座卧具，大宝严饰之物，并吉。二十二日昼恶，午后吉。

八日二十三日是力战日，梵云婆娑善神下，宜力用之事，宜修造攻战之具，置边冲险，固城垒，穿冢堑，调乘象马等事，并吉。八日昼恶，午后吉。

九日二十四日是凶猛日，梵云噜达啰尼神下，宜围城缚敌进途，伐逆取毒，不宜入宅，修理发凶。

十日二十五日是善法日，梵云苏达谟神下，此云善法神下，宜作久长事，及急速事，置井穿凿坑堑，行法修道，人作功德，福舍伽蓝，凡诸顺法及爱敬等事，皆吉。二十五日夜不吉，半夜已后通吉。

十一日二十六日是慈猛日，梵云噜捺哼神下，此云自在天下，宜新立宅舍，营天庙城邑，官曹馆室，伽蓝殿塔，及火祭室功德福舍，并吉。十一日夜恶，中夜后还吉。

十二日二十七日是名闻日，梵云阿逸都神下，此云日天子下，宜作久长安事，及修辇舆，严饰头发，置仓生藏等，吉，不宜放债取债。

十三日二十八日是最胜日，梵云钵折底神下，此云天魔神下，所为急速事，修衣服华鬘，金宝严饰等事，又宜爱敬之事，取妇人及乘车舆等，并入坛场习行道术，并吉。

十四日二十九日是勇猛日，梵云药刍神下，宜往擒缚，相诡诳事，暴虐恶人，作非法之物，宜行诈妄，诡诱怨敌，彼必信受，不宜远行进路，二十九日昼恶，午后吉。

十五日三十日是吉相日，梵云必多卢神下，此云魂灵神下，宜祭先亡，宜作婆罗门太祠，求安稳法，及布施供养父母，尊者诸天，持斋戒施食及诸祭祠，吉。十五日昼恶，午后吉。

上每月日所宜用吉凶如前，必审用之，万不失一，其昼夜善恶并如下。[①]

二十七宿十二宫图

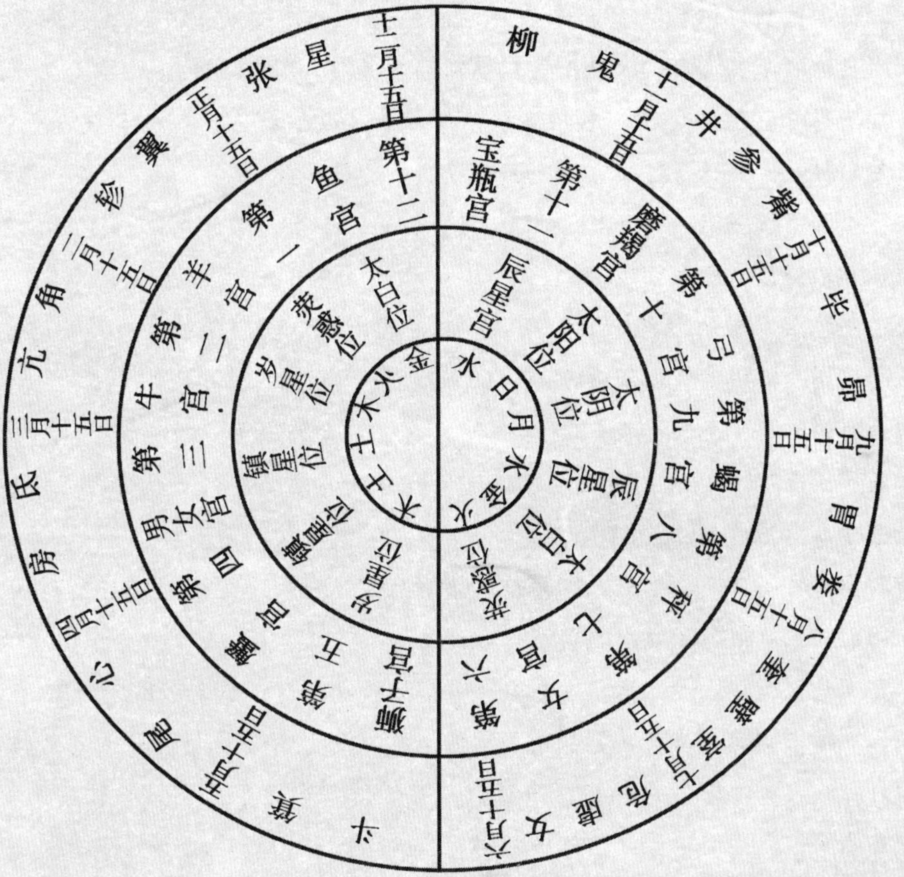

① 唐用二十八宿，西国除牛宿，以其天主事之，故十二宫犹唐十二次，又说云，西国以子丑十二属记年，以星曜记日，不用甲子者，以宿曜于人尤切，故经云，日一倍力宿四倍，力曜八倍力时之力万倍。

图说

西国皆以十五日望宿为一月之名，故二月为角月，西国以二月为岁首，以其道齐景正日夜停分时淑气和草木荣茂，一切增长，故梵天折为历元。

三月为氐月，四月名心月，五月名箕月，六月名女月，七月名室月，八月名娄月，九月名昴月。

梵语昴星名迦提迦。西国五月十五日雨安居，至八月十五日满已后，五月十五日满已后至九月十五日已来自恣，故号为迦提，但取星名而已，今中国迦提即是事，而妄者别为训释，盖大谬焉。

十月名觜月，十一月名鬼月，十二月名星月，正月名翼月，夫欲知二十七宿者，日先须知月望宿日，欲数一日至十五日已前白月日者，即从十五日下宿逆数之可知，欲知十六日已后至三十日，即从十五日下宿顺数即得，但依此即定。

假如二月十五日是角日，十四日是轸日，十三日是翼日，若求十五日已后者，即十五日是角日，十六日是亢日，十七日是氐日，他皆仿此。

夫欲求人所属宿者，即于图上取彼生月十五日下宿，从此望宿，逆顺数之，至彼生日止，则求得彼人所属宿也。

又法略算求人本命宿，先下生日数，又虚加十三讫，即从彼生月望宿，用上位数顺除数尽则止，即得彼人所属命宿。

假令有人二月十七日生者，则先下十七为位，又虚加十三，共得三十，即从二月望宿，角亢氐房二十七宿一周法除之，讫余三算，即角余一，亢余二，氐余三，则彼人是氐宿生，他皆仿此。

夫取宿直者，皆月临宿处，则是彼宿、当直，又月行有迟疾，宿月复有南北前后，随合如何可知，则以后颂言求之可解。颂曰：

六宿未到名合月，十二宿月左右合。九宿如犊随母行，从奎宿数应当知。

颂言六宿未到名合月者，则从奎娄胃昴毕觜，此六宿月未至宿月，则名彼宿直也。十二宿月左右合者，即参井鬼柳星张翼轸角亢氐房等。此十二宿日临彼宿，上及前后南北，并取属彼宿用得也。九宿如犊随母行者，则配月为母，配宿为犊，则月居宿前，宿居月后，如犊母之象也。当以此颂复验之于天，则宿日用之无差，此皆大仙密说也。

二十七宿所为吉凶历

昴宿宜火，作煎煮等事，检算畜生，融酥和合，作牛羊诸畜坊舍，及牧放入温室种莳，黄色赤色等物入宅，及石金作等吉。宜伐逆除怨，作剃剪之具，卖物求长寿求吉胜事，不宜修理鬓发，及远行道路，宜庄饰冠带，佩服金雕等宝物。

毕宿宜农桑种莳，修田宅，嫁娶，作厨舍作食，作畜生舍，通决渠河，修桥梁，作诸安定之事，作衣服并吉。不宜取债放债，宜纳谷及酒食杂物，不宜生财。

觜宿作急要事，及和善事并吉。宜种莳白汁树草等，又宜王者作舍，作囊床座，又入新宅嫁娶，修理发洗浴，作求吉胜法，著新衣、严饰，作喜乐，调畜生，作除灾，谨身咒术坛场之法，祭星曜作髻，并吉。

参宿宜求财及诸刚严事，穿池卖有乳畜，生造熟酥，压油代酒，压甘蔗，种甘蔗，畋猎及置关津等。

井宿有所惠施，必获大果，有所置事，必成就，宜作诸祭法，婆罗门祭天法，宜嫁娶及纳妇人，必子息繁盛，此宿所作事，皆成吉，惟不宜合药服。

鬼宿所作皆吉，求声誉长寿，若为生事及诸端严相，将其服拜官胜位，有所求为，并皆吉祥，福德增长，又宜远行进路，修理发著新衣，及洗浴等事，并吉。

柳宿宜严饰事，是伐逆围城，掩袭讨僭，窃诡誓诈敌人，时此宿雨者，必蚊虻苗稼滋盛，吉。

星宿凡诸种莳皆吉，宜取五谷等种芸苔，又宜修宅祭先亡，将五谷入宅，作诸住定业并吉，亦宜修理鬓发。

张宿宜喜庆事，求女嫁娶，修理宅，作衣服严饰物，作爱敬法等，并吉。

翼宿所作皆吉，置宅垣墙穿壕，作市，作城邑，作车舆，修农商业，种莳嫁娶，凡作诸安定之事，并吉。

轸宿宜诸急速事，远行向外国，修理须发，取象调象乘象，学技艺，求女嫁娶，服著衣裳，穿池修园圃，造垣墙等，吉；除荡窃逆南行，大吉。

角宿宜严饰事，取杂色衣，作安膳那服药，及取珊瑚金银赤铜摩尼金刚诸宝物等，诸珍帛物王者，严服观兵及进路作求安稳，祭祀天神，宝赐将士，金银百谷，衣物入城，作华鬘卧具，歌舞咏唱，并余技艺等，并吉。

亢宿宜调马骡驴等，必易驯快利，宜教击诸鼓乐等，嫁娶结朋友，宜发遣怨仇，不宜自行动，宜种莳草木，种谷小豆大豆乌麻等，皆吉。

氐宿宜作农具，种大麦小麦稻粟等，并种莳诸果树，并吉。凡诸有大为作事，并不可作，宜酝酒浆，宜种氍栽树甘蔗等，并吉。

房宿宜结朋友婚姻，凡和诸善事，喜乐吉祥事，交好往还，及摄情受戒，布施发使，置官修道，学艺工巧等，吉。

心宿宜作王者所须事，亦宜严服升位，及取捉象马，调乘诸畜等，宜按摩，必得身分润满，宜事王者，及取左右驱使人等，宜修鬓发，作农桑业，唯除营功德事，自余不可辄出，财与人及放债，凶。

尾宿宜作服著事，莳树种根，及取煎，吉。又宜刚严事，洗浴除灭，厌咒种压，葡萄甘蔗，置宅置藏，作爱喜事合汤，及散阿伽陀药并坛场事，并吉。

箕宿宜刚严事，又掘沟渠，穿池井，通决河流，种水生华及根实者，修园圃，酝酒浆，及作桥梁等，并吉。

斗宿宜著新衣及安久事置藏，修理园林，造车舆等乘载之物，营田宅城邑福寺舍等，作战具及诸用物，并吉。

女宿凡为公事皆吉，出城外发教命，除逆敌，置城邑，立宰辅，发兵作战，具取与及呈，学技艺，穿耳修理鬓发按摩，并吉。不宜著新衣及竞财穿池等，宜供养尊者，诸天父母及诸贵胜。

虚宿宜诸急速事，宜学问，及夜欲作求子法，其法不宜昼作，主产阉宦，宜供养婆罗门，置城邑及置兵官财等，又宜还人财物，卖畜生，著衣著庄严具作商业，新置技艺，并吉。

危宿宜合药取药服药置药，并大吉。又宜严峻破恶之事，穿河池等，及种麻豆等，发遣商人纳财置吏，取医置藏，造舟船酝酒浆等，及沽卖商贩，吉。不宜出财室宿，宜作端严事，勘逐罪非，除灭凶逆，诳诡敌人诸事，并不宜作。

壁宿宜作求长寿增益法，不宜南行，宜造城邑，取衣取财，嫁娶婚姻等喜善事，皆吉。

奎宿取珍宝，宜造仓库，及牛羊坊校算畜生，造酒融酥，及作堤堰，研眼药，著新衣，服饰庄严，远行进路，作和善事急速事，并吉。

娄宿宜诸急速事，与药取药，调乘象马出卖等，并吉。胃宿宜为公事及王者之善事，亦宜作严整之事，伐逆除凶，并调训在下及马等畜生，并吉。

安重毕翼斗壁，此四是安重宿，宜造庄宅宫殿，寺观义堂，种莳栽接，修立园林，贮纳仓库，收积谷麦，结交投友，成礼为婚，册君王，封将相，授官荣，锡班职造，装具设斋，供入道修行，及祈安稳，并就师学入坛场，受灌顶，造一切久长事务，悉须为之，皆吉。唯不宜举债充保，远行进路，造酒剃毛发，除爪甲，结仇嫌，怀仇隙，习淫欲，学摴蒱等，并凶。

和善觜角房奎，此等四是和善宿，宜入道门学技艺，能习咒法，习斋戒，入坛受灌顶，建功德，设音乐，吉祥事，庆善业，成礼求婚，还钱举债，见君王参宰相，服饰新衣裳，冠带好珠宝，作交关营家业，进途结亲友，服汤药医疗服，造一切稳善事务，悉须为之，吉。

毒害参柳心尾，此等四是毒害宿，宜围城破营，征兵吃贼，欺诳斗争，列阵交锋，申决烈破，和合行盗劫，设誓摴蒱博戏，造械具战具，阅兵马点募，健儿采觇寇敌，斩决凶逆，诛戮罪人，施毒药施磣害，调习象马，练漉鹰犬，一切孟浪事务，悉须为之，吉，其尾宿日宜种莳苗稼，栽接树木，营造宅屋，立园林，一切严固、斗竞、刚柔、猛浪、辛苦等事，并宜作之。

急速鬼轸牛娄，此四是急速宿，宜放钱贷债，买卖交关，行途进路，往使征伐，贾客上道，商主过碛，调伏畜生，教习鹰犬，设斋行施，习读经书，教人典诰，学诸技能，服食汤药，并受佩持，护身之术，竖幢建旌麾，造扇障营盖伞，入坛场受灌顶，骑象马乘舆，一切事务，悉须为之。

猛恶胃星张箕室，此五是猛恶宿，宜守路崄行劫，行盗构斗，端起设诳，博戏摴蒱，强梁侵夺，奸非淫秽，图城砍营，造械具战具，画兵谋放毒药，施磣害，斩决怨敌，诛戮罪逆，禳祭星辰，祈祷军福，一切艰难事务，悉须为之。又张宿，宜作爱敬法，又其箕宿，宜凿井穿坑，填水渠开河路，一切劳攘事务，悉须为之。

轻井亢女虚危，此等五是轻宿，或名行宿，宜学乘骑象马驴骡驼骡，及水牛等诸畜，调习野兽，并捉乘骑，泛舟系棹，渡水浮江，奉使聘域，说敌和死，征纳庸调，收敛租税，观音乐，看大礼，买卖兴贩，营造车乘，点阅兵士，一切轻捷事务，悉须为之。又其危井宿直，宜营稼谷，造酒醴穿坑通决河渠，合汤药，并吉。

刚柔昴氐，此二是刚柔宿，或名平等宿，兼善恶，带刚柔，辛苦之务，稳善之事，悉须为之。又宜锻炼铁，销铄金银，打钗钏钿环珮，造作五行调度，烧瓶瓦器，设斋造葬，焚尸埋殡，钻燧变火，击酪出酥，压蒲萄，搦沙糖，放牛行礼，遣马逐群，捡幸厩牧，点数畜生，造军器械具，从域出庄，返城移入新宅，弃却旧墟室，笞责非为决戮罪过，并王者盟誓结信，一切如此事务，悉须为之，吉。又其氐宿，宜种莳华药，栽接树木，吉。

行动禁闭法

日属轸宿，不得向北路行，纵吉时亦不可行。

日属女宿，不得向东路行，纵吉时亦不可行。

日属鬼宿，不得向西路行，纵吉时亦不可行。

日属娄宿，不得向南路行，纵吉时亦不可行。

第七秤宫，取角亢日，东行大吉。

第十一瓶宫，取危室日，东行大吉。

第五狮子宫，取星张日，西行大吉。

第九弓宫，取箕斗日，西行大吉。

第八蝎宫，取房心尾日，南行大吉。

第十二鱼宫，取壁奎日，南行大吉。

第六女宫，取翼轸日，南行大吉。

第四蟹宫，取鬼柳日，南行大吉。

第三男女宫，至参井日，东行大吉。

第十摩羯宫，至女虚日，南行大吉。

第一羊宫，至娄胃昴日，西行大吉。

第二牛宫，至毕觜日，北行大吉。

上犯此辰宿日，越路发行兵马人众，不免输他损失。

裁缝衣裳服著用宿法

昴必火烧，毕饶事务。觜必鼠咬，参必逢厄。

井必相分，鬼必吉祥。柳必弃失，星必丧服。

张必官夺，翼必获财。轸必恒久，角必安稳。

亢得美食，氐必睹友。房必益衣，心必盗贼。

尾必坏烂，箕必得病。斗得美味，女必得疾。

虚必得粮，危必毒厄。室必水厄，壁必获财。

奎必获宝，娄必增衣。胃必减衣。

虚奎鬼井娄毕轸角，亢氐房翼斗壁，此以上宿，可裁缝衣著衣裳，并大吉。

三九秘要法

初九毕①、觜②、参③、井④、鬼⑤、柳⑥、星⑦、张⑧、翼⑨。

二九轸、角、亢、氐、房、心、尾、箕、斗。

三九女、虚、危、室、壁、奎、娄、胃、昴。

三九法者，皆从本所属宿为初九第一命宿，依次第二为荣宿，第三衰宿，第四安宿，第五危宿，第六成宿，第七坏宿，第八友宿，第九亲宿，即初九一行也。次第十宿为二九，行头为业宿，第十一复为荣宿，第十二衰宿，第十三安宿，第十四危宿，第十五成宿，第十六坏宿，第十七友宿，第十八亲宿，即是二九行了。次第十九宿即为三九，行头为胎宿，第二十为荣宿，第二十一衰宿，第二十二安宿，第二十三危宿，第二十四成宿，第二十五坏宿，第二十六友宿，第二十七亲宿，即是三九行了。

此则是二十七宿，周而复始，是为三九之法。三九之法宿者，秘要之术，所欲兴事，营求入官拜职，移徙远行所为所作，一一自看，从己身所属宿，今日复是何宿，

---

① 命。
② 荣。
③ 衰。
④ 安。
⑤ 危。
⑥ 成。
⑦ 坏。
⑧ 友。
⑨ 亲。

于三九中复善恶如何，与我本生宿善恶相宜否，如是勘已，即看后占，若荣宿日，即宜入官拜职，对见大人，上书表进见君王，兴营买卖，裁著新衣沐浴，及诸吉事，并大吉，出家人剃发，割爪甲，沐浴，承事师主，启请法要，并吉。

若安宿日移徙，吉。远行人入宅，造作园宅，安坐卧床，作坛场，并吉。

若危宿日，宜结交，定婚姻，欢宴聚会，并吉。

若成宿日，宜修道学问，合和长年药法，作诸成就法，并吉。

若友宿日、亲宿日，宜结交，定婚姻，欢宴聚会，并吉。

若命宿日、胎宿日，不宜举动，百事值业，宿日所作善恶，亦不成就，甚衰。

若危坏日，并不宜远行，出入移徙，买卖婚姻，裁衣剃头沐浴，并凶。

若衰日，唯宜解除诸恶疗病。

若坏日，宜作镇厌降伏怨仇，及讨伐沮坏奸恶之谋，余皆不堪。

此所用三九法，于长行历纵不是吉，相己身三九若吉，但用何妨。

又一说云：命宿、胎宿、危宿、坏宿，此宿日不得进路，及剃发裁衣除爪甲，并凶。

夫五星及日月、陵犯、守逼、命胎之宿，即于身大凶，宜修功德造善以禳之，若陵逼业宿者，及荣安成友亲之宿，即所求不遂，诸途迍坎，亦宜修福，福者谓入灌顶及护摩，并修诸功德，如五星、陵犯、守逼、衰危坏等宿，即身事并遂，所作称心，官宦迁转，求者皆遂，如此当须问知司天者，乃知此年此月，荧惑镇岁，辰星太白及日月等在何宿，以此知之，其法甚妙，宜细审详也，以见至理。

七曜直日历品第八

夫七曜者，所谓日月五星，下直人间，一日一易，七日周而复始，其所用各于事，有宜者，有不宜者，请细详用之，忽不记得，但当问胡及波斯，并五天竺人，总知尼乾子末摩尼，常以蜜日持斋，亦事此日为大日，此等事持不忘故，今列诸国人呼七曜如后。

日曜太阳，胡名蜜，波斯名曜森勿，天竺名阿你[①]底耶二合。

月曜太阴，胡名莫，波斯名娄祸森勿，天竺名苏[②]摩。

火曜荧惑，胡名云汉，波斯名势森勿，天竺名盎哦啰迦。

水曜辰星，胡名咥[③]，波斯名掣森勿，天竺名部[④]陀。

木曜岁星，胡名鹘勿斯，波斯名本森勿，天竺名勿哩诃娑跛底[⑤]。

金曜太白，胡名那歇，波斯名数森勿，天竺名戌羯罗。

土曜镇星，胡名枳浣，波斯名翕森勿，天竺名赊乃以室折啰。

上件七曜，上运行于天，下直于人间，其精灵神验，内外典籍具备，自南西北三方诸国，一切皆悉用之，出入行来，用兵出阵，学艺及一切举动，无不用其宿曜时日，唯东大唐一国未审知委，其曜亦每日分为八时，平明即是所直之曜，乃至酉戌则八时而周夜亦分为八时，转到明日晓时即次后曜，当直如是细解用之，万不失一。

太阳直日：其日宜册命拜官受职，见大人，教旗斗战申威，及金银作持咒，行医游猎，放群牧，王公百官等，东西南北远行，及造福礼拜，设斋供养，诸天神所求，皆遂，合药服食，割甲浣头，造宅种树，内仓库，捉获逃走，入学经官理当并吉。其日不宜诤竞作誓，行奸必败，不宜先战，不宜买奴婢。此日生者，足智端正，身貌长大，性好功德，孝顺父母，足病短命。若五月五日得此曜者，其岁万事丰熟，其日若日月蚀及地动者，其处万物不生。

太阴直日：其日宜造功德，必得成就，作喜乐朋僚，教女人裁衣服，造家具，安坐席，穿渠造堤塘，修井灶，买卖财物，仓库内财，洗头割甲，著新衣，并大吉。其

① 泥以切。
② 上声。
③ 丁逸切。
④ 引。
⑤ 丁以切。

日不嫁娶入宅，结交私情，出行不问，远近行大凶。奴婢逃走，难得禁者，出迟杀生，行恶入贼者，必凶。此日生者，多智兼美貌，乐福田，好布施孝顺。若五月五日遇此曜者，其年多疫疾，多霜冷加寒，其日若日月蚀并地动，其年疫死后多虚耗。

荧惑直日：其日宜决罚罪人，围取盗贼，作诳事，买金宝，置牛羊群，动兵甲，修甲仗，教旗打贼，入阵必胜，奸盗者成，作誓勿畏。宜出猎，先经官府者胜。宜种田及种果木，调马疗病合药，并吉。不宜下血者，其日成亲，著新衣，洗头割甲，入宅结交，火下出财，皆不吉。宜征债禁者，难出病者，必重其日生者，丑陋恶性，妨眷属，便弓马，能言语，勇决难养。若五月五日遇此曜者，其年多斗诤，后兵贼饶疫病，畜生死损。此日有日月蚀及地动，其年多兵马，伤者多死。

辰星直日：其日宜入学，及学一切诸巧工皆成，放债本利具获，割甲剃头远行者财，宜伏怨敌，不宜修造宅舍，遇战敌勿先斗，看卜问囚，必谩语作誓，并凶，被禁自出，失物及逃走必获。其日生者，饶病不孝，妨财物，长成已后，财物自足，有智长命，能言语，有词辩，得人畏敬。若五月五日遇此曜者，其年江水泛溢，百物不成，加寒。若此日日月蚀并地动，岁多饥俭。

岁星直日：其日宜册命，及求善知识并学论议，受法礼拜，造功德布施，谒官成亲，友喜乐，入宅著新衣，洗头，宅内种果木，修仓库，内财，调马，买奴婢及嫁娶，内象马造宅作诸事，并吉。不宜作誓，作贼必败，妄语争竞必凶，其日亡者，未得出埋，不宜祭亡人，吊死问病。其日生者，宜与人养，长成收之，长命有智，心善得大人贵重，于父母有相钱财积聚。若五月五日遇此曜者，其岁万物丰，四时调顺。如此日日月蚀及地动，王公已下交厄。

太白直日：其日宜见大人及诸官长，洗头著新衣冠带，成亲平章婚事，结交友，会朋流，置官舍，逃走难得，勿畋猎并战阵，不吉。系者出迟，生者短命，好善孝顺，人皆钦慕。五月五日遇此曜者，人畜俱惊失，必狂贼扰乱，候取良日，从东击胜。此日日月蚀及地动者，其岁多风，复有雷电，损多少田苗。

镇星直日：其日宜修园圃，买卖田地，买口马，宜合药，伏怨家，放野烧，打墙作灶，一切事总合，作酱入宅，吉。举哀葬吉。鞍马上槽，内仓库并吉。不宜结婚，作喜乐，服新衣，及远行。其日生少病足，有声名，乐善孝顺，信于朋友。若五月五日遇此曜者，有土功威重事。此日日月蚀及地动者，世界不安，威重人厄。

七曜直日与二十七宿合吉凶日历

曜与宿合者，假如正月十五日是轸宿，其日忽是太阳直日，即是好日，他皆仿此。

太阳直日月与轸合，太阴直日月与毕合，

火曜直日月与尾合，水曜直日月与柳合，

木曜直日月与鬼合，金曜直日月与房合，

土曜直日月与星合。

已上名甘露日是大吉祥，宜册立受灌顶法，造作寺宇，及受戒习学经法，出家修道，一切并吉。

太阳直日月与尾合，太阴直日月与女合，

火曜直日月与壁合，水曜直日月与昴合，

木曜直日月与井合，金曜直日月与张合，

土曜直日月与亢合。

已上名金刚峰日，宜作一切降伏法，诵天子咒及作护摩，并诸猛利等事。

太阳直日月与胃合，太阴直日月与鬼合，

火曜直日月与翼合，水曜直日月与参合，

木曜直日月与氐合，金曜直日月与奎合，

土曜直日月与柳合。

已上名罗刹日，不宜举百事，必有殃祸。

择太白所在八方天上地下吉凶法

凡月：

一日、十一日、二十一日，太白常在东方。

二日、十二日、二十二日，太白常在东南方。

三日、十三日、二十三日，太自常在正南方。

四日、十四日、二十四日，太白常在西南方。

五日、十五日、二十五日，太白常在西方。

六日、十六日、二十六日，太白常在西北方。

七日、十七日、二十七日，太白常在北方。

八日、十八日、二十八日，太白常在东北方。

九日、十九日、二十九日，太白常在中央入地。

上太自如上一月转者，每月亦然，恒常随天转，无休息。至日月在时未末世已来年月日亦然，常转无尽。太白是斗战大将军，常须顺行，勿令逆之。若准此出入，移徙远行，及嫁娶，拜官，斗战，世间杂事等，造作行用，皆如上日时顺行用者，大胜吉利。如逆行不顺此太白所在行法者，皆凶战不胜。所有移徙远行等，亦无利益。常须顺之，凡举事皆吉。

卷二　选择汇考二

臞仙肘后神枢

神机鬼藏章

臞仙曰：予尝所用之日，凡遇季春之寅，季秋之申亥，季冬之寅亥，乃吾夺造化于五辰，用之万事大亨。今再定六十甲子，一年十二月，内克择日辰使用，应有五音。人家修造屋宇楼台，仓库殿舍，葬埋，婚姻，嫁娶，上官赴任，开门放水，开张店肆，交易买卖，应有施工造作，若遇天宁地宁人宁，临直之日，乃为上吉；若遇天和地和人和，临直之日，为中吉；若修方建造，更看年月方向，通利无有不吉。如逢上吉之日用之者，仕人加官进职；庶人进入钱物牛羊，蚕丝谷帛，人财兴旺，百事如意。若遇玉皇帝星，天皇帝星，紫微帝星，直日则不避年月方向凶忌，造作无碍。若直建破魁罡等，虽有三星，亦当回避，不避忌而用之者，主招官事，破财损物，一切不利。今将逐月日辰，并年月方向、吉凶神煞图列于下。

逐月吉凶日

月	正	二	三	四	五	六	七	八	九	十	十一	十二
甲子	天和	天罡	人和	人和	破	天和	地和	河魁	人和	地和	建	天和
乙丑	天宁	地和	河魁	人宁	天宁	破	受死	人和	天罡	地宁	人宁	建
丙寅	建	人宁	人宁	天罡	天和	人宁	破	天和	受死	河魁	人和	地宁
丁卯	地和	建	天和	天和	河魁	天宁	人和	破	天和	人和	天罡	人宁
戊辰	地宁	受死	建	天宁	地和	天罡	人宁	地和	破	人宁	天和	河魁
己巳	天罡	人和	天宁	建	人和	地宁	河魁	人和	人宁	破	地和	地宁
庚午	人和	河魁	地和	地和	建	受死	天和	天罡	地和	天和	破	地和
辛未	人宁	天宁	天罡	地宁	天和	建	天宁	受死	河魁	天宁	人和	破
壬申	破	天和	地宁	河魁	地和	人宁	建	天和	天宁	天罡	天和	地宁
癸酉	天和	破	人宁	人和	天罡	地和	地和	建	地宁	地和	河魁	受死
甲戌	受死	地和	破	人宁	人和	河魁	地宁	地和	建	地宁	地和	天罡
乙亥	河魁	人和	受死	破	天和	天宁	天罡	人和	人宁	建	人和	人宁

月	正	二	三	四	五	六	七	八	九	十	十一	十二
丙子	地和	天罡	人和	天和	破	人和	人和	河魁	人和	人和	建	人和
丁丑	天宁	天和	河魁	天宁	地宁	破	受死	天和	天罡	人宁	天宁	建
戊寅	建	地宁	天宁	天罡	地和	地宁	破	地和	受死	河魁	天和	天宁
己卯	人和	建	天和	地和	河魁	人宁	天和	破	天和	天和	天罡	地宁
庚辰	地宁	受死	建	地宁	人和	天罡	人宁	人和	破	天宁	地和	河魁
辛巳	天罡	地和	地宁	建	天和	天宁	河魁	天和	天宁	破	人和	人宁
壬午	天和	河罡	地和	人和	建	受死	地和	天罡	地和	地和	破	天和
癸未	人宁	人宁	天罡	人宁	地和	建	天宁	受死	河魁	地宁	天和	破
甲申	破	人和	人宁	河魁	人和	地宁	建	地和	地宁	天罡	地和	天宁
乙酉	地和	破	天宁	天和	天罡	天和	人和	建	人宁	人和	河魁	受死
丙戌	受死	天和	破	墓	墓	河魁	地宁	人和	建	人宁	人和	天罡
丁亥	河魁	地和	受死	破	天和	人宁	天罡	天和	天宁	建	天和	地和

月	正	二	三	四	五	六	七	八	九	十	十一	十二
戊子	人和	天罡	人和	地和	破	地和	天和	河魁	人和	天和	建	人和
已丑	天宁	人和	河魁	天宁	人宁	破	受死	地和	天罡	天宁	地宁	建
庚寅	建	天和	地宁	天罡	地和	天宁	破	人和	受死	河魁	地和	地宁
辛卯	天和	建	天和	人和	河魁	地宁	地和	破	天和	地和	天罡	人宁
壬辰	地宁	受死	建	地宁	人和	天罡	人宁	天和	破	墓	墓	河魁
癸巳	天罡	天和	天宁	建	天和	人宁	河魁	地和	地宁	破	人和	天宁
甲午	地和	河魁	地和	天和	建	受死	人和	天罡	地和	人和	破	天和
乙未	墓	墓	天罡	人宁	地和	建	天宁	受死	河魁	地宁	天和	破
丙申	破	地和	天宁	河魁	人和	天宁	建	人和	人宁	天罡	地和	地宁
丁酉	人和	破	地宁	地和	天罡	人和	天和	建	天宁	天和	河魁	受死
戊戌	受死	人和	破	天宁	天和	河魁	地宁	天和	建	人宁	人和	天罡
已亥	河魁	天和	受死	破	地和	地宁	天罡	地和	地宁	建	天和	人宁

月	正	二	三	四	五	六	七	八	九	十	十一	十二
庚子	天和	天罡	人和	人和	破	天和	地和	河魁	人和	地和	建	地和
辛丑	人宁	地和	河魁	地宁	天宁	破	受死	墓	天罡	天宁	人宁	建
壬寅	建	地宁	人宁	天罡	人和	人宁	破	人和	受死	河魁	人和	天宁
癸卯	地和	建	天和	天和	河魁	天宁	人和	破	天和	人和	天罡	地宁
甲辰	天宁	受死	建	人宁	天和	天罡	人宁	天和	破	地宁	天和	河魁
乙巳	天罡	人和	天宁	建	地和	地宁	河魁	地和	人宁	破	地和	人宁
丙午	人和	河魁	地和	地和	建	受死	天和	天罡	地和	四废	破	四废
丁未	地宁	人宁	天罡	天宁	人和	建	天宁	受死	河魁	人宁	人和	破
戊申	破	天和	地宁	河魁	天和	人宁	建	人和	天宁	天罡	天和	天宁
已酉	天和	破	人宁	人和	天罡	地和	地和	建	地宁	天和	河魁	受死
庚戌	受死	地和	破	地宁	地和	河魁	地宁	天和	建	天宁	地和	天罡
辛亥	河魁	人和	受死	破	人和	天宁	天罡	地和	人宁	建	人和	地宁

月	**正**	**二**	**三**	**四**	**五**	**六**	**七**	**八**	**九**	**十**	**十一**	**十二**
壬子	地和	**天罡**	人和	**四废**	**破**	人和	人和	**河魁**	人和	地和	**建**	人和
癸丑	人宁	天和	**河魁**	人宁	地宁	**破**	**受死**	人和	**天罡**	地宁	天宁	**建**
甲寅	**建**	天宁	天宁	**天罡**	天和	地宁	**破**	**四废**	**受死**	**河魁**	天和	人宁
乙卯	人和	**建**	天和	天和	**河魁**	人宁	**四废**	**破**	**四废**	人和	**天罡**	天宁
丙辰	天宁	**受死**	**建**	天宁	地和	**天罡**	人宁	天和	**破**	人宁	地和	**河魁**
丁巳	**天罡**	地和	地宁	**建**	人和	天宁	**河魁**	地和	天宁	**破**	**四废**	**四废**
戊午	天和	**河魁**	地和	地和	**建**	**受死**	天和	**天罡**	天和	天和	**破**	天和
己未	地宁	地宁	**天罡**	地宁	天和	**建**	天宁	**受死**	**河魁**	天宁	人和	**破**
庚申	**破**	**四废**	**四废**	**河魁**	地宁	地宁	**建**	人和	地宁	**天罡**	天和	地宁
辛酉	**四废**	**破**	**四废**	人和	**天罡**	天和	地和	**建**	人宁	地和	**河魁**	**受死**
壬戌	**受死**	天和	**破**	人宁	人和	**河魁**	地宁	天和	**建**	地宁	地和	**天罡**
癸亥	**河魁**	地和	**受死**	**破**	**四废**	**四废**	**天罡**	地和	天宁	**建**	人和	人宁

定时吉凶

凡遇黄道、贵人、禄马值时，百事利宜，值黑道空亡，诸为不吉，截路空亡、止忌出行嫁娶移徙，余皆不忌。

日	青龙黄道	明堂黄道	天刑黑道	朱雀黑道	金匮黄道	天德黄道	白虎黑道	玉堂黄道	天牢黑道	元武黑道	司命黄道	勾陈黑道
子	申	酉	戌	亥	子	丑	寅	卯	辰	巳	午	未
丑	戌	亥	子	丑	寅	卯	辰	巳	午	未	申	酉
寅	子	丑	寅	卯	辰	巳	午	未	申	酉	戌	亥
卯	寅	卯	辰	巳	午	未	申	酉	戌	亥	子	丑
辰	辰	巳	午	未	申	酉	戌	亥	子	丑	寅	卯
巳	午	未	申	酉	戌	亥	子	丑	寅	卯	辰	巳
午	申	酋	戌	亥	子	丑	寅	卯	辰	巳	午	未
未	戌	亥	子	丑	寅	卯	辰	巳	午	未	申	酉
申	子	丑	寅	卯	辰	巳	午	未	申	酉	戌	亥
酉	寅	卯	辰	巳	午	未	申	酉	戌	亥	子	丑
戌	辰	巳	午	未	申	酉	戌	亥	子	丑	寅	卯
亥	午	未	申	酉	戌	亥	子	丑	寅	卯	辰	巳

日	驿马
申子辰	寅
巳酉丑	亥
寅午戌	申
亥卯未	巳

日	天官贵人	福星贵人	天乙贵人	八禄	截路空亡
甲	酉	寅	丑未	寅	申酉
乙	申	丑	子申	卯	午未
丙	子	寅	酉亥	巳	辰丑
丁	亥	亥	酉亥	午	寅卯
戊	卯	申	丑未	巳	子丑
己	寅	未	子申	午	申酉
庚	午	午	丑未	申	午未
辛	巳	巳	寅卯	酉	辰巳
壬	午	辰	卯巳	亥	寅卯
癸	巳	丑	卯巳	子	子丑

日	甲子旬	甲戌旬	甲申旬	甲午旬	甲辰旬	甲寅旬
旬中空亡	戌亥	申酉	午未	辰巳	寅卯	子丑

紫微鸾驾帝星值日

	孟月	丙子壬子丁卯癸卯乙酉辛酉甲午
玉皇帝星一名显星	仲月	丙寅壬寅甲申乙亥辛亥癸巳庚甲
	季月	乙丑辛丑癸未己未甲戌庚戌壬辰
	孟月	丁丑癸丑甲辰戊辰丙戌壬戌乙未
天皇帝星一名曲星	仲月	丙子丁卯壬子癸丑乙酉辛酉甲午
	季月	丙寅壬寅甲申乙亥辛亥癸巳
	孟月	庚辰丙辰辛未丁未戊戌己丑
紫微帝星一名傅星	仲月	丙午庚午乙卯己卯戊子己酉
	季月	戊寅甲寅己巳乙巳丁亥癸亥庚申

年方吉神

凡造作及出行，必择方向吉凶，当于后图内次第横推用之。

年	注	甲	乙	丙	丁	戊	己	庚	辛	壬	癸
岁干德	即岁德	甲	庚	丙	壬	戊	甲	庚	丙	壬	戊
岁德合		己	乙	辛	丁	癸	己	乙	辛	丁	癸
阳贵人		丑	子	亥	酉	未	申	未	午	巳	卯
阴贵人		未	申	酉	亥	丑	子	丑	寅	卯	巳
岁干禄	已上百事向之大吉	寅	卯	巳	午	巳	午	申	酉	亥	子

年	注	子	丑	寅	卯	辰	巳	午	未	申	酉	戌	亥
岁天道	阴阳开山之地 百事向之大吉	坤艮	甲庚	乙辛	乾巽	丙壬	丁癸	坤艮	甲庚	乙辛	乾巽	丙壬	丁癸
岁合	即六合百事吉 止忌烧野	丑	子	亥	戌	酉	申	未	午	巳	辰	卯	寅
岁天德	阴阳感通之位 百事向之大吉	巽	庚	丁	坤	壬	辛	乾	甲	癸	艮	丙	乙
岁位德	阴阳会合之辰 百事向之大吉	壬	庚	丙	申	壬	庚	丙	甲	壬	庚	丙	甲
天德合		申	乙	壬	己	丁	丙	寅	申	申	亥	辛	庚
月德合		丁	乙	辛	申	丁	乙	辛	申	丁	乙	辛	申
生气草盖	宜探人进喜己 上百事大吉	戌	亥	子	丑	寅	卯	辰	巳	午	未	申	酉
驿马	宜出行向 之大吉	寅	亥	申	己	寅	亥	申	巳	寅	亥	申	巳
奏书	遇吉星同位则吉 遇凶星同位则凶	乾	乾	艮	艮	艮	巽	巽	巽	坤	坤	坤	乾
博士	宜动土修宅 忌架马造作	巽	巽	坤	坤	坤	乾	乾	乾	艮	艮	艮	巽

月方吉神

月	正	二	三	四	五	六	七	八	九	十	十一	十二
天道	南	西南	北	西	西北	东	北	东北	南	东	东南	西
天德	丁	坤	壬	辛	乾	甲	癸	艮	丙	乙	巽	庚
月德	丙	甲	壬	庚	丙	甲	壬	庚	丙	甲	壬	庚
天德合	壬	巳	丁	丙	寅	甲	申	辛	亥	庚	申	乙
月德合 己上百事大吉	辛	申	丁	乙	辛	申	丁	乙	辛	申	丁	乙
月空 宜修造取土	壬	庚	丙	甲	壬	庚	丙	甲	壬	庚	丙	甲
月财 宜修方造作	午	乙	巳	未	酉	亥	午	乙	巳	未	酉	亥

月	正	二	三	四	五	六	七	八	九	十	十一	十二
生气华盖	子	丑	寅	卯	辰	巳	午	未	申	酉	戌	亥
青龙黄道	子	寅	辰	午	申	戌	子	寅	辰	午	申	戌
明堂黄道	丑	卯	巳	未	酉	亥	丑	卯	巳	未	酉	亥
金匮黄道	辰	午	申	戌	子	寅	辰	午	申	戌	子	寅
天德黄道	巳	未	酉	亥	丑	卯	巳	未	酉	亥	丑	卯
玉堂黄道	未	酉	亥	丑	卯	巳	未	酉	亥	丑	卯	巳
司命黄道已上百事向之吉	戌	子	寅	辰	午	申	戌	子	寅	辰	午	申
驿马宜远行诸事吉	申	巳	寅	亥	申	巳	寅	亥	申	巳	寅	亥

年方凶神

神煞	注	值
年		甲己 乙庚 丙辛 丁壬 戊癸
正阴府太岁	忌开山山向起造墓埋	艮巽 乾兑 坤坎 离 震
傍阴府太岁	同前	丙辛甲丁己丑乙癸申辰壬寅戊庚亥未
穿山大罗喉	即官符 忌开山立向	戌 申 午 辰 寅
巡山大耗山家困龙	忌同前	乾 庚 丁 巽 甲
山家官符	一名天禁朱雀 一名九天朱雀 忌同前	亥 酉 未 巳 卯
四大金星寒鸦暗曜	忌同前	丁 巽 甲 乾 庚
直山血刃	主损血财 忌开山修方	申酉 壬辛 子亥 酉 巳
山家血刃阳府太岁	忌同前	乾兑 坎巽 坤艮 震 离
年		甲乙丙丁戊己庚辛壬癸
浮天空亡	忌开山立向修方动土造门修门拆屋	丙丁乙庚丁丙丁丙庚乙；壬癸辛甲癸壬癸壬甲辛
金神七煞	忌修方动土	午 寅 寅申午 寅 寅申；辰卯 辰卯；未 午 卯酉未 午 卯酉；申 未 戌子申 未 戌子；巳子 巳子；酉 丑 亥丑酉 丑 亥丑
年		甲乙丙丁戊己庚辛壬癸
破败五鬼	同前	巽艮坤卯午子酉乾巽艮
昇元燥火	同前	丑申辰未戌丑申辰未戌；丁艮辛癸乙丁艮辛癸乙

神煞	注	值
月		正二三四五六七八九十十一十二
隐伏血刃	忌开山修方修六畜栏圈主损血财	乾子寅亥丑乾子寅亥丑；巽未戌乾卯巽未戌乾亥
昇元血刃	同前	巳子申亥寅巳子申亥寅；甲辛丙庚壬甲辛丙庚壬
千金血刃		申寅子亥巳申寅子亥巳
年		子丑寅卯辰巳午未申酉戌亥
太岁	忌事不可犯主破家不利宅长	子丑寅卯辰巳午未申酉戌亥
劫煞	忌修方动土主损人口招盗	巳寅亥申巳寅亥申巳寅亥申
灾煞	忌同前主损财招疾病	午卯子酉午卯子酉午卯子酉
岁煞	一名的煞 忌同前 主损人口招讼	未辰巳午未辰丑戌未辰丑戌
州官符	忌开册立向修方犯之招公讼	亥申巳寅亥申巳寅亥申巳寅
官符	同前	辰巳午未申酉戌亥子丑寅卯
巡山罗忌	忌立向	乙壬艮甲巽丙丁坤辛乾癸庚
坐山罗忌	忌立向	乾艮震离兑坤坤艮坎坎巽乾
坐煞向煞	忌立宅安填	丙甲丙甲丙甲丙甲丙甲丙甲；壬庚壬庚壬庚壬庚壬庚壬庚；丁乙丁乙丁乙丁乙丁乙丁乙；癸辛癸辛癸辛癸辛癸辛癸辛
翎毛禁向	忌立宅安填	甲丁 甲丁甲 丁；丙丙 甲 庚庚丙；丙辛 庚癸庚 癸；庚申 丁丙丙 丙；壬壬 庚 壬辛壬；壬庚 癸壬壬 壬

年	子	丑	寅	卯	辰	巳	午	未	申	酉	戌	亥
阴中太岁阴中煞方 忌埜埋	未	午	己	辰	卯	寅	丑	子	亥	戌	酉	申
白虎煞 忌同前	申	酉	戌	亥	子	丑	寅	卯	辰	巳	午	未
天皇炎退煞 忌开山安向修方	卯	子	酉	午	卯	子	酉	午	卯	子	酉	午
支神退方 忌同前	巽兑	巽兑	坎	坎	坎	坎	乾	乾	坤艮	坤艮	离	离
山家火血 忌同前	甲	乙	丙	丁	甲	乙	丙	丁	甲	乙	丙	丁
	庚	辛	壬	癸	庚	辛	壬	癸	庚	辛	壬	癸
山家刀砧 一名午勄血刃 忌同前	乙	甲	甲	癸	甲	癸	甲	癸	丙	乙	丙	癸
	辛	庚	庚	丁	庚	丁	庚	丁	壬	辛	壬	丁
宅长煞	亥	申	巳	寅	亥	申	巳	寅	亥	申	巳	寅
宅母煞	未	申	酉	戌	亥	子	丑	寅	卯	辰	巳	午
宅男煞	寅	卯	辰	巳	午	未	申	酉	戌	亥	子	丑
中男煞	申	酉	戌	亥	子	丑	寅	卯	辰	巳	午	未
心口煞	未	辰	丑	戌	未	辰	丑	戌	未	辰	丑	戌
妇人煞 巳上忌修方动土	丑	寅	卯	辰	巳	午	未	申	酉	戌	亥	子
独火 一名飞祸 一名六害	艮	卯	卯	子	巽	巽	酉	午	午	坤	乾	乾
天火霹雳火	子	酉	午	卯	子	酉	午	卯	子	酉	午	卯
飞天独火 巳上忌修造盖屋动土犯之火发	卯	子	酉	午	卯	子	酉	午	卯	子	酉	午
大耗岁破 忌修方立仓库置庄产犯之损六畜败财	午	未	申	酉	戌	亥	子	丑	寅	卯	辰	己
小耗净栏煞 同前	巳	午	未	申	酉	戌	亥	子	丑	寅	卯	辰
蚕官 如养蚕忌修作余皆不忌犯之损蚕	未	未	戌	戌	戌	丑	丑	丑	辰	辰	辰	未
蚕室 同前	坤	坤	乾	乾	乾	艮	艮	艮	巽	巽	巽	坤
蚕命 同前 宜祈蚕向之吉	未	午	亥	戌	巳	丑	寅	申	卯	辰	子	酉
大杀 百事不宜犯之人品衰败官事刑宪	子	酉	午	卯	子	酉	午	卯	子	酉	午	卯
飞廉 忌修方动土犯之主公事口舌疾病失败凶	申	酉	戌	巳	午	未	寅	卯	辰	亥	子	丑
大将军 止宜修碓余皆不宜犯者主官灾口舌	酉	酉	子	子	子	卯	卯	卯	午	午	午	酉

	壬	丑	寅	卯	辰	巳	午	未	申	酉	戌	亥
病符 忌修方动土犯之主疾病伤害	亥	子	丑	寅	卯	辰	巳	午	未	申	酉	戌
死符 同前	巳	午	未	申	酉	戌	亥	子	丑	寅	卯	辰
崩腾 忌行丧埋葬	坤	乾	辛	乙	丙	壬	庚	甲	癸	丁	巳	酉
黄帝八座 同前	酉	戌	亥	子	丑	寅	卯	辰	巳	午	未	申
五鬼 诸事不宜犯之主虚耗失财疾病	辰	卯	寅	丑	子	亥	戌	酉	申	未	午	巳
伏兵 同前	丙	甲	壬	寅	丙	甲	壬	庚	丙	甲	壬	庚
黄幡 忌开门取土嫁娶纳财犯之主招非灾损六畜	辰	丑	戌	未	辰	丑	戌	未	辰	丑	戌	未
豹尾 同前	戌	未	辰	丑	戌	未	辰	丑	戌	未	辰	丑
大祸 忌修方动土犯之招横祸	丁	乙	癸	辛	丁	乙	癸	辛	丁	惭	癸	辛
力士 忌修方造作犯之主竹木损手足之厄	艮	艮	巽	巽	巽	坤	坤	坤	乾	乾	乾	艮
丧门 忌造作行丧犯之主招贼寇不祥	寅	卯	辰	巳	午	未	申	酉	戌	亥	子	丑
吊客 忌修方兴土工犯之主哭泣疾病不祥	戌	亥	子	丑	寅	卯	辰	巳	午	未	申	酉
畜官	辰	巳	午	未	申	酉	戌	亥	子	丑	寅	卯
千勄血刃	寅	辰	丑	亥	巳	寅	辰	丑	亥	巳	寅	辰
暗刀煞	辰	卯	亥	申	丑	未	辰	卯	亥	申	丑	未
年流财 巳上忌修方动土造作犯之损六畜破财	戌	未	子	子	子	戌	戌	戌	子	未	未	未
	乾	申	丑	丑	丑	乾	乾	乾	丑	申	申	申
岁煞	未	辰	丑	戌	未	辰	丑	戌	未	辰	丑	戌
岁刑 巳上忌动土博戏犯之主公讼血光之厄	卯	戌	巳	子	辰	申	午	丑	寅	酉	未	亥
天瘟 忌修方动土犯之招瘟疫	未	戌	辰	寅	午	子	酉	申	巳	亥	丑	卯
太阴 忌动土移徙出行向之主女人灾小口不利阴私事	戌	亥	子	丑	寅	卯	辰	巳	午	未	申	酉
破碎金三煞	巳	丑	酉	己	丑	酉	巳	丑	酉	巳	丑	酉
五子打劫血刃	坤	艮	乾	坤	离	巽	坤	艮	乾	刊	离	巽
田官符 巳上忌修造动土犯之主破财损畜	乾	乾	亥子丑	亥子丑	亥子丑	乾	乾	未申酉	亥子丑	未申酉	未申酉	未申酉

年	子	丑	寅	卯	辰	巳	午	未	申	酉	戌	亥
地轴	未	申	酉	戌	亥	子	丑	寅	卯	辰	巳	午
帝舍	寅	卯	辰	巳	午	未	申	酉	戌	亥	子	丑
帝车	丑	寅	卯	辰	己	午	未	申	酉	戌	亥	了
帝辂 已上忌开山修方招吉星到不忌	亥	子	丑	寅	卯	辰	巳	午	未	申	酉	戌
铁扫帚	丁	乙	丙	庚	乙	丙	丁	乙	丙	庚	乙	丙
	癸	辛	壬	甲	辛	壬	癸	辛	壬	甲	辛	壬
土皇煞 秋分后五日不论	巽	巽	坤	坤	乾	乾	子	子	午	午	艮	艮
	乾	乾	艮	艮	巽	巽	午	酉	子	子	坤	坤
九良煞 已上忌修造动土	中庭	厨寅	丑	后堂	寅辰	门	戌亥	水路	中庭	南	堂庙	寺观
飞天暴败	巳	戌	卯	申	丑	午	亥	辰	酉	寅	未	子
飞天炎星	戌	亥	申	酉	午	未	辰	巳	寅	卯	子	丑
年禁	午	寅	亥	酉	未	卯	子	戌	巳	辰	丑	申
鲁般煞 已上忌修方	巽	巽	震	震	艮	艮	坤	坤	坎	坎	坎	坎

月方凶神

月		十二月禁向（忌开山立向修方犯之主损六畜牲财）			翎毛大禁向（同前）		山家朱雀（同前犯之招口舌）	独火（忌修方犯之主火厄）	官符（忌修方开山立向犯之主公讼损血财）
正	寅	甲	巽	巳	癸		离	巳	午
二	卯	乙	丁	癸	乙	辛	坎坤	辰	未
三	辰	巽	坤	申	壬丙	丁癸	巽	卯	申
四	寅	甲	丙	丁	乙	辛	乾	寅	酉
五	午	丁	酉	辛	癸		艮兑	丑	戌
六	辰	巽	未	坤	乙	辛	空	子	亥
七	申	庚	壬	亥	丙	午	震坎	亥	子
八	丙	庚	酉	丁	卯酉	乙辛	离坤	戌	丑
九	戌	乾	丑	艮	癸		巽	酉	寅
十	壬	亥	甲	庚	乙	辛	乾	申	卯
十一	子	癸	甲	卯	丙壬	丁癸	艮兑	未	辰
十二	丑	癸	辛	戌	乙	辛	空	午	巳

月	正	二	三	四	五	六	七	八	九	十	十一	十二
大耗一名月破煞	申	酉	戌	亥	子	丑	寅	卯	辰	巳	午	未
小耗一名净栏煞	未	申	酉	戌	亥	子	丑	寅	卯	辰	巳	午
剑锋	甲	乙	巽	丙	丁	坤	庚	辛	乾	壬	癸	艮
刀砧	丁	甲	乙	壬	丁	甲	乙	壬	丁	甲	乙	壬
	癸	庚	辛	丙	癸	庚	辛	丙	癸	庚	辛	丙
月血火	甲	丁	甲	丁	甲	丁	壬	乙	壬	丁	乙	甲
	庚	癸	庚	癸	庚	癸	丙	辛	丙	癸	辛	庚
流才	甲	丁	甲	丁	乙	壬	乙	丁	壬	甲	乙	壬
	庚	癸	庚	癸	辛	丙	辛	癸	丙	庚	辛	丙
流财星	巳	申	酉	丑	寅	辰	巳	申	酉	丑	寅	辰
	午未	戌酉	戌亥	寅	卯	巳	午未	戌酉	戌亥	寅	卯	巳
月厌	戌	酉	申	未	午	巳	辰	卯	寅	丑	子	亥
月煞月虚	丑	戌	未	辰	丑	戌	未	辰	丑	戌	未	辰

月	正	二	三	四	五	六	七	八	九	十	十一	十二
巳上忌修方造作动土立仓库犯之主损六畜	巳	子	辰	申	午	丑	寅	酉	未	亥	卯	戌
	亥	申	巳	寅	亥	申	巳	寅	亥	申	巳	寅
月三煞	子	酉	午	卯	子	酉	午	卯	子	酉	午	卯
	丑	戌	未	辰	丑	戌	未	辰	丑	戌	未	辰
土皇煞	巳	辰	卯	寅	丑	子	亥	戌	酉	申	未	午
土符	寅	巳	申	亥	卯	午	酉	子	辰	未	戌	丑
天殟	未	戌	辰	寅	午	子	酉	申	巳	亥	丑	卯
四旺 巳上忌修造动土开门	寅	寅	寅	巳	巳	巳	申	申	申	亥	亥	亥
崩腾	辛	巳	丙	壬	庚	甲	酉	丁	子	丑	坤	乾
八座	亥	子	丑	寅	卯	辰	巳	午	未	申	酉	戌
报怨煞 一名撞命煞凶 犯之主宅长不祥	丙甲	壬甲	庚	丙	甲	壬	庚	丙	甲	壬	庚	丙
飞廉大煞 凡事不利凶张纲捕猎 犯之主公事疾病口舌	戌	巳	午	未	寅	卯	辰	亥	子	丑	申	本

月	正	二	三	四	五	六	七	八	九	十	十一	十二
大小耗星 忌修换动土犯之主 狐狸豺狗狼耗血财	门／户	井／灶	东／西	南／北	厨／仓库	中庭／碓磨	门／户	井／灶	东／西	南／北	厨／仓库	中庭／碓磨
游龙 忌修理 犯之损目	仓	仓	仓	井门	门	仓	中庭	井灶	井仓	灶	堂门	堂
伏龙 同前	中庭／灶	中／庭	大门／中庭	大／门	户／井	墙	墙	井 灶／槽	堂	乾／门	厨／户	仓
宅龙 忌修理犯之 防恶大伤	灶	灶	灶	大门	大门	厨	厨	灶	中房	内室	中	堂
月建	寅	卯	辰	巳	午	未	申	酉	戌	亥	子	丑
月破	申	酉	戌	亥	子	丑	寅	卯	辰	巳	午	未
天罡	巳	子	未	寅	酉	辰	亥	午	丑	申	卯	戌
河魁 巳上忌修造动土 犯之主非灾横祸	亥	午	丑	申	卯	戌	巳	子	未	寅	酉	辰

年	寅午戌亥卯未申子辰巳酉丑
入山刀砧 忌修造动土犯 之主损六畜	丙壬癸甲庚乙辛丙壬癸甲庚乙辛

右吉凶星煞各有宜忌凡选方向详察用之

大月建	月	正	二	三	四	五	六	七	八	九	十	十一	十二
	甲癸丁庚年	艮	兑	乾	中	巽	震	坤	坎	离	艮	兑	乾
	乙辛戊年	中	巽	震	坤	坎	离	艮	兑	乾	中	巽	震
	丙壬巳年	坤	坎	离	艮	兑	乾	中	巽	震	坤	坎	离

右大月建，一名暗建煞，一名逆小儿煞，又名阴中太岁，凡将军太岁官符诸凶神，犯者尚可禳，惟此不可犯忌，修方动土，犯之，主先害宅长，次害子孙，立见衰败。

月	小月建 子寅辰午申戌年	小月建 丑卯巳未酉亥年
正	中	离
二	乾	坎
三	兑	坤
四	艮	震
五	离	巽
六	次	中
七	坤	乾
八	震	兑
九	巽	艮
十	中	离
十一	乾	坎
十二	兑	坤

右小月建，一名顺小儿煞，一名阴阳月建，方忌修方，犯之害小口，然阳宅滴水檐外，尤紧禁无步敛，犯之即见祸殃。

天官符

月	寅午戌年	申子辰年	巳酉丑年	亥卯未年
正	艮	中	坤	中
二	兑	巽	坎	兑
三	乾	震	离	乾
四	中	坤	艮	中
五	兑	坎	兑	巽
六	乾	离	乾	震
七	中	艮	中	坤
八	巽	兑	兑	坎
九	震	乾	乾	离
十	坤	中	中	艮
十一	坎	兑	巽	兑
十二	离	乾	震	乾

上天官符，一名飞宫州官符，一名天太岁，一名宅长煞，一名州牢煞，如修造方向，犯之，主宅长不利，及有官灾，非横退财不吉。

地官行

月	正	二	三	四	五	六	七	八	九	十	十一	十二
子年	兑	乾	中	兑	乾	中	巽	震	坤	坎	离	艮
丑年	艮	兑	乾	中	兑	乾	中	巽	震	坤	坎	离
寅年	离	艮	兑	乾	中	兑	乾	中	巽	震	坤	坎
卯年	坎	离	艮	兑	乾	中	兑	乾	中	巽	震	坤
辰年	坤	坎	离	艮	兑	乾	中	兑	乾	中	巽	震
巳年	震	坤	坎	离	艮	兑	乾	中	兑	乾	中	巽
午年	巽	震	坤	坎	离	艮	兑	乾	中	兑	乾	中
未年	中	巽	震	坤	坎	离	艮	兑	乾	中	兑	乾
申年	乾	中	巽	震	坤	坎	离	艮	兑	乾	中	兑
酉年	兑	乾	中	巽	震	坤	坎	离	艮	兑	乾	中
戌年	中	兑	乾	中	巽	震	坤	坎	离	艮	兑	乾
亥年	乾	中	兑	乾	中	巽	震	坤	坎	离	艮	兑

右地官符，一名飞宫县官符，一名县牢煞，一名死气五官符，然舍位禁五十步尚不可犯，而飞宫尤不可犯也，寻逐年太岁，上起建数至第五位定字，是年官符若犯，山头坐下官灾自内发，若在方向，官灾从外来而犯之者，亦有受府县牢狱官灾而已，又名畜官，动土兴工造作，犯之，主妨小口损六畜。

霹雳火

月	正	二	三	四	五	六	七	八	九	十	十一	十二
寅午戌年	离	艮	兑	乾	中	巽	震	坤	坎	离	艮	兑
亥卯未年	乾	中	巽	震	坤	坎	离	艮	兑	乾	中	巽
申子辰年	乾	中	巽	震	坤	坎	离	艮	兑	乾	中	巽
巳酉丑年	震	坤	坎	离	艮	兑	乾	中	巽	震	坤	坎

右霹雳火，一名打头火，与其他火星不同，为灾最紧，犯之，随手火发，忌开山动土造作。

飞天独火

月	巳酉丑年	申子辰年	寅午戌年	亥卯未年
正	乾	乾	震	离
二	中	中	坤	艮
三	兑	巽	坎	兑
四	乾	震	离	乾
五	中	坤	艮	中
六	巽	坎	兑	兑
七	震	离	乾	乾
八	坤	艮	中	中
九	坎	兑	兑	巽
十	离	乾	乾	震
十一	艮	中	中	坤
十二	兑	兑	巽	坎

上飞天独火，与霹雳火同忌，修方造作动土，犯之，其火即发。

月游火

月	正	二	三	四	五	六	七	八	九	十	十一	十二
子丑年	艮	离	坎	坤	震	巽	中	乾	兑	艮	离	坎
寅年	震	巽	中	乾	兑	艮	离	坎	坤	震	巽	中
卯辰年	巽	中	乾	兑	艮	离	坎	坤	震	巽	中	乾
巳年	离	坎	坤	震	巽	中	乾	兑	艮	离	坎	坤
午未年	坤	震	巽	中	乾	兑	艮	离	坎	坤	震	巽
申年	兑	艮	离	坎	坤	震	巽	中	乾	兑	艮	离
酉戌年	乾	兑	艮	离	坎	坤	震	巽	中	乾	兑	艮
亥年	坎	坤	震	巽	中	乾	兑	艮	离	坎	坤	震

右月游火，与霹雳火星同，止犯修方造作动土，犯之，其火便发。

丙丁独火煞

月	甲己年 丙	甲己年 丁	乙庚年 丙	乙庚年 丁	丙辛年 丙	丙辛年 丁	丁壬年 丙	丁壬年 丁	戊癸年 丙	戊癸年 丁
正		乾	巽		坤	震	离	坎	兑	艮
二			震	巽	坎	坤	艮	离	乾	兑
三	巽		坤	震	离	坎	兑	艮		乾
四	震	巽	坎	坤	艮	离	乾	兑		
五	坤	震	离	坎	兑	艮		乾	巽	
六	坎	坤	艮	离	乾	兑			震	巽
七	离	坎	兑	艮		乾	巽		坤	震
八	艮	离	乾	兑			震	巽	坎	坤
九	兑	艮		乾	巽		坤	震	离	坎
十	乾	兑			震	巽	坎	坤	艮	离
十一		乾	巽		坤	震	离	坎	兑	艮
十二			震	巽	坎	坤	艮	离	乾	兑

上丙丁独火煞，忌修方造作动土，犯之，立见火殃，切宜回避。

月	巡山火星	
正	乾	七赤
二	坤	
三	坎	
四	坎	
五	中	
六	卯	
七	卯	
八	酉	九紫
九	艮	
十	艮	
十一		
十二	乾	七赤

上巡山火星，一名满天红火星，忌修方，犯之，主红火连天。

昇元血刃

月	甲己年 顺	甲己年 逆	乙庚年 顺	乙庚年 逆	丙辛年 顺	丙辛年 逆	丁壬年 顺	丁壬年 逆	戊癸年 顺	戊癸年 逆
正	申	丙	寅	壬	子	辛	亥	庚	巳	甲
二	亥	庚	巳	甲	申	丙	寅	壬	子	辛
三	寅	壬	子	辛	亥	庚	巳	甲	申	庚
四	巳	甲	申	丙	寅	壬	子	辛	亥	丙
五	子	辛	亥	庚	巳	甲	申	丙	寅	壬
六	申	丙	寅	壬	子	辛	亥	庚	巳	甲
七	亥	庚	巳	甲	申	丙	寅	壬	子	辛
八	寅	壬	子	辛	亥	庚	巳	甲	申	庚
九	巳	申	申	丙	寅	壬	子	辛	亥	丙
十	子	辛	亥	庚	巳	甲	申	丙	寅	壬
十一	申	丙	寅	壬	子	辛	亥	庚	巳	甲
十二	亥	庚	巳	甲	申	丙	寅	壬	子	辛

右升元血刃，惟占舍位，其煞属金，为在地黑煞，顺者食外，逆者食内，犯之，大损血财。

隐伏血刃

月	甲乙年 顺	甲乙年 逆	乙庚年 顺	乙庚年 逆	丙辛年 顺	丙辛年 逆	丁壬年 顺	丁壬年 逆	戊癸年 顺	戊癸年 逆
正	兑	离	巽	乾	坎	震	震	中	离	坤
二	艮	艮	中	中	坤	坤	巽	巽	坎	坎
三	离	兑	乾	巽	震	离	中	震	坤	离
四	坎	乾	兑	震	巽	坎	乾	坤	震	艮
五	坤	中	艮	坤	中	艮	兑	坎	巽	兑
六	震	巽	离	坎	乾	兑	艮	离	中	乾
七	巽	震	坎	离	兑	乾	离	艮	乾	中
八	中	坤	坤	艮	艮	中	坎	兑	兑	巽
九	乾	坎	震	兑	离	巽	坤	乾	艮	震
十	兑	离	巽	乾	坎	震	震	中	离	坤
十一	艮	艮	中	中	坤	坤	巽	巽	坎	坎
十二	离	兑	乾	巽	震	坎	中	震	坤	离

右隐伏血刃，乃升元中名黄金虎子煞，大忌动土修作，犯轻损血财，重则损人，若犯直壬申癸酉日，纳音属金，谓之带剑，如到中宫，凶喜二事皆不许动鼓乐。

饥渴血刃

月	甲己年	乙庚年	丙辛年	丁壬年	戊癸年
正				饥	
二			饥		
三		饥			
四	饥				
五					饥
六		中		渴	
七			渴		中
八		渴		中	
九	渴				
十			中		渴
十一	中				
十二					

右饥渴血刃，忌修中宫，饥则食肉，渴则饮血，其煞不占方道，止忌中宫，若修造，犯之，惟损血财，若吉星到中宫。不忌。

丘公暗刀煞

月	正	二	三	四	五	六	七	八	九	十	十一	十二
甲己年	戌	亥	子	丑	寅	卯	辰	巳	午	未	申	酉
	犬	猪	厅	牛	蚕厨	桑廨	仓	仓	门	羊	奴	鸡
	楼	牢	堂	栏	六畜	灶	库	库	厅	栈	婢	栖
乙庚年	申	酉	戌	亥	子	丑	寅	卯	辰	巳	午	未
	奴	鸡	犬	猪	厅	牛	蚕厨	桑廨	仓	仓	门	羊
	婢	栖	楼	牢	堂	栏	六畜	灶	库	库	厅	栈
丙辛年	午	未	申	酉	戌	亥	子	丑	寅	卯	辰	巳
	门	羊	奴	鸡	犬	猪	厅	牛	蚕厨	桑廨	仓	仓
	厅	栈	婢	栖	楼	牢	堂	栏	六畜	灶	库	库
丁壬年	辰	巳	午	未	申	酉	戌	亥	子	丑	寅	卯
	仓	仓	门	羊	奴	鸡	犬	猪	厅	牛	蚕厨	桑廨
	库	库	厅	栈	婢	栖	楼	牢	堂	栏	六畜	灶
戊癸年	寅	卯	辰	巳	午	未	申	酉	戌	亥	子	丑
	蚕厨	桑廨	仓	仓	门	羊	奴	鸡	犬	猪	厅	牛
	六畜	灶	库	库	厅	栈	婢	栖	楼	牢	堂	栏

右丘公暗刀煞，此煞诸本异同，今依九天元女六壬天罡真本依定，所谓丘公暗刀煞，止忌修换，只论月分，不分节气，若年月方位，所值鸡栖猪牢犬楼仓库之类，犯之，立见祸患，损血财。

六甲胎神

月	六甲胎神
正	床房
二	户牕
三	门堂
四	灶
五	身状
六	状仓
七	碓磨
八	厕户
九	门房
十	房状
十一	炉灶
十二	床房

四季伤胎煞方

春	子午
夏	丑未
秋	辰戌
冬	巳亥

右胎产所忌，如有孕妇，不宜修理，犯之，伤胎损身。

六畜所忌

年	岁牛神	牛皇七煞	牛火血	牛飞廉	月	牛皇煞	马皇煞	马胎	羊胎	猪胎	猫胎
子	震	巽	子	辰	正	沟 路	枋	门	栈	身 稠	猫
丑	巽	艮	午	辰	二	沟 路	枋 槽	枋	卯 沟	身 稠	胎
寅	艮	乾	丑	午	三	廨 碓	枋 仓 碓	户	门 身	门 灶	沟
卯	兑	巽	未	午	四	灶	庭 门 碓	仓	沟 灶	门	户
辰	离	艮	寅	申	五	井 炉	枋 仓	枋	碓 灶	井	檐
巳	栏	乾	申	申	六	困 仓	碓 枋	枋	仓 栈	井	井
午	震	巽	卯	戌	七	井	枋 堂	厨	厅 楼	灶	栖
未	卯 辰	艮	酉	戌	八	炉 焙	枋	枋	卯 碓	灶	房
申	巽 巳	乾	辰	子	九	困 仓	堂 仓	仓	仓 门	篱 壁	榥
酉	坤	巽	戌	子	十	灶	枋 门	井	井 灶 沟	壁	栏
戌	离	艮	巳	寅	十一	门	门 庭 仓	门 碓	门 灶	门 稠	厨
亥	乾	乾	亥	寅	十二	路 沟	灶 枋 厨	厨	水 路 栈	稠	炉

上六畜所忌，不宜修换栏圈，犯之，损血财，新立者不忌。

天罡制凶方吉时

臞仙曰：天罡之星其神威烈，其气雄猛，天上地下，莫之敢当。经云，顺罡者吉，逆罡者凶。罡行之运，如立春指丙，雨水指午，随气轮转。又如艮时指丙，寅时指午，昼夜循环。又云，月月常加戌，时时见破军，其法每月以戌加月建，自戌数至所用之时，见破军星是也。且如正月戌加寅建，数至午得寅字，正月则寅时，天罡指午方，一气一易，卯时指未方，今举二时为例，月下逐一具载于后，星辰指方，历历分明，如其方有凶忌，若得天罡，所指诸为皆吉，无有不利。

月	正	二	三	四	五	六	七	八	九	十	十一	十二
指午方	寅	丑	子	亥	戌	酉	申	未	午	巳	辰	卯
指未方	卯	寅	丑	子	亥	戌	酉	申	未	午	巳	辰
指申方	辰	卯	寅	丑	子	亥	戌	酉	申	未	午	巳
指酉方	巳	辰	卯	寅	丑	子	亥	戌	酉	申	未	午
指戌方	午	巳	辰	卯	寅	丑	子	亥	戌	酉	申	未
指亥方	未	午	巳	辰	卯	寅	丑	子	亥	戌	酉	申
指子方	申	未	午	巳	辰	卯	寅	丑	子	亥	戌	酉
指丑方	酉	申	未	午	巳	辰	卯	寅	丑	子	亥	戌
指寅方	戌	酉	申	未	午	巳	辰	卯	寅	丑	子	亥
指卯方	亥	戌	酉	申	未	午	巳	辰	卯	寅	丑	子
指辰方	子	亥	戌	酉	申	未	午	巳	辰	卯	寅	丑
指巳方	丑	子	亥	戌	酉	申	未	午	巳	辰	卯	寅

卷三　选择汇考三

臞仙肘后经一

直日吉神

青龙黄道，明堂黄道，金匮黄道，天德黄道，玉堂黄道，司命黄道，执储明星，天宝明星，天对明星，天玉明星，天岳明星，天府明星。天恩星，天德星，天佑星，天厚星，天庆星，天瑞星，天官星，天成星，天库星，天财星，地财星，紫微星，幽微星，少微星，吉庆星，满德星，活曜星，銮舆星，凤辇星，禄库星，贵人星，吉人星，上官星，邑从星，显星玉皇，曲星天皇，傅星紫微，太阴，太阳，大明，四时天德，天德合，月德合，天德，月德，天恩，月恩，天赦，天喜①，天福②，天瑞③，天富④，天仓⑤，天贵，天良⑥，天解⑦，天医⑧，天巫⑨，金堂，玉堂，要安⑩，阳德⑪，阴德⑫，

---

① 已上百事宜用。
② 宜入宅出行送礼。
③ 宜上官纳礼受贺。
④ 宜开店，造仓库，上官出，财纳礼求财，裁衣合帐。
⑤ 宜造仓库纳财。
⑥ 已上百事宜用。
⑦ 宜祈福，解冤。
⑧ 宜合药针灸治病。
⑨ 宜合药求医，祀神祈福。
⑩ 已上百事宜用。
⑪ 一云福德，宜造作嫁娶，上官，入宅出行。
⑫ 宜建醮，祭祀。

生炁[①]，母仓，月财[②]，月空[③]，五富[④]，益后[⑤]，续世[⑥]，福生[⑦]，普护[⑧]，圣心[⑨]，敬心[⑩]，七圣[⑪]，正阳[⑫]，五祥[⑬]，旺日[⑭]，官日[⑮]，相日[⑯]，民日[⑰]，守成[⑱]，四相[⑲]，成勋，恩胜，狱钥[⑳]，福厚[㉑]，吉期[㉒]，重日[㉓]，复日[㉔]，解神，时阴[㉕]，丰旺[㉖]，支德[㉗]，驿马，天马[㉘]，六仪，三合[㉙]，六合[㉚]，月合[㉛]，兵宝，兵吉。[㉜]，岁前[㉝]，岁位[㉞]，岁

---

① 一云天官、时阳，宜封拜上官，起造动土，嫁娶求财。
② 已上百事宜用。
③ 宜安床帐，修产室动土。
④ 宜开仓库，移居，入宅。
⑤ 宜婚姻。
⑥ 宜立嗣，纳奴仆。
⑦ 宜修设斋醮，祈福求财。
⑧ 宜祈福，出行，嫁娶。
⑨ 宜起造，嫁娶，会客，求财。
⑩ 宜修设斋醮，祭祀。
⑪ 同上。
⑫ 宜祭神，祈福，祀灶。
⑬ 同上。
⑭ 宜上官赴任。
⑮ 一云荣官，宜上官作灶。
⑯ 宜上官受任嫁娶。
⑰ 宜上官受任。
⑱ 一云守日，同上。
⑲ 百事宜用。
⑳ 已上宜上官赴任。
㉑ 宜上官赴任嫁娶。
㉒ 宜会亲送礼。
㉓ 宜一切喜事忌凶事。
㉔ 同上。
㉕ 已上百事宜用。
㉖ 宜上官出行，作灶修宅舍，治园馆。
㉗ 一云龙德百事宜用。
㉘ 已上宜出行。
㉙ 已上百事宜用。
㉚ 宜求婚送礼，嫁娶交易，作和合事。
㉛ 百事宜用忌论讼。
㉜ 已上宜出师。
㉝ 百事宜用，岁后百事吉，惟安葬不宜。
㉞ 宜作公卿事吉。

对[①]，天聋，地哑[②]，穴天狗[③]，呜吠对[④]，呜吠[⑤]，不将[⑥]，神在[⑦]。

五合

日月合[⑧]，阴阳合[⑨]，人民合[⑩]，金石合[⑪]，江河合[⑫]。

五帝生日

青帝，赤帝，黄帝，白帝，黑帝[⑬]。

---

① 百事吉，惟安葬不宜。
② 已上宜造作，安碓磨，修水廨，作厕。
③ 宜停蓄谷米，塞鼠穴。
④ 宜安葬，斩草，挂服。
⑤ 宜安葬。
⑥ 宜嫁娶。
⑦ 宜祭祀祈福。
⑧ 宜造作嫁娶。
⑨ 宜营居。
⑩ 宜嫁娶参谒。
⑪ 宜砌石熔铸。
⑫ 宜行船渔猎。
⑬ 已上作事永远，终吉。

直日凶神

勾陈黑道[①]，元武黑遭，朱雀黑道[②]，白虎黑道[③]，天牢黑道[④]，天刑黑道[⑤]，天雷黑星[⑥]蚩尤黑星[⑦]，飞流黑星[⑧]，天棒黑星[⑨]，阴私黑星[⑩]，土勃黑星[⑪]，天耗星，天激星，天刑星，天丧星，天魔星，天狱星，天哭星，天灾星，天殃星，天杀星，地伤星，地耗星，葬耗星，大杀星，小杀星，小祸星，绝灭星，鬼贼星，毛头星，破败星[⑫]，齐星，火星，利星，朴星，解星，章星，木星交，水星交，火星交[⑬]。月厌[⑭]，月杀[⑮]，月虚[⑯]，月建转杀，天转地转，天地正转，[⑰]，正四废[⑱]，傍四废[⑲]，冰消瓦解[⑳]，四时大墓，九土鬼[㉑]，九丑[㉒]。十恶大败，天地殃败[㉓]，十恶无禄[㉔]，天罗地网[㉕]，飞廉大杀[㉖]，天地争雄[㉗]，大耗，小耗，四耗，四方耗，五虚，九空，空亡[㉘]。九焦，九坎[㉙]，天

---

① 忌起造，入宅，修居，嫁娶。
② 已上百事不宜。
③ 忌修造，嫁娶，移居，针灸，安葬。
④ 忌起造，入宅，移居，嫁娶，安葬。
⑤ 百事不宜。
⑥ 忌安葬，移居，起造。
⑦ 百事不宜。
⑧ 忌嫁娶，起造，安葬。
⑨ 忌嫁娶，起造，安葬，移居。
⑩ 百事不宜。
⑪ 忌起造，安葬，移居，嫁娶。
⑫ 已上百事不宜。
⑬ 已上并忌嫁娶移居，安葬上官，出行立契买卖。
⑭ 即大祸，忌嫁娶，造酒酱醋，移居远行，还家服药。
⑮ 忌作事。
⑯ 忌出财，纳财，纳畜，开仓库店。
⑰ 已上百事不宜。
⑱ 百事不宜，可作寿木。
⑲ 同上。
⑳ 一云土崩瓦解，百事不宜。
㉑ 已上百事不宜。
㉒ 忌出师行嫁移徙，修营更改，作厕出行。
㉓ 已上百事不宜。
㉔ 百事不宜。
㉕ 忌婚葬出行词讼。
㉖ 百事不宜，惟捕猎吉。
㉗ 百事不宜。如吉星多，可用。
㉘ 已上忌出行，开仓库店，安床，塑画神像，修六畜栏枋。
㉙ 已上忌种植，铸泻，烧窑。

贼[1]，五盗[2]，天瘟[3]。土瘟[4]，土忌，土府[5]，地囊[6]，地破[7]，劫杀[8]，天火[9]，地火[10]，雷火[11]，月火，烛火[12]，田火[13]，官符[14]，死炁[15]。上朔[16]，四不祥[17]，天休废[18]，牢日[19]，狱日[20]，徒隶[21]，死别[22]，不举[23]罪刑[24]。罪至[25]，伏罪[26]，天吏[27]，亡嬴[28]，致死[29]，临日[30]，分骸[31]，受死[32]，猖鬼败亡[33]，归忌[34]，厌对[35]，狼籍[36]，天寡，地寡，孤

---

① 一云天盗，忌移居开仓库店，出财上官，行船嫁娶。
② 一云天贼，忌起造上官入宅，安葬交易。
③ 忌造宅移居，修六畜栏枋，穿井安床，塑画神像。
④ 忌动土穿井。
⑤ 已上忌动土。
⑥ 忌动土起造穿井开池。
⑦ 忌动土安葬远行。
⑧ 忌动土。
⑨ 忌起造盖屋，种植，作灶，裁衣。
⑩ 忌起造种植。
⑪ 忌起造，针灸，盖屋，作灶。
⑫ 已上忌起造，针灸，盖屋，作灶，塑画神像。
⑬ 与成日同忌种植。
⑭ 忌起造，动土，移居。
⑮ 忌起造，动土，移居，造酒曲酱醋。
⑯ 忌上官出行，嫁娶入宅，会客作乐渔猎。
⑰ 忌上官。
⑱ 忌上官，入学，纳奴仆。宜作寿木。
⑲ 一云虎穴，忌上官出行，移居词讼。
⑳ 一云飞殃，忌与上同。
㉑ 忌上官，受任，进人口奴仆。
㉒ 一云舍刑，忌上官，出行，婚姻，起造，挂服，纳奴仆，服药。
㉓ 一云容好。忌上官，移居，婚姻，交易。
㉔ 一云刑狱。忌上官，见贵，参谒，词讼，出行。
㉕ 忌起造，移居，婚姻，安葬。
㉖ 一云三刑。忌上官，论讼，纳奴仆。
㉗ 忌上官，临政，受事。
㉘ 忌上官，嫁娶，纳财畜，出行，开仓库店肆。
㉙ 忌上官临政受事。
㉚ 忌上官。
㉛ 忌出行，入宅，移居，问病，祭祀。
㉜ 百事不宜。
㉝ 忌上官到任。
㉞ 忌嫁娶，入宅，移居，出行，收纳奴仆。
㉟ 忌嫁娶。
㊱ 一云伤刀。忌嫁娶，种植，百事不宜。

辰，红沙杀[1]，披麻杀[2]，吟神，天雄，地雄[3]，往亡[4]，无翘[5]，阴错，阳错[6]离窠[7]，章光[8]，八龙，七鸟，九虎，六蛇[9]。四离，四绝[10]，八绝[11]，白浪[12]，咸池[13]，招摇[14]，四激[15]，蛟龙[16]，蛟龙克动，蛟龙克破，张宿[17]，触水龙[18]，河伯死日[19]，子胥死日[20]，八风[21]，财离[22]，风伯死日[23]，游杀[24]，返激[25]，五不归，天云不返[26]，五行忌[27]，鲁班煞[28]，斧头煞[29]，木马煞[30]，跌蹼煞[31]，刀砧[32]，血刃[33]，血忌[34]，血支[35]，游祸[36]，扁鹊

---

① 已上忌娶嫁。
② 忌嫁娶，移居。
③ 已上忌嫁娶。
④ 忌出行，嫁娶，移居。
⑤ 忌婚姻，和合事。
⑥ 已上忌起造，开仓库店，移居出行，入学，嫁娶，安葬。
⑦ 忌出行，移徙，嫁娶，安床，入学，纳奴仆。
⑧ 忌上官，嫁娶，涉险。
⑨ 已上忌嫁娶，起造，行船，交易，开库店。
⑩ 已上忌起造，出行，嫁娶，和合事。
⑪ 忌出财置业。
⑫ 忌行船。
⑬ 一云龙口，忌远行乘舟，下载会客，修池作堰。
⑭ 忌行船，宜开食店。
⑮ 忌远行入山，乘舟，开池井。
⑯ 忌行船，修塘堰。
⑰ 已上忌行船。
⑱ 忌乘船渡水。
⑲ 庚辰忌行船。
⑳ 壬辰忌行船。
㉑ 忌行船盖屋。
㉒ 忌出财，开店肆，出行。
㉓ 甲子忌行船，祈祷。
㉔ 已上忌出行。
㉕ 忌上官，出行，词讼，问病。
㉖ 已上忌出行。
㉗ 春忌入山林，夏忌铸火，秋忌金铁之事，冬忌池塘井水之事。
㉘ 忌架马起造。
㉙ 忌伐木起造架马。
㉚ 忌起工架马。
㉛ 忌起造涉险登高。
㉜ 忌伐木起造架马。
㉝ 忌针灸羯六畜。
㉞ 忌针灸羯六畜穿牛鼻穿井。
㉟ 忌针灸羯六畜。
㊱ 忌出行移徙服药。

死日[1]，孔子死葬日[2]，仓颉死葬日[3]龙会[4]龙虎[5]，天狗下食[6]，大杀白虎入中宫[7]，空宅[8]，大败[9]，太岁[10]，岁空[11]，岁博，三阴，天呷，侠俾，绝阴，绝阳[12]，行痕，了戾，逐阵，五怪，八专[13]，伐日[14]，重丧[15]，八座[16]，人皇人建[17]，地中白虎，土禁[18]，六不成[19]，伏断[20]，天乙绝气[21]，瘟星出入日[22]长短星[23]天上大空亡，大空亡，小空亡[24]赤口[25]杨公凶忌[26]廉贞烛火[27]，五鬼[28]上帝杀害[29]，月建[30]，月破，河魁[31]，天罡[32]。

---

① 忌辛未日服药合药。
② 忌入学求师。
③ 同上。
④ 忌修池作堰。
⑤ 忌起造嫁娶，安葬出行，入山修斋祭祀，入宅立契买卖，宜取牛马牧养。
⑥ 忌祭祀。
⑦ 忌移居嫁娶，作乐会客，起造安葬。
⑧ 忌移宅。
⑨ 百事不宜。
⑩ 忌安葬成服。
⑪ 忌开仓库店，出财，置物，移徙。
⑫ 已上忌嫁娶。
⑬ 已上忌出师婚嫁。
⑭ 不宜举兵攻伐。
⑮ 忌安葬成服除服。
⑯ 忌造坟，安圹，开冢，丧事，斩草。与收日同。
⑰ 即月建日。忌安葬成服。
⑱ 已上忌安葬。
⑲ 一云大败，百事不宜，只宜合寿木。
⑳ 宜作厕，补垣塞，堑门路，断乳，余不宜。
㉑ 百事不宜。只宜作厕。
㉒ 忌修造。
㉓ 忌裁衣，出财，市卖。
㉔ 已上忌出行，经商，出财，宜作寿木。
㉕ 百事不宜。
㉖ 忌入宅，上官，修造。
㉗ 一云月忌，又云九良星大，忌腌藏，鲊酱。百事不宜。
㉘ 忌出行。
㉙ 与天罡河魁同，百事忌用。
㉚ 只宜封拜袭爵，出行余事皆忌。
㉛ 一云大祸，一云勾绞。
㉜ 一云灭门，一云勾绞，已上百事不宜。

五帝死日

青帝[①]，赤帝[②]，黄帝[③]，白帝[④]，黑帝[⑤]。

十隔

天隔[⑥]，林隔[⑦]，地隔[⑧]，神隔[⑨]，火隔[⑩]，山隔[⑪]，鬼隔[⑫]，人隔[⑬]，木隔[⑭]，州隔[⑮]。

五离

天地离[⑯]，日月离[⑰]，人民离[⑱]，金石离[⑲]，江河离[⑳]。

五痕

水痕[㉑]。

大月初二、初七、十一、十七、二十二、三十日。

小月初三、初七、十二、二十六日。

---

① 不宜栽果木。
② 不宜盖屋远行。
③ 不宜起造祭祀。
④ 不宜铸泻。
⑤ 不宜决水穿井。
⑥ 忌出行求官。
⑦ 忌出行捕猎。
⑧ 忌种植安葬。
⑨ 忌祈福祭祀。
⑩ 忌窑冷针灸。
⑪ 忌捕猎，入山，伐木。
⑫ 忌祭祀，祈福。
⑬ 忌进人口。
⑭ 忌开塘、捕鱼、穿井、行船、种谷、栽木。
⑮ 忌词讼。
⑯ 忌开店肆仓库。
⑰ 忌炉冷，会客。
⑱ 忌出行，嫁娶。
⑲ 忌断石熔铸。
⑳ 忌行船下载。
㉑ 忌行船、修池、作堰、穿井。

田痕[1]。

大月初六、初八、二十二、二十三日。

小月初八、十一、十二、十七、十九日。

土痕[2]。

大月初三、初五、初七、十五、十八日。

小月初一、初二、初六、二十一、二十六日。

山痕[3]。

大月初二、初八、十二、十七、二十日。

小月初五、十四、十六、二十二、二十三日。

金痕[4]。

大月初五、初六、初七、二十七日。

小月初二、十八、二十九日。

---

① 忌布种。
② 忌动土。
③ 忌入山。
④ 忌铸泻。

天运星煞直日之图

凡择日神，当于后断例内选用。

正月

月建寅立春后作正月用日出卯入酉

雨水后太阳过亥娵訾月将登明

四头 建宜行 成宜离 寅宜往 卯宜归

四逆 申不行 酉不离 七不往 八不归

大人亡 初六 十四 二十二 三十

小空亡 初二 初十 十八 二十六

长短星 初七 二十一

赤口 初三 初九 十五 十一 二十七

天体废 初四 初九

天乙绝气 初六

天地凶败 初七 二十一

四方耗 初二

瘟星 初六入 初九出

杨公忌 十三

廉贞独火 初五 十四 二十三

四不祥 初四 初七 十六 十九

五子开

吉 青龙黄道 祇神黄道 天黄道 生气 时阳 益后 母仓 太阳 兵吉

凶 天雷黑星 天云不返 鲁班杀 不举 天火 狼籍 天丧 天魔 太岁 毛头 天狗 刀砧 披麻杀

	吉	凶
甲子	上吉　大小岁位　天恩　天贵　复日　神在　青帝生	齐星　五行忌　八龙　重丧
丙子	上吉　大小岁对　月恩　月德　显星　四相　七圣　天聋　鸣吠对	伐日　触水龙　张宿
戊子	岁对　七圣　黄帝生	解星　猖鬼败亡　离窠　九魄
庚子	天福　岁前　天聋　不将　鸣吠对	齐星　地囊
壬子	天德合　天恩　天瑞　显星　岁前　黑帝生　月空　七圣　天聋　鸣吠对	四耗　九丑　五不归　五怪
五丑开	明堂黄道　执储明星　天黄道　五阳　天医　兵吉　续世　紫微星　贵人星　吉人星	天云不返　木星交　罪刑　月杀　月虚　四激　五虚　五盗　归忌　土符　佚俾　血忌　血支
乙丑	天恩　大小岁位　天贵　地哑　神在	火星　五行忌　孔子死

丁丑	吉	上吉 大小岁对 天德 大明 四相 神在 不将 曲星
	凶	八风 天上大空亡 大杀入中宫
己丑	吉	岁对 傅星 七圣 不将 神在
	凶	十恶 猖鬼败亡 离窠
辛丑	吉	次吉 岁前 月德合 天福 地哑 不将
	凶	火星 猖鬼败亡 九土鬼 傍四废 离窠
癸丑	吉	次吉 岁前 天恩 曲星 七圣 地哑
	凶	八专 伐日 触水龙 张宿 大杀入中宫
五寅建	按阴阳诸家历法云值月建百事大凶虽有吉神亦不可用一云宜封拜袭爵出行不忌	
五卯除	吉	祇神黄道 天德星 嘉期 官日 玉堂 兵宝 兵吉
	凶	飞流黑星 朱雀黑道 咸池 林隔 天寡 绝火 小杀 天地殃败

乙卯	吉	天贵 日月合 岁前 七圣 神在 鸣吠对
	凶	解星 天转地转 五行忌 八专 五怪 张宿
丁卯	吉	上吉 天恩 大小岁位 阴阳合 天德 四相 地哑 不将
		显星 鸣吠对 神在 凶 离窠 猖鬼败亡
己卯	吉	大明 天恩 天瑞 人民合 天福 地哑神在 不将
	凶	解星 五不归 九丑 伐日
辛卯	吉	天福 月德合 金石合 小岁对 岁前 七圣 不将 神在
	凶	齐星 天转地转 傍四废 九丑 五怪 三阴
癸卯	吉	次吉 显星 江河合 七圣 岁前 鸣吠对
	凶	天地正转
五辰满	吉	金匮黄道 天黄道 天庆星 金堂 天富 天巫 六仪
		天宝明星 天财星 銮舆星 相日 穴天狗
	凶	招摇 天贼 九空 空亡 九坎 九焦 财离
		岁空 斧头杀 厌对 土瘟 地雌 地隔
甲辰	吉	上吉 大明 曲星 天贵 复日 岁前
	凶	十恶 大杀入中宫 五行忌 重丧
丙辰	吉	上吉 大明 月德 月恩 傅星 岁前 天聋 神在
	凶	八绝 五不归

日	吉	凶
戊辰	天恩 七圣 曲星 小岁前 岁前 天聋 神在	离窠 猖鬼败亡 大杀入中宫
庚辰	天恩 七圣 傅星 岁位 神在	十恶 八绝 傍四废 河伯死
壬辰	次吉 大明 天德合 小岁前 岁前 月空 白帝生	火星 天上大空亡 五不归 子胥死 伐日
五巳平	按阴阳诸家历法云值天罡斗中威烈之神不可辄犯犯之灭族亡家故古人谓之减没大祸又是瓦解水消百事忌用	
五午定	祇神黄道 天黄道 春天德 三合 守日 成勋 四相 天马 天解 时阴 月财	白虎黑道 天棒黑星 天地争雄 天刑 天哭 天灾 六不成 临日 官符 五鬼 罪至 死炁 火隔
甲午	上吉 天贵 小岁对 岁前 显星 复日 神在 鸣吠对	五行忌 九土鬼 重丧
丙午	上吉 大明 小岁位 岁后 月恩 月德 神在 鸣吠	解星

戊午

吉 岁后 七圣 神在

凶 齐星 猖鬼败亡 九土鬼 九丑 五怪 离窠 黄帝死

庚午

吉 次吉 岁位 鸣吠

凶 解星 傍四废 伐日 地囊

壬午

吉 大明 天德合 天恩 月空 岁位 神在 鸣吠

凶 齐星 九丑 离窠

五未执

吉

玉堂黄道 祇神黄道 天黄道 恭安 月合 支德

天玉明星 天成星 天库星 少微星

凶

龙会 蛟龙 小耗 牢日 天瘟 分骸

山隔

乙未

值春大墓支干无炁兼值返激虽有吉神百事忌用

丁未

吉 上吉 天德 小岁位 岁后 四相 傅星

凶 八专 天上大空亡

己未

吉 大明 七圣 岁后 神在

凶 火星 返激 八专

辛未

吉 次吉 大明 月德合 傅星 岁位 神在

凶 傍四废 扁鹊死 仓颉葬

癸未	吉	次吉　天恩　岁位
	凶	火星　触水龙　张宿　伐日
五申破		按阴阳诸家历法云值月破百事大凶虽有吉神亦不可用
五酉危	吉	天庆星　吉庆星　福生　守日　阴德　神在
	凶	元武黑道　阴私黑星　章光　天吏　人隔　吟神　傍四废　徒隶　致死　地伤　地耗　天灾　红沙杀
乙酉	吉	天贵　祇神黄道　小岁后　岁前　显星　七圣　鸣吠
	凶	伐日　九土鬼　五行忌　天地离　九丑
丁酉	吉	次吉　祇神黄道　小岁对　岁前　天德　四相　地哑　鸣吠
	凶	解星　日月离　岁空
己酉	吉	大明　天恩　七圣　岁后　鸣吠
	凶	齐星　九土鬼　五不归　九丑　八风　人民离
辛酉		按阴阳诸家历法云春正四废曰五行无炁神德不临之辰百事忌用

癸酉

吉 大明 祇神黄道 岁位 七圣 鸣吠

凶 齐星 江河离

五戊成

按阴阳诸家历法云值天地争雄受死百事大凶纵有吉神亦当避忌

五亥收

按阴阳诸家历法云值河魁斗中威烈之神不可辄犯犯之灭族亡家故吉人谓之灭没大祸百事忌用

二月

月建卯惊蛰后作二月用 日出卯入酉

春分后太阳过戌躔降娄月将河魁

四顺

建宜行 成宜离

寅宜往 卯宜归

四逆

寅宜往 卯宜归

七不往 八不归

太空亡

初五 十三

二十一 二十九

小空亡

初一 初九

十七 二十五

长短星

初四 十九

初二 初八 十四

二十一 十六

天休废 十三 十八 天乙绝气 初七 天地凶败 初八 十九

四方耗 初三 瘟星 初五入 初八出 杨公忌 十一

廉贞独火 初五 十四 二十三 四不祥 初四 初七 十六 十九

五子收 按阴阳诸家历法云值天罡大凶百事忌用

五丑开

祇神黄道 天佑星 生气 时阳 恭安 天仓 正阳 兵吉

勾陈黑道 土勃黑星 九空 空亡 九焦 九坎 罪刑 天狗

天云不返 财离岁空 葬耗 鬼贼 太岁 四激 林隔 小耗

乙丑

吉 天恩 大小岁位 天贵 月财 复日 地哑 不将 神在

凶 利星 重丧 五行忌 孔子死

丁丑

吉 大明 大小岁对 月恩 四相 七圣 神在 不将

凶 朴星 大杀入中宫 天上大空亡 八风

己丑	吉	上吉　月德合　岁对　七圣　神在　不将
	凶	章星　十恶　猖鬼败亡　离窠
辛丑	吉	天福　岁前　地哑
	凶	利星　猖鬼败亡　九土鬼　傍四废　离窠
癸丑	吉	次吉　天恩　曲星　岁前　七圣　地哑
	凶	八专　伐日　大杀入中宫　地囊　张宿　触水龙
五寅闭	吉	青龙黄道　天黄道　福厚　旺日　五富　丰旺　兵吉
		天庆星　吉庆星　普护　天医
	凶	天雷黑星　天丧　天魔　毛头　归忌　游祸　五鬼
		六不成　天地殃败　地隔　血支
甲寅	吉	次吉　月德　日月合　天良　岁前　七圣　天贵　鸣吠对
	凶	八专　五行忌　解星
丙寅	吉	次吉　天恩　阴阳合　显星　四相　七圣　天聋　鸣吠封
		大小岁位
	凶	仓颉死
戊寅	吉	天恩　天放　大小岁位　人民合　天瑞
	凶	解星　天上大空亡　猖鬼败亡　伐日　离窠
庚寅	吉	天瑞　天福　金石合　七圣　月空　不将　鸣吠　岁对
	凶	齐星　傍四废　侠俾

壬寅
吉 大明 显星 江河合 七圣 岁前 鸣吠
凶 侠俾 九土鬼

五卯建
按阴阳诸家历法云值月建百事大凶虽得吉神亦不可用一云宜封拜袭爵出行不忌

五辰除
按阴阳诸家历法云值天地争雄受死百事大凶纵有吉神亦当避忌

五巳满
吉 天德合 天富 天巫 民日 恩胜 四相 重日
圣心 驿马 穴天狗 狱钥
凶 朱雀黑道 飞流黑星 土符 往亡 吟神 大杀 小杀
天狱 绝灭 跌蹼杀 土瘟 土忌 天雄 山隔

乙巳
吉 次吉 大明天贵 天福七圣 复日 月财 岁前 神在
凶 解星 五行忌 重丧 十恶 辛年上朔

丁巳
吉 上吉 岁后 小岁前 天福 月恩 神在
凶 齐星 九土鬼 八绝 癸年上朔 赤帝死 孔子葬

己巳
吉 七圣 月德合 岁位
凶 解星 离窠 乙年上朔

辛巳
吉 天瑞 天恩 天福 七圣 地哑 岁位
凶 齐星 猖鬼败亡 十恶八绝 五不归 伐日 离窠 傍四废 丁年上朔

癸巳
吉 次吉 天福 小岁对 岁前 显星
凶 九土鬼 天上大空亡 己年上朔

五午平 按阴阳诸家在法云值河魁大凶百事忌用

五未定
吉 天德黄道 天厚星 满德星 三合 阴德 绩世 邑从星 天对明星 天财星 地财星
凶 人隔 官符 死气 牢日 分骸 血忌 木马杀

乙未 按阴阳按阴阳诸家历法云值春大墓支干无气兼值返激虽有吉神百事忌用

丁未
吉 上吉 祇神黄道 天黄道 小岁位 岁后 月恩 四相 神在 地哑
凶 八专 天上大空亡 章星

己未
吉　上吉　天黄道　月德合　大明　七圣　神在　岁后
凶　利星　八专　返激

辛未
吉　大明　祇神黄道　天黄道　岁位　神在
凶　章星　傍四废　猖鬼败亡　扁鹊死　仓颉葬

癸未
吉　次吉　天恩　岁位　神在
凶　利星　触水龙　张宿　伐日　地囊

五申执

吉
祇神黄道　天德星　要安　天德　天解
天马　支德

凶
白虎黑道　天棒黑星　傍四废　狱日　切杀　章光　小耗
天刑　天哭　天灾　天罗　地网　蛟龙　水隔　血刃

甲申
吉　上吉　大明　月德　显星　七圣　天贵　岁位　神在　鸣吠
凶　伐日　天地离　五行忌

丙申
吉　次吉　岁前　小岁对　四相　天聋　神在　鸣吠
凶　解星　日月离　五不归　十恶　岁空　天呷

戊申
吉　岁后　小岁位　神在
凶　齐星　人民离　猖鬼败亡　天上大空亡

庚申
按阴阳诸家历法云春正四废曰五行无炁福德不临之辰百事忌用

壬申

吉　次吉　大明　七圣　岁位　神在　鸣吠

凶　齐星　江河离　猖鬼败亡　十恶　离窠

五酉破　按阴阳诸家历法云值月破百事大凶虽得吉神亦不可用

五戌危

吉　祇神黄道　天岳明星　天恩星　活曜星
金堂　天喜　六合

凶　天牢黑道　月杀　月虚　死别　无翘　天瘟　天殃
龙会　六不成　大杀　破败

甲戌

吉　上吉　大小岁对　天贵　月德　七圣　神在

凶　利星　五行忌　黑帝死

丙戌

吉　次吉　小岁后　岁前　四相　神在　不将

凶　朴星　五不归　大杀入中宫　八绝

戊戌

吉　七圣　小岁后　岁前

凶　章星　猖鬼败亡　十恶　离窠　张宿

庚戌

吉　大明　天恩　七圣　岁后　月空　神在　不将

凶　利星　猖鬼败亡　九土鬼　傍四废　白帝死　八绝

壬戌

吉 次吉 岁后

凶 朴星 猖鬼败亡 大杀入中宫 天上大空亡 离窠 青帝死

五亥成

吉

天喜 三合 五祥 母仓 太阴

重日 兵吉

凶

元武黑道 阴私黑星 临日 天雄 天杀 地耗 地伤

天地争雄 龙虎 刀砧 土禁 伏罪

乙亥

吉 次吉 天贵 大小岁对 七圣 月财 显星 复日 不将

凶 八龙 五行忌 重丧 丙年上朔

丁亥

吉 上吉 大明 小岁后 岁对 月恩 四相 神在 不将

凶 解星 十恶 伐日 戊年上朔

己亥

吉 上吉 月德合 天福 七圣 岁前 地哑 不将

凶 齐星 猖鬼败亡 离窠 庚年上朔

辛亥

吉 大明 天恩 显星 岁后 地哑

凶 八绝 猖鬼败亡 五不归 傍四废 离窠 壬年上朔

癸亥

吉 神在 大小岁位

凶 解星 天上大空亡 十恶 离窠 甲年上朔

三月

月建辰清明后作三月用日出卯入酉

谷雨后太阳过酉躔大梁月将从魁

四顺 建宜行　成宜离　寅宜往　卯宜归

四逆 申不离　酉不行　七不往　八不归

大空亡 初四　十二　二十　二十八

小空亡 初八　十六　二十四

长短星 初一　十六

赤口 初一　初七　十三　十九　二十五

天休废 二十二　二十七

天乙绝气 初八

天地凶败 初一　十二

四方耗 初四

瘟星 初三入　初六出

杨公忌 初九

廉贞独火 初五　十四　二十三

四不祥 初四　初七　十六　十九

五子成

吉　祇神黄道　天岳明星　天喜　天仓　母仓　圣心　三合　五祥　兵吉

凶　天牢黑道　天雄　天殃　破败　大杀　不举　天云不返　鲁般杀　归忌　地隔　刀砧

甲子

吉　天恩　次吉　大小岁位　天贵　神在　不将　青帝生

凶　利星　五行忌　八龙　地囊　绝阳

丙子

吉　次吉　大小岁对　四相　月空　天聋　不将　鸣吠对

凶　朴星　伐目　触水龙　张宿

戊子

吉　七圣　复日　岁对　黄帝生

凶　章星　猖鬼败亡　九丑　离窠　重丧

庚子

吉　上吉　天福　月恩　岁前　天聋　鸣吠对

凶　利星　傍四废

壬子

吉　天德　月德　岁前　天恩　天瑞　七圣　天聋　黑帝生鸣吠对

凶　朴星　五不归　四耗　九丑　五怪

五丑收

按阴阳诸家历法云值河魁大凶又值水消瓦陷百事忌用

五寅开

吉

司命黄道　祇神黄道　天黄道　天后福厚　旺日　生气

天府明星　天官星　凤辇星　续世　丰旺　六仪　驿马

禄库星　时阳　阳德　太阳

凶

招摇　天贼　太岁　六不成　厌对　天狗　火隔　血忌

甲寅

吉　次吉　日月合　天良　天贵　傅星　岁前　鸣吠对

凶　八专　地囊　五行忌

丙寅

吉　次吉　天恩　大小岁位　月空　七圣　四相　天聋　鸣吠对

曲星　阴阳合　凶　绝阳　仓颉死

戊寅
吉　天赦　人民合　大小岁对　天恩　天瑞　傅星　复日
凶　伐日　猖鬼败亡　天上大空亡　重丧　离窠

庚寅
吉　天福　七圣　金石合　天瑞　月恩　岁对　鸣吠
凶　火星　傍四废

壬寅
吉　上吉　大明　曲星　江河合　天德　月德　七圣　岁前　鸣吠
凶　九土鬼

五卯闭
吉　官日　要安　正阳　天医　月合
凶　勾陈黑道　土勃黑星　水星交　天寡　山隔　独火　月火　雷火　天吏　侠俾　血支　地中白虎　小祸　葬耗　鬼贼　致死

乙卯
吉　天贵　日月合　岁前　七圣　神在　鸣吠对
凶　章星　五行忌　天转地转　八专　五怪　张宿

丁卯
吉　上吉　天德合　月德合　阴阳合　天恩　阴德　四相　地哑
七圣　四相　鸣吠对　神在　凶　朴星　绝阳　离窠　猖鬼败亡

己卯
吉　大明　人民合　天恩　天瑞　天福　岁对　地哑　神在
凶　章星　伐日　五不归　九丑　重丧

辛卯
吉　天福　金石合　岁前　小岁对　七圣　神在　鸣吠对
凶　利星　傍四废　天转地转　九丑　五怪

癸卯

吉 次吉 江河合 七圣 岁前 鸣吠对

凶 朴星 天地正转

五辰建

按阴阳诸家历法云值月建百事大凶虽得吉神亦不可用一云宜对

拜龙爵出行不忌

五巳除

吉

明堂黄道 祇神黄道 天黄道 五富 四相 民日 恩胜

执储明星 紫微星 天德星 吉期 金堂 月财 阴德

贵人星 吉人星 兵宝 狱钥 重日

凶

天罗 地网 游杀 劫杀 火星交 五虚 人隔 血刃

乙巳

吉 次吉 大明 天福 天贵 七圣 傅星 阴德 岁前 神在

凶 十恶 五行忌 辛年上朔

丁巳

吉 上吉 天德合 月德合 天福 神在 岁后 小岁前

凶 火星 九土鬼 八绝 癸年上朔 赤帝死 孔子葬

己巳

吉 傅星 七圣 岁位

凶 离窠 重丧 乙年上朔

辛巳

吉 天恩 天瑞 天福 七圣 岁位 地哑

凶 傍四废 猖鬼败亡 十恶 火星 伐日 八绝 离窠 丁年上朔 内辛年系十恶大败

癸巳
吉　天福　曲星　岁前　小岁对
凶　九土鬼　天上大空亡　己年　上朔

五午满
吉　春天德　天富　守日　成勋　四相
天巫　穴天狗
凶　天牢黑道　蚩尤黑星　天火　天刑　大杀　龙虎　狼籍　土瘟
天地争雄　六不成　披麻杀　天耗　天微　地雌　水隔

甲午
吉　次吉　天贵　七圣　鸣吠对　神在　岁前　小岁后
凶　朴星　九土鬼　五行忌

丙午
吉　次吉　大明　岁前　小岁位　月空　神在鸣吠
凶　章星

戊午
吉　七圣　复日　岁后　神在
凶　利星　猖鬼败亡　九土鬼　四耗　九丑　五怪　离窠　重丧　黄帝死

庚午
吉　月恩　岁位　鸣吠
凶　章星　伐日　傍四废

壬午
吉　大明　天德　月德　天恩　岁位　神在　鸣吠
凶　利星　九丑　离窠

五未平　按阴阳诸家历法云值天罡大凶百事忌用

五申定

吉 金匮黄道 祇神黄道 天黄道 銮舆星 天庆星
天宝明星 次天财星 三合

凶 临日 官符 死气 狱日 月厌 往亡 大祸
傍四废 土忌 地火 空宅 跌蹼

甲申
吉 大明 七圣 曲星 天贵 岁位 神在 鸣吠
凶 伐日 五行忌 天地离

丙申
吉 岁前 小岁对 月空 傅星 四相 鸣吠 天聋
凶 岁空 日月离 五不归 了戾 十恶

戊申
吉 七圣 复日 岁后 小岁位 神在
凶 火星 人民离 天上大空亡 猖鬼败亡 孤辰 重丧

庚申
按阴阳诸家历法云值春正四废曰五行无气福德不临之长百事忌用

壬申
吉 上吉 大明 天德 月德 岁位 七圣 神在 鸣吠
凶 火星 猖鬼败亡 江河离 十恶 离窠

五酉执

吉 天德黄道 祇神黄道 天黄道 邑从星 六合 普护 文德
天对明星 天财星 地财星 神在

凶 咸池 无翘 小耗 土符 红沙杀
傍四废 木马杀

乙酉	吉 天贵 岁前 小岁后 七圣 不将 鸣吠 凶 朴星 九土鬼 五行忌 天地离 九丑 虚败 伐日
丁酉	吉 上吉 天德合 月德合 四相 地哑 鸣吠 不将 岁前 小岁对 凶 章星 岁空 日月离
己酉	吉 大明 天恩 岁后 不将 鸣吠 凶 利星 九土鬼 五不归 人民离 八风 九丑 重丧
辛酉	按阴阳诸家历法云值春正四废五行无气福德不临之辰百事忌用
癸酉	吉 次吉 大明 七圣 鸣吠 凶 利星 江河离
五戌破	按阴阳诸家历法云值月破百右大凶虽得吉神亦不可用 甲己年戊戌第十恶大败
五亥危	按阴阳诸家历法云值天地争雄受死大凶纵有吉神亦当避忌

四月

月建巳立夏后作四月用　日出寅卯入酉

小满后太阳过中躔实沈月将传送

四顺　建宜行　成宜离　寅宜往　卯宜归

四逆　申不离　酉不行　七不往　八不归

太空亡　初三　十一　十九　二十七

小空亡　初七　十五　二十三

长短星　初九　二十五

赤口　初六　十二　十八　二十四　三十

天休废　初四　初九

天乙绝气　初九

天地凶败　初九　二十五

四方耗　初五

瘟星　二十五入　二十八出

杨公忌　初七

廉贞独火　初五　十四　二十三

四不祥　初四　初七　十六　十九

五子危

吉　祇神黄道　天恩星　活曜星　守日　兵吉　天马　天解　五祥

凶　白虎黑道　天棒黑星　傍四废　天刑　天哭　天灾　天吏　天地争雄　天地殃败　致死　五虚　龙虎　蛟龙　火隔

甲子	吉	次吉 天恩 大小岁后 月空 不将 神在 青帝生
	凶	齐星
丙子	吉	次吉 大小岁前 天德合 天贵 七圣 显星 天聋 鸣吠对 复日 不将
	凶	天地正转 触水龙 五行忌 张宿 七鸟 伐日 重丧
戊子	吉	七圣 四相 岁前 不将 黄帝生
	凶	解星 猖鬼败亡 九丑 离窠
庚子	吉	上吉 天福 月德 岁位 天聋 鸣吠对
	凶	齐星
壬子	按阴阳诸家历法云值夏正四废曰五行无气福德不临之辰百事忌用	
五丑成	吉	玉堂黄道 祇神黄道 天黄道 天喜 三合 太阴 四相 天玉明星 少微星 天库星 天成星
	凶	天地争雄 招摇 归忌 厌对 死别 罪至 临日 天雄 六不成 山隔
乙丑	吉	上吉 月德合 天恩 大小岁后 地哑 神在
	凶	火星 孔子死
丁丑	吉	次吉 大明 大小岁前 天贵 七圣 神在 曲星
	凶	五行忌 天上大空亡 大杀入中宫

己丑 吉 次吉 傅星 月恩 七圣 岁前 神在
凶 十恶 猖鬼败亡 地囊 离窠

辛丑 吉 上吉 天德 天福 地哑 岁位
凶 火星 猖鬼败亡 九土鬼 离窠

癸丑 吉 天恩 曲星 七圣 地哑 岁位
凶 八专 傍四废 大杀入中宫 伐日 张宿 触水龙

五寅收 按阴阳诸家历法云值天罡大凶百事忌用

五卯开

吉 祇神黄道 天佑星 生气 正阳 普护
母仓 时阳 阴德

凶 阴私黑星 元武黑道 天杀 地伤 地耗 不举 人隔
鲁般杀 披麻杀 刀砧 天狗 太岁 天云不返

乙卯 吉 日月合 月德合 鸣吠对 七圣 岁位 神在
凶 解星 八专 四耗 五怪 张宿

丁卯 吉 次吉 大小岁后 阴阳合 天恩显星 天贵 七圣 地哑 鸣吠对
神在 凶 五行忌 猖鬼败亡 亡羸 离窠

己卯	吉	大明　天恩　天瑞　天福　月恩　人民合　四相　岁前　地哑　神在
	凶	解星　五不归　地囊　九丑　伐日
辛卯	吉	天福　天德　金石合　岁位　小岁前　七圣　神在
	凶	齐星　九丑　五怪
癸卯	吉	显星　江河合　岁位　鸣吠对
	凶	傍四废
五辰闭	吉	司命黄道　天黄道　吉庆星　天庆星　福生　天医　天府明星　禄库星　凤辇星　夏天德　四相　天官星
	凶	月虚　月杀　罪刑　侠俾　血支　天云不返　蛟龙　水隔
甲辰	吉	次吉　大明　曲星　月空　七圣　岁位
	凶	八风　十恶　大杀入中宫
丙辰	吉	次吉　大明　天贵　傅星　天德合　岁位　复日　天聋　神在
	凶	八绝　五不归　五行忌　重丧
戊辰	吉	天恩　曲星　岁后　小岁位　七圣　天聋　神在
	凶	绝阴　猖鬼败亡　大杀入中宫　返激　离窠
庚辰	吉	上吉　天恩　月德　傅星　岁后　神在
	凶	八绝　十恶　河伯死

壬辰
吉 大明 岁位 小岁前 白帝生
凶 火星 傍四废 天上大空亡 五不归 伐日 子胥死

五巳建
按阴阳诸家历法云值月建百事大凶虽得吉神亦不可用一云宜对拜袭爵出行不忌

五午除
吉 青龙黄道 祇神黄道 天黄道 官日 圣心 吉期 兵宝
天瑞星 幽微星
凶 天雷黑星 咸池 章光 天寡 天丧
天魔 毛头 游杀

甲午
吉 次吉 天赦 七圣 月空 显星 岁位 小岁前 神在 鸣吠对
凶 大败 九土鬼

丙午
吉 大明 天贵 天德合 复日 神在 鸣吠
凶 解星 天转地转 五行忌 岁博 重丧

戊午
吉 四相 七圣 岁对 神在 不将
凶 九土鬼 猖鬼败亡 齐星 五怪 天转地转 九丑 离窠 岁博 黄帝死

庚午
吉 上吉 月德 岁后 鸣吠
凶 解星 伐日

壬午	吉	大明　天恩　岁后　神在　鸣吠
	凶	齐星　傍四废　离窠　九丑
五未满	吉	明堂黄道　天黄道　紫微星　天富　益后　月财　天巫 执储明星　贵人星　吉人星　穴天狗　四相
	凶	九空　空亡　九焦　九坎　财离岁空　斧头杀 财离　岁空　天贼　月厌　大祸　土瘟　地雌　牢日
乙未	吉	大明　月德合　岁位　小岁前　曲星　七圣神在
	凶	大杀入中宫
丁未	吉	天贵　傅星　神在
	凶	阴错　天上大空亡　八专　五行忌了戾
乙未	吉	大明　月恩　四相　岁前　七圣　神在
	凶	孤辰　八专　火星
辛未	吉	上吉　大明　天德　傅星　岁后神在
	凶	孤辰　扁鹊死　仓颉葬
癸未	吉	上吉　天恩　岁后
	凶	孤辰　傍四废　伐日　触水龙张宿　火星
五申平		按阴阳诸家历法云值河魁大凶又值冰消瓦陷百事忌用 乙庚年壬申日系十恶大败

五酉定

吉 天厚星 三合 民日 满德星 要安 成勋 兵吉 神在

凶 朱雀黑道 飞流黑星 官符 死炁 天火 天狱 六不成 狼籍 绝灭 吟神 五鬼 小杀 红沙杀 林隔

乙酉

吉 显星 祇神黄道 月德合 小岁对 岁前 七圣 不将 鸣吠

凶 伐日 九土鬼 天地离 九丑

丁酉

吉 次吉 祇神黄道 岁位 小岁前 天贵 地哑 不将 鸣吠

凶 解星 五行忌 日月离

己酉

吉 大明 天恩 月恩 四相 七圣 鸣吠 岁前 小岁对

凶 齐星 九土鬼 人民离 五不归 九丑

辛酉

吉 大明 祇神黄道 显星 天德 岁对 七圣 地哑 鸣吠

凶 九丑 五不归 金石离 八专 五怪

癸酉

吉 大明 祇神黄道 支德合 七圣 岁后 鸣吠

凶 齐星 岁空 江河离 傍四废

五戌执

吉 金匮黄道 天黄道 祇神黄道 玉堂 四相 支德 天德星 天宝明星 天财星 銮舆星 天庆星 解神 兵吉

凶 小耗 五盗 狱日 分骸 四激 地隔

甲戌
吉　次吉　傅星　大小岁前　月空　神在　不将
凶　火星　黑帝死

丙戌
按阴阳诸家历法云值河魁大凶又值冰消瓦陷百事忌用乙庚年壬申日系十恶大败

戊戌
吉　傅星　岁位　小岁对　七圣　不将
凶　十恶　猖鬼败亡　离窠　张宿

庚戌
吉　上吉　大明　天恩　月德　岁前　神在
凶　八绝　九土鬼猖　鬼败亡　火星　白帝死

壬戌
吉　曲星　岁对
凶　伐日　猖鬼败亡　大杀入中宫天上　大空亡　离窠　傍四废

五亥破
按阴阳诸家历法云值月破百事大凶虽得吉神亦不可用

五月
月建午芒种后作五月用　日出寅入酉戌
夏至后太阳过未躔鹑首月将小吉

四顺 建宜行 成宜离 寅宜往 卯宜归
四逆 申不行 酉不离 七不往 八不归
太空亡 初二 初十 十八 二十六

小空亡 初六 十四 二十二 三十二
长短星 十五 二十五
赤口 初五 十一 十七 十三 二十九

天休废 十三 十八
天乙绝气 初十
天地凶败 十五 二十五

四方耗 初二
瘟星 二十四入 二十七出
杨公忌 初五

廉贞独火 初五 十四 二十三
四不祥 初四 初七 十六 十九

五子破

按阴阳诸家历法云值月破百事大凶虽得吉神亦不可用

五丑危

吉

天德黄道 祇神黄道 天黄道 天喜 天财星 地财星 四相 天对明星 天庆星 吉庆星 邑从星 圣心 阴德

凶

月虚 月杀 月火 雷火 独火 死别 水星交 地中白虎 蛟龙 龙会 人隔 六不成

乙丑
吉　天恩　大小岁后　地哑　神在
凶　利星　孔子死

丁丑
吉　大明　大小岁前　天贵　复日　七圣　神在
凶　朴星　大杀入中宫　天上大空亡　五行忌　重丧

己丑
吉　次吉　岁前　七圣　神在
凶　章星　十恶　猖鬼败亡　离窠

辛丑
吉　上吉　天福　月德合　岁位　地哑
凶　利星　猖鬼败亡　九土鬼　离窠

癸丑
吉　天恩　曲星　岁位　七圣　地哑
凶　朴星　大杀入中宫　傍四废　触水龙　张宿　八专　伐日

五寅成

吉
祇神黄道　天德合　三合　五祥　益后
灭喜　天解　天马　母仓

凶
白虎黑道　天棒黑星　天刑　天哭　天灾　天雄　大杀
天罗　地网　财离岁空　伏罪　归忌　空宅　水隔　土禁　刀砧

甲寅
吉　次吉　日月合　岁位　七圣　鸣吠对
凶　解星　八专

丙寅
吉　上吉　天恩　大小岁后　月德　天贵　天良　天聋　鸣吠对
显星　阴阳合　凶　五行忌　仓颉死

戊寅

吉　上吉　天恩　月恩　人民合　四相　天瑞　大小岁前

凶　解星　猖鬼败亡　天上大空亡　伐日　离窠

庚寅

吉　次吉　天福　天瑞　金石合　岁前　鸣吠

凶　齐星

壬寅

吉　大明　显星　江河合　七圣　岁位　月空　鸣吠

凶　九土鬼　傍四废

五卯收

按阴阳诸家历法云值河魁大凶又值水消瓦解百事忌用

五辰开

吉

祇神黄道　天岳明星　生气四相　夏天德时阳　太阳

要安

凶

天牢黑道　天殃　大杀　太岁　破败

罪刑　天云不返　天狗

甲辰

吉　次吉　大明　七圣　岁位

凶　朴星　十恶　八风　大杀入中官

丙辰

吉　上吉　大明　天贵　岁位　天聋　月德　神在

凶　章星　五不归　五行忌　八绝

戊辰	吉	天恩　月恩　四相　小岁位　岁后　天聋　神在
	凶	朴星　猖鬼败亡　大杀入中宫　返激　离窠
庚辰	吉	次吉　天恩　七圣　岁后　神在
	凶	章星　十恶　八绝　河伯死
壬辰	吉	大明　岁位　小岁前　月空　白帝生
	凶	利星　五不归　天上大空亡　傍四废　伐日　子胥死
五巳闭	吉	旺日　福厚　玉堂　正阳　丰旺 重日　天医
	凶	元武黑道　阴私黑星　天杀　地伤　地耗　章光　游祸 六不成　红沙杀　吟神　血支
乙巳	吉	大明　天福　七圣　岁位　神在
	凶	解星　十恶　辛年上朔
丁巳	吉	天福　复日　天贵　岁对　小岁位　神在
	凶	齐星　儿土鬼　八绝　亡嬴　重丧　赤帝死　孔子葬　五行忌　癸年上朔
己巳	吉	四相　七圣　岁后
	凶	解星　离窠　乙年上朔
辛巳	吉	次吉　月德合　天恩　天瑞　天福　岁后　七圣　地哑
	凶	齐星　猖鬼败亡　五不归　十恶　八绝　伐日　离窠　丁年上朔

癸巳
吉　显星　天福　岁位　小岁前
凶　九土鬼　天上大空亡　傍四废　巳年上朔

五午建
按阴阳诸家历法云值月建百事大凶虽得吉神亦不可用一云宜对拜袭爵出行不忌

五未除
吉　祇神黄道　天德星　六合　四相　吉期
兵宝
凶　勾陈黑道　土勃黑星　小祸　葬耗　鬼贼　牢日　无翅
天地争雄　斧头杀　龙虎　林隔　蛟龙

乙未
吉　大明　七圣　岁位　小岁前　地哑　不将　神在
凶　朴星　大杀入中宫

丁未
吉　天贵　复日　岁对　小岁后　神在
凶　章星　八专　天上大空亡　五行忌　重丧

已未
吉　次吉　大明　七圣　岁对　神在
凶　利星　八专

辛未
吉　上吉　大明　月德合　岁后　神在
凶　章星　扁鹊死　仓颉葬

癸未	吉	天恩 岁后 不将
	凶	利星 傍四废 触水龙 张宿 伐日
五申满	吉	青龙黄道 天黄道 天富 天后 恩胜 相日 驿马 天巫 兵吉 狱钥 穴天狗
	凶	天雷黑星 天地争雄 天丧 天魔 毛头 罪至 土瘟 地雌 地隔
甲申	吉	次吉 大明 显星 七圣 岁后 神在 不将 鸣吠
	凶	八风 天地离 伐日
丙申	吉	上吉 月德 天贵 天聋 岁位 小岁前 不将 神在
	凶	解星 日月离 五不归 五行忌 十恶
戊申	吉	上吉 月恩 岁对 小岁后 七圣 四相 神在 不将
	凶	齐星 猖鬼败亡 人民离 天上大空亡 地囊
庚申	吉	天福 显星 大明 七圣 岁对 鸣吠
	凶	八专 猖鬼败亡 金石离 五不归
壬申	吉	大明 七圣 岁后 月空 神在 鸣吠
	凶	齐星 猖鬼败亡 江河离 傍四废 十恶 离窠
五酉平	按阴阳诸家历法云值天罡大凶百事忌用	

五戌定

吉

祇神黄道 天仓 三合 普护 时阴
四相 兵吉

凶

天刑黑道 蚩尤黑星 官符 死炁 天激 天刑 天耗
四激 木马杀 狱日 分骸 火隔 临日 蛟龙

甲戌

吉 次吉 大小岁前 七圣 神在 不将
凶 利星 黑帝死

丙戌

按阴阳诸家历法云值夏大墓支干无气兼值返激虽有吉神百事忌用

戊戌

吉 次吉 月恩 岁位 小岁前 七圣 不将
凶 章星 猖鬼败亡 十恶 返激 离窠 张宿

庚戌

吉 次吉 大明 天恩 七圣 岁对 神在
凶 利星 九土鬼 猖鬼败亡 八绝 白帝死

壬戌

吉 岁对 月空
凶 朴星 猖鬼败亡 大杀入中宫 傍四废 离窠 天上大空亡

五亥执

吉

祇神黄道 天德 福生 五富 支德
重日 兵吉

凶

朱雀黑道 飞流黑星 傍四废 天狱 绝灭 小杀 劫杀
土星交 徒隶 蛟龙 山隔 小耗

乙亥 吉 次吉 显星 大小岁前 不将
凶 丙年上朔

丁亥 吉 大明 天贵 岁前 小岁对 复日 神在
凶 解星 五行忌 十恶 伐日 八绝 七鸟 重丧 戊年上朔

已亥 吉 次吉 天福 七圣 四相 岁位 地哑
凶 齐星 猖鬼败亡 离窠 庚年上朔

辛亥 吉 上吉 大明 月德合 天恩 岁对 地哑 显星
凶 四耗 猖鬼败亡 五不归 离窠 八绝 壬年上朔

癸亥 按阴阳诸家历法云值夏正四废曰五行无气福德不临之辰百事忌用

六月

月建未小暑后作六月用 日出寅卯入酉

大暑后太阳过午躔鹑火月将胜光

四顺 建宜行 成宜离 寅宜往 卯宜归 四逆 申不行 酉不离 七不往 八不归 大空亡 初一 初九 十七 二十五

小空亡 初五 十三 二十一 二十九 长短星 初十 二十 赤口 初四 初十 十六 二十二 二十八

天休废 二十二　二十七　**天乙绝气** 十一　**天地凶败** 初一　二十

四方耗 初三　**瘟星** 二十三入　二十六出　**杨公忌** 初三

廉贞独火 初五　十四　二十三　**四不祥** 初四　初七　十六　十九

五子执

吉

祇神黄道　天德星　解神　金堂　守日　支德

天刑黑道　蚩尤黑星　天刑　天瘟　天耗　天激　小耗　水隔

凶

五虚归忌　九空　月害　空亡　咸池　九焦　九坎　岁空　财离

天地殃败　地中白虎　傍四废　月火　雷火　独火　木马杀

甲子

吉　上吉　天德　月德　天恩　神在　大小岁后　青帝生

凶　利星

丙子

吉　次吉　天贵　大小岁前　天聋　鸣吠对

凶　朴星　天地正转　五行忌　触水龙　张宿　伐日　七鸟

戊子

吉　四相　七圣　岁前　黄帝生

凶　章星　猖鬼败亡　九丑　离窠　重丧

庚子

吉　次吉　天福　月空　岁位　天聋　鸣吠对

凶　利星

壬子 按阴阳诸家历法云值夏正四废日五行无气福德不临之辰百事忌用

五丑破 按阴阳诸家历法云值月破百事大凶纵有吉神亦不可用

五寅危

吉 金匮黄道 祇神黄道 天黄道 銮舆星 天庆星 五富 天宝明星 次天财星 天恩星 活曜星 五祥 母仓

凶 天地争雄 火星交 游祸 伏罪 罪至 蛟龙 刀砧 土禁

甲寅

吉 天德 月德 日月合 七圣 傅星 岁位 鸣吠对

凶 八专

丙寅

吉 天恩 大小岁后 阴阳合 天良 天贵 曲星 天聋 鸣吠对

凶 五行忌 仓颉死

戊寅

吉 天恩 天瑞 人民合 傅星 四相 大小岁前

凶 伐日 猖鬼败亡 天上大空亡 重丧 离窠

庚寅

吉 天瑞 天福 金石合 岁前 月空 鸣吠

凶 火星

壬寅 吉 大明 曲星 江河合 七圣 岁位 鸣吠
凶 九土鬼 傍四废

五卯成
吉 天德黄道 祇神黄道 天黄道 天喜 三合 恭安 母仓
天对明星 邑从星 天财星 地财星 太阴
凶 天云不返 天狱 天雄 天火 不举 临日 狼籍
鲁般杀 刀砧 大杀

乙卯 吉 七圣 日月合 神在 岁位 鸣吠对
凶 章星 九丑 八专 四耗 五怪 张宿

丁卯 吉 次吉 阴阳合 天恩 天贵 大小岁后 地哑 神在 鸣吠对
凶 朴星 猖鬼败亡 五行忌 离窠

巳卯 吉 大明 天恩 天瑞 天福 岁前 天德合 月德合 四相 复日 地哑
人民合 神在 凶 五不归 伐日 九丑 章星 重丧

辛卯 吉 天福 月恩 岁位 小岁前 金石合 七圣 神在 鸣吠对
凶 利星 九丑 五怪

癸卯 吉 上吉 七圣 江河合 岁位 鸣吠对
凶 朴星 傍四废

五辰收 按阴阳诸家历法云值天罡大凶百事忌用

五巳开

吉	玉堂黄道 祇神黄道 天黄道 天成星 少微星 天佑星 天库星 天玉明星 旺日 福厚 生气时阳丰旺 驿马 重日 天后 福生
凶	天贼 月厌 大祸 大岁 地火 天狗 林隔 红沙杀 六不成

乙巳	吉	次吉 大明 傅星 天福 岁位 神在
	凶	十恶 辛年上朔
丁巳	吉	天福 天贵 岁对 小岁位 神在
	凶	阴错 九土鬼 八绝 五行忌 赤帝死 火星 癸年上朔 孔子葬
已巳	吉	上吉 天德合 月德合 岁后 七圣 傅星 四相 复日
	凶	离窠 重丧 乙年上朔
辛巳	吉	次吉 天恩 天瑞 天福 岁后 月恩 七圣地哑
	凶	火星 猖鬼败亡 五不归 十恶 八绝 伐日 离窠 丁年上朔
癸巳	吉	天福 曲星 岁位 小岁前
	凶	九土鬼 天上大空亡 傍四废 地囊 巳年上朔

五午闭

按阴阳诸家历法云值天地争友受死百事大凶纵有吉神亦当避忌

五未建

按阴阳诸家历法云值月建百事大凶虽得吉神亦不可用一云宜封拜袭爵出行不忌

五申除

吉 司命黄道 天府明星 天瑞星 天官星 吉期 相日 益后 凤辇星 禄库星 幽微星 恩胜 狱钥 兵宝 兵吉

凶 劫杀 游杀 五鬼 火隔

甲申

吉 上吉 大明 天德 月德 曲星 岁后 神在 不将 鸣吠

凶 伐日 八风 天地离

丙申

吉 上吉 祇神黄道 傅星 天贵 天黄道 天聋 岁位 小岁前神在鸣吠

凶 十恶 五不归 日月离 五行忌 天呷

戊申

吉 七圣 祇神黄道 四相 复日 天黄道 岁对 小岁后 神在 不将

凶 火星 猖鬼败亡 天上大空伤 人民离 重丧

庚申

吉 次吉 大明 曲星 祇神黄道 天黄道 天福 七圣 月空 岁对鸣吠

凶 八专 猖鬼败亡 五不归 金石离

壬申

吉 大明 祇神黄道 天黄道 岁后 神在 不将 鸣吠

凶 火星 傍四废 猖鬼败亡 江河离 十恶 岁空 离窠

五酉满

吉：天富　天仓　天巫　民日　成勋
续世　兵吉　神在　穴天狗

凶：勾陈黑道　土勃黑星　小祸　葬耗　鬼贼　山隔
六不成　披麻杀　地雌　土瘟　血忌

乙酉
吉　七圣　岁前　小岁对　不将　鸣吠
凶　朴星　九土鬼　天地离　九丑　伐日

丁酉
吉　次吉　天贵　岁位　小岁前　地哑　鸣吠
凶　章星　日月德　五行忌

巳酉
吉　大明　天恩　天德合　月德合　岁对　四相　复日　鸣吠
凶　利星　九土鬼　五不归　人民离　九丑　重丧

辛酉
吉　大明　月恩　七圣　岁对　地哑　鸣吠
凶　朴星　五不归　金石离　五怪　九丑　八专

癸酉
吉　上吉　大明　七圣　岁后　不将　鸣吠
凶　利星　傍四废　岁空　江河离

五戌平

按阴阳诸家历法云值河魁大凶又值水消瓦解百事忌用

五亥定

吉　明堂黄道　祇神黄道　天黄道　三合　六仪　月财　满德星　吉人星
执储明星　紫微星　天厚星　时阴　重日　阴德　贵人星　玉堂

凶　寡宿　死气　天罗　地网　傍四废　招摇　厌对　徒隶　人隔

乙亥

吉　次吉　曲星　七圣　大小岁前
凶　四耗　厌对　丙年上朔

丁亥

吉　次吉　大明　岁前　小岁对　傅星　天贵　神在
凶　伐日　十恶　七鸟　八绝　五行忌　戊年上朔

已亥

吉　上吉　天德合　月德合　岁位　四相　天福　复日　地哑
凶　火星　猖鬼败亡　重丧　离窠　庚年上朔

辛亥

吉　次吉　大明　天恩　月恩　曲星　岁对　地哑
凶　离窠　五不归　猖鬼败亡　壬年上朔

癸亥

按阴阳诸家历法云值夏正四废曰五行无气福德不临之辰百事忌用

七月

月建申立秋后作七月用　日出卯入酉

处暑后太阳过巳躔鹑尾月将太乙

四顺 建宜行 成宜离 寅宜往 卯宜归	四逆 申不行 酉不离 七不往 八不归	大空亡 初八 十六 二十四					
小空亡 初四 十二 二十 二十八	长短星 初八 二十二	赤口 初三 初九 十五 十一 二十七					
天休废 初四 初九	天乙绝气 十二	天地凶败 初八 二十一					
四方耗 初四	瘟星 二十日入 二十三出	杨公忌 初一 二十九					
廉贞独火 初五 十四 二十三	四不祥 初四 初七 十六 十九						

五子定

	吉	凶
五子定	青龙黄道 祇神黄道 天黄道 福生 三合 时阴 民日 成勋 四相 秋天德	天雷黑星 官符 死气 天丧 天魔 毛头 六不成 临日
甲子	天恩 大小岁对 神在 青帝生	齐星 傍四废
丙子	次吉 显星 大小岁位 七圣 月空 天聋 鸣吠对	触水龙 伐日 张宿

戊子
吉 七圣 天德合 岁位 黄帝生
凶 解星 猖鬼败亡 九丑 离窠

庚子
吉 上吉 天福 天贵 岁后 复日 天聋 鸣吠对
凶 齐星 五行忌 九虎 重丧

壬子
吉 天恩 月恩 月德 天瑞 显星 黑帝生 岁后 天聋 七圣 鸣吠对
凶 九丑 五不归 五怪

五丑执 按阴阳诸家历法云值天地争雄受死百事大凶纵有吉神亦当避忌

五寅破 按阴阳诸家历法云值月破百事大凶虽得吉神亦不可用

五卯危
吉 祗神黄道 吉庆星 天庆星 守日 益后
凶 朱雀黑道 飞流黑星 傍四废 无狱 绝灭 小杀 天吏 章光 致死 土符 林隔

按阴阳诸家历法云值秋正四废曰五行无气福德不临之辰百事忌用

乙卯
吉　上吉　天恩　显星　大小岁对　月德合　阴阳合　鸣吠对　七圣　地哑　神在

丁卯
凶　离窠　猖鬼败亡

巳卯
吉　大明　天福　天瑞　人民合　岁位　天恩　地哑　神在
凶　解星　五不归　伐日　九丑

辛卯
吉　天福　天贵　金石合　七圣　岁后　小岁位　神在　鸣吠对
凶　齐星　五行忌　九丑　五怪

癸卯
吉　次吉　天德　江河合　显星　四相　七圣　岁位
鸣吠对

五辰成
吉　金匮黄道　祇神黄道　天黄道　天庆星　三合　五祥　天喜
天宝明星　次天财星　銮舆星　母仓　续世
凶　六不成　月厌　大祸　天雄　大杀　四激　蛟龙
地隔　死别　血忌

甲辰
吉　大明　曲星　七圣　岁位　赤帝生
凶　阴错　傍四废　大杀入中宫　十恶

丙辰
吉　次吉　大明　傅星　岁后　月空　天聋　神在
凶　五不归

戊辰

吉 次吉 天恩 天德合 曲星 岁对 小岁位 天聋 神在

凶 离窠 猖鬼败亡 大杀入中宫

庚辰

吉 上吉 天恩 天贵 傅星 岁对 复日 神在

凶 十恶 五行忌 八绝 河伯死 重丧

壬辰

吉 上吉 大明 月德 月恩 四相 岁后 小岁位 白帝生

凶 火星 五不归 天上大空亡 伐日 子胥死

五巳收

按阴阳诸家历法云值河魁大凶百事忌用

五午开

吉 祗神黄道 生气 时阳 玉堂 天马 太阳 月财

天解 兵吉

凶 白虎黑道 天棒黑星 天刑 天哭 天灾 天火 狼籍

太岁 刀砧 不举 火隔 天云不返 天狗 鲁般杀 披麻杀

甲午

吉 显星 七圣 岁后 小岁位 神在 不将 鸣吠对

凶 九土鬼 傍四废

丙午

吉 大明 次吉 岁前 小岁对 月空 神在 鸣吠

凶 解星

戊午	吉	七圣　天合德　岁前　神在　不将
	凶	齐星　猖鬼败亡　九土鬼　九丑　岁空　四耗　五怪　黄帝死　离窠
庚午	吉	上吉　天贵　岁对　复日　鸣吠
	凶	解星　五行忌　伐日　重丧
壬午	吉	大明　天恩　月恩　月德　四相　岁对　神在　鸣吠　不将
	凶	齐星　九丑　离窠
五未闭	吉	玉堂黄道　天黄道　少微星　金堂　正阳　阴德　母仓 天玉明星　天库星　天成星　天医　兵吉
	凶	五虚　月虚　月杀　罪刑　侠俾　血支　血刃 龙会　天云不返　山隔
乙未	吉	大明　曲星　岁后　小岁位　地哑　不将　神在
	凶	傍四废　大杀入中宫
丁未	吉	上吉　月德合　岁前　小岁对　傅星　神在
	凶	八风　八专　天上大空亡
已未	吉	大明　岁前　神在
	凶	八专　火星　岁空
辛未	吉	次吉　大明　傅星　岁对　天贵　神在
	凶	八风　五行忌　扁鹊死　仓颉葬

癸未
吉 次吉 天恩 天德 四相 岁对 不将
凶 火星 张宿 触水龙 伐日

五申建
按阴阳诸家历法云值月建百事大凶虽得吉神亦不可用一云宜对拜袭爵出行不忌

五酉除
吉 祇神黄道 天德星 官日 吉期 兵宝 兵吉 神在
元武黑道 阴私黑星 地伤 地耗 财离 岁空 吟神
天地争雄 天杀 天殟 天寡 罪至 跌蹼 土忌
凶 九空 空亡 九焦 九坎 人隔 斧头杀

乙酉
吉 显星 七圣 岁位 小岁前 不将 鸣吠
凶 伐日 天地离 傍四废 九土鬼 九丑 三阴

丁酉
吉 上吉 月德合 岁后 小岁位 地哑 鸣吠
凶 解星 日月离 天地正转

已酉
吉 大明 天恩 岁前 七圣 鸣吠
凶 齐星 九土鬼 五不归 人民离 九丑

辛酉
吉 大明 天贵 显星 岁前 七圣 地哑 鸣吠
凶 五怪 五不归 金石离 天转地转 九丑 八专 五行忌

癸酉

吉　次吉　大明　天德　四相　岁对　不将　鸣吠

凶　齐星　天转地转　江河离

五戌满

吉

司命黄道　天黄道　天官星　天富　天巫　恭安　穴天狗

天府明星　凤辇星　禄库星　母仓　六仪

凶

天贼　地雌　厌对　招摇　牢日

土瘟

甲戌

吉　神在　大小岁位

凶　火星　傍四废　黑帝死

丙戌

吉　次吉　曲星　岁位　小岁前　月空　神在

凶　八绝　五不归　大杀入中宫

戊戌

吉　傅星　岁位　小岁前　天德合　七圣

凶　十恶　猖鬼败亡　离窠　张宿

庚戌

吉　上吉　大明　天恩　天贵　岁前　复日　神在

凶　火星　猖鬼败亡　九土鬼　五行忌　八绝　重丧　白帝死

壬戌

吉　上吉　曲星　月德　月恩　岁前　四相

凶　离窠　猖鬼败亡　天上大空亡　大杀入中宫　青帝死

五亥平　五亥平按阴阳诸家历法云值大罡大凶又值冰消瓦解百事忌用
甲巳年癸亥日系十恶大败

八月　月建酉白露后作八月用　日出卯入酉
秋分后太阳过辰躔寺星月将天罡

四顺　建宜行　成宜离　寅宜往　卯宜归
四逆　申不往　酉不离　七不往　八不归
大空亡　初七　十五　二十三

小空亡　初三　十一　十九　二十七
长短星　初二　初五　十八　十九
赤口　初二　初八　十四　二十　二十六

天休废　十三　十八
天乙绝气　十三
天地凶败　初二　十八

四方耗　初五
瘟星　二十七入　三十出
杨公忌　二十七

廉贞独火　初五　十四　二十三
四不祥　初四　初七　十六　十九

五子平　按阴阳诸家历法云值河魁大凶百事忌用

五丑定

吉 满德星 天厚星 金堂 三合 母仓 时阴

凶 勾陈黑道 土勃黑星 官符 死气 狱日 分骸 小祸 葬耗 鬼贼 木马杀 林隔

乙丑

吉 上吉 天恩 月德合 大小岁对 月财 地哑 神在

凶 傍四废 利星 孔子死

丁丑

吉 上吉 祇神黄道 大小岁位 大明 神在

凶 朴星 天上大空亡 大杀入中宫

己丑

吉 次吉 祇神黄道 岁位 神在

凶 章星 十恶 猖鬼败亡 返激 离窠

辛丑

按阴阳诸家历法云值秋大墓又干无气兼值返激虽有吉神百事忌用

癸丑

吉 次吉 祇神黄道 天恩 月恩 曲星 四相 七圣 岁后 地哑

凶 朴星 大杀入中宫 触水龙 张宿 伐日 八专

五寅执

吉 青龙黄道 祇神黄道 天黄道 天德 支德 解神 天德星

凶 天雷黑星 天地争雄 傍四废 龙虎 劫杀 徒隶 归忌 天地殃败 章光 小耗 地隔 天魔 天丧 毛头

甲寅 按阳阴诸家历法云值秋正四废曰五行无气福德不临之辰百事忌用

丙寅
吉 次吉 阴阳合 天恩 显星 大小岁对 七圣 天聋 鸣吠对
凶 仓颉死

戊寅
吉 次吉 人民合 天恩 天瑞 大小岁位
凶 解星 猖鬼败亡 天上大空亡 伐日 离窠

庚寅
吉 上吉 天福 天瑞 天贵 天良 金石合 岁位 月德 七圣 鸣吠
凶 齐星 五行忌

壬寅
吉 上吉 大明 江河合 显星 四相 岁后 鸣吠
凶 九土鬼

五卯破 按阴阳诸家历法云值月破大凶百事忌用

五辰危
吉 祇神黄道 活曜星 天恩星 天喜 恭安 母仓 六合 五祥
凶 天刑黑道 蚩尤黑星 天激 天刑 天耗 死别 四激 月虚 月杀 无翘 蛟龙 火隔 六不成

甲辰	吉	大明　七圣　岁后　月空　不将
	凶	朴星　大杀入中宫　傍四废　十恶
丙辰	吉	上吉　大明　岁后　天聋　神在
	凶	章星　五不归　八绝
戊辰	吉	次吉　天恩　岁对　小岁后　七圣　天聋　神在　不将
	凶	朴星　猖鬼败亡　大杀入中宫　离窠
庚辰	吉	上吉　天恩　月德　岁位　天贵　七圣　神在
	凶	章星　五行忌　十恶　八绝　河伯死
壬辰	吉	上吉　大明　岁后　小岁位　四相　白帝生　不将
	凶	利星　五不归　天上大空亡　伐日　子胥死
五巳成	吉	天瑞星　天喜　太阴　三合　普护　重日　兵吉
	凶	朱雀黑道　飞流黑星　天狱　天雄　绝灭　五鬼　伏罪　临日　红沙杀　小杀　吟神　刀砧　土禁　山隔
乙巳	吉	上吉　祇神黄道　大明　天福　月德合　岁后　月财　七圣　神在
	凶	解星　十恶　傍四废　辛年上朔
丁巳	吉	次吉　祇神黄道　岁前　小岁后　天福　神在
	凶	齐星　九土鬼　地囊　八绝　癸年上朔

己巳

吉　次吉　祇神黄道　岁对　七圣

凶　解星　离窠　乙年上朔

辛巳

吉　次吉　祇神黄道　天恩　天瑞　天福　天贵　岁前　七圣　复日　地哑　不将

凶　齐星　猖鬼败亡　伐日　八绝　重丧　十恶　五行　忌五　不归　离窠　丁年上朔

癸巳

吉　天福　显星　岁后　小岁位　月恩　四相　不将

凶　九土鬼　天上大空　亡巳年上朔

五午收

按阴阳诸家历法云值天罡大凶百事忌用

五未开

按阴阳诸家历法云值天地争雄受死百事大凶纵有吉神亦当避忌

五申闭

吉　天庆星　吉庆星　天解　圣心　天马　福厚　五富
旺日　丰旺　天医　兵吉

凶　白虎黑道　天棒黑星　天刑　天哭　天瘟　天灾　天罗
地网　游祸　六不成　侠俾　血支　水隔

甲申	吉	上吉 大明 显星 七圣 岁对 月空 神在 鸣吠 不将
	凶	伐日 天地离 傍四废
丙申	吉	神在 岁后 小岁位 天聋 鸣吠
	凶	解星 五不归 日月离 十恶
戊申	吉	次吉 天赦 岁前 小岁对 七圣 神在不将
	凶	齐星 猖鬼败亡 天上大空亡 人民离
庚申	吉	上吉 大明天福 天贵 显星 月德 岁前 七圣 鸣吠
	凶	八专 猖鬼败亡 五不归 金石离 五行忌
壬申	吉	大明 四相 岁对 神在 鸣吠 不将
	凶	齐星 猖鬼败亡 江河离 十恶 离窠
五酉建		按阴阳诸家历法云值月建百事大凶虽有吉神亦不可用一云宜对拜袭爵出行不忌
五戌聊	吉	祇神黄道 天岳明星 天瑞星 吉期 续世 母仓 兵宝 幽微星
	凶	天牢黑道 天殃 破败 大杀 游杀 月火 独火 雷火 地中白虎 血忌 牢日

	吉	凶
甲戌	七圣 月空 大小岁位 神在	利星 傍四废 黑帝死
丙戌	神在 岁后 小岁前	朴星 五不归 八绝 大杀入中宫
戊戌	七圣 岁前 小岁位	章星 猖鬼败亡 十恶 离窠 张宿
庚戌	大明 天恩 月德 岁前 七圣 天贵 神在	利星 九土鬼 猖鬼败亡 五行忌 白帝死
壬戌	四相 岁前	朴星 猖鬼败亡 大杀入中宫 离窠 天上大空亡
五亥满	天富 驿马 恩胜 要安 相日 重日 天巫 天后 天德合 狱论 穴天狗	元武黑道 阴私黑星 天杀 地伤 地耗 大杀 土瘟 地雌
乙亥	上吉 月德合 大小岁位 显星 七圣 月财	傍四废 丙年上朔
丁亥	次吉 大阴 岁位 小岁前 神在	解星 伐日 十恶 八绝 戊年上朔

己亥 吉 天祸 岁后 地哑
凶 齐星 猖鬼败亡 离窠 庚年上朔

辛亥 吉 次吉 大明 天恩 显星 天贵 岁前 复日 地哑
凶 八绝 猖鬼败亡 九虎 离窠 五不归 五行忌 重丧 壬年上朔

癸亥 吉 月恩 大小岁对 神在
凶 解星 离窠 天上大空亡 十恶 甲年上朔

九月

月建戌寒露后作九月用 日出卯入酉

霜降后太阳过卯躔大火月将太冲

四顺 建宜行 成宜离 寅宜往 卯宜归　四逆 申不行 酉不离 七不往 八不归　大空亡 初六 十四 二十二 三十

小空亡 初二 初十 十八 二十六　长短星 初三 初四 十六 十七　赤口 初一 初七 十三 十九 二十五

天休废 二十二 二十七　天乙绝气 十四　天地凶败 初三 十六

四方耗 初二　瘟星 十七入 二十出　杨公忌 二十五

廉贞独火

初五 十四 二十三

四不祥

初四 初七 十六 十九

五子满

吉：天岳明星 秋天德 天富 天巫 普护 成勋 四相 民日 穴天狗

凶：天牢黑道 天火 狼籍 天殃 大杀 破败 土瘟 大杀 归忌 五鬼 六不成 地隔 披麻杀

甲子

吉 次吉 天恩 大小岁前 神在 青帝生

凶 利星 傍四废

丙子

吉 上吉 天德 月德 大小岁位 天聋 鸣吠对

凶 朴星 伐日 触水龙 张宿

戊子

吉 复日 七圣 岁位 黄帝生

凶 章星 猖鬼败亡 九丑 地囊 重丧 离窠

庚子

吉 上吉 天福 天贵 月恩 岁后 天聋 鸣吠对

凶 利星 五行忌 九虎

壬子

吉 天恩 天瑞 月空 岁后 天聋 鸣吠对 黑帝生

凶 朴星 五怪 五不归 九丑

五丑平 按阴阳诸家历法云值天罡大凶百事忌用

五寅定 按阴阳诸家历法云值天地争雄受死百事大凶纵有吉神亦当避忌

五卯执

吉 祇神黄道 圣心 守日 六合 支德

凶 勾陈黑道 土勃黑星 小祸 葬耗 鬼贼 咸池 无翘 天地殃败 傍四废 小耗 山隔

乙卯 按阴阳诸家历法云值秋正四废百五行无气福德不临之辰百事忌用

丁卯

吉 天恩 阴阳合 大小岁对 地哑 神在 鸣吠对

凶 朴星 猖鬼败亡 离窠

巳卯

吉 大明 天恩 天瑞 天福 岁位 人民合 复日 地哑 神在

凶 章星 五不归 九丑 伐日 重丧

辛卯

吉 天德合 月德合 天福 天贵 金石合 岁后 小岁位 鸣吠对 神在不将

凶 利星 九丑 五行忌 五怪 绝阳

癸卯

吉 次吉 四相 岁后 江河合 七圣 不将 鸣吠对

凶 朴星

五辰破

按阴阳诸家历法云值月破百事大凶虽得吉神亦不可用

丙辛年庚辰系十恶大败

五巳危

吉 明堂黄道 祇神黄道 天黄道 紫微星 月财 续世 阴德 执储明星 天庆星 吉庆星 吉人星 贵人星 重日 兵吉

凶 天瘟 游祸 伏罪 血忌 刀砧 土禁 人隔

乙巳

- 吉 次吉 大明 天福 傅星 岁后 七圣 神在
- 凶 十恶 傍四废 辛年上朔 乙庚年系十恶大败

丁巳

- 吉 天福 神在 岁前 小岁后
- 凶 火星 绝阳 九土鬼 癸年上朔 赤帝死 仓颉葬

己巳

- 吉 次吉 傅星 七圣 复日 岁对
- 凶 离窠 重丧 乙年上朔

辛巳

- 吉 上吉 天恩 天瑞 天福 天贵 天德合 月德合 岁对 七圣 地哑 不将
- 凶 十恶 猖鬼败亡 火星 伐日 五行忌 五不归 离窠 丁年上朔

癸巳

- 吉 天福 曲星 岁后 小岁位 四相 不将
- 凶 绝阳 九土鬼天 上大空亡 己年上朔

日	吉凶	神煞
五午成	吉	天喜 天仓 三合 要安 兵吉
	凶	天刑黑道 蚩尤黑星 天举 天雄 天耗 天激 天刑 天云不返 鲁般杀 刀砧 水隔
甲午	吉	七圣 岁后 小岁位 神在 鸣吠对
	凶	绝阳 九土鬼 傍四废 朴星
丙午	吉	上吉 大明 天德 月德 岁前 小岁对 神在 鸣吠
	凶	章星
戊午	吉	七圣 复日 岁前 神在 不将
	凶	利星 猖鬼败亡 岁空 九丑 九土鬼 离窠 黄帝死 重丧 五怪 四耗
庚午	吉	次吉 天贵 月恩 岁对 不将 鸣吠
	凶	章星 五行忌 伐日
壬午	吉	大明 天恩 岁对 四相 月空 神在 不将 鸣吠
	凶	利星 九丑 离窠

五未收　按阴阳诸家历法云值河魁又值水消瓦解百事忌用

五申开

吉：金匮黄道 祇神黄道 天黄道 福厚 旺日 生气 六仪 銮舆星 天宝明星 次天财星 金堂 太阳 时阳 丰旺 驿马 天庆星

凶：太岁 厌对 招摇 天贼 天狗 六不成

	吉	凶
甲申	次吉 大明 曲星 岁对 七圣 神在 鸣吠	伐日 天地离 傍四废
丙申	上吉 天德 月德 傅星 神在 岁对 小岁位 天聋 鸣吠	十恶 日月离 五不归 绝阳
戊申	上吉 天赦 七圣 复日 岁前 小岁对 神在	火星 猖鬼败亡 天上大空亡 人民离 重丧
庚申	上吉 大明 天福 天贵 曲星 七圣 岁前 鸣吠 月恩	八专 猖鬼败亡 五不归 金石离 五行忌
壬申	大明 七圣 岁对 四相 神在 鸣吠 月空	火星 猖鬼败亡 江河离 十恶 离窠

五酉闭

吉：天德黄道 天黄道 邑从星 天医 天解 官日 正阳 天对明星 天财星 地财星 神在

凶：天地争雄 天吏 天寡 致死 侠俾 龙虎 血支 地中白虎 斧头杀 水星交 月害 月火 独火 雷火

乙酉	吉	七圣 岁位 岁前 鸣吠
	凶	朴星 天地离 傍四废 九土鬼 伐日 九丑
丁酉	吉	岁后 小岁位 地哑 鸣吠
	凶	章星 天地正转 日月离 绝阳
己酉	吉	大明 天恩 复日 岁前 鸣吠
	凶	利星 九土鬼 人民离 五不归 九丑 重丧
辛酉	吉	大明 天德合 月德合 天贵 岁前 地哑 鸣吠
	凶	朴星 天转地转 五不归 金石离 九丑 八专 五怪 五行忌
癸酉	吉	次吉 大明 四相 七圣 鸣吠
	凶	利星 江河离 天转地转

五戌建

按阴阳诸家历法云值月建百事大凶虽得吉神亦不可用一云宜封拜袭爵出行不忌

五亥除

吉	玉堂黄道 祇神黄道 天黄道 天德星 相日 恩胜 吉期 四相 天玉明星 天成星 天庆星 少微星 五富 恭安 兵宝 重日
凶	财离 岁空 火星交 劫杀 土符 林隔

乙亥　吉　次吉　曲星　大小岁位
凶　傍四废　丙年上朔

丁亥　吉　大明　傅星　岁位　小岁前　神在
凶　伐日　八绝　十恶　戊年上朔

巳亥　吉　次吉　天福　七圣　复日　岁后　地哑
凶　火星　猖鬼败亡　绝阳　重丧　离窠　庚年上朔

辛亥　吉　上吉　大明　天恩　曲星　天贵　天德合　月德合　岁前　地哑
凶　八绝　猖鬼败亡　五不归　五行忌　九虎　离窠　壬年上朔

癸亥　吉　傅星　神在　大小岁对
凶　十恶　离窠　天上大空亡　甲年上朔

十月

月建亥立冬后作十月用　日出卯辰入酉申

小雪后太阳过寅躔析木月将功曹

四顺　建宜行　成宜离
寅宜往　卯宜归

四逆　申不行　酉不离
七不往　八不归

大空亡　初五　十三
二十一　二十九

小空亡　初一　初九
十七　二十五

长短星　初一　十四

赤口　初六　十二　十八
二十四　三十

天休废 初四 初九 天乙绝气 十五 天地凶败 初二 十四

四方耗 初三 瘟星 十二入 十六出 杨公忌 二十三

廉贞独火 初五 十四 二十三 四不祥 初四 初七 十六 十九

五子除

吉：祇神黄道 天瑞星 幽微星 官日 吉期 要安 天马 兵宝

凶：白虎黑道 天棒黑星 天刑 天哭 天灾 天寡 地雌 红沙杀 斧头杀 章光 咸池 火隔

甲子
吉 上吉 天恩 天赦 大小岁对 四相 神在 月德 青帝生
凶 齐星

丙子
吉 次吉 显星 大小岁后 七圣 天聋 鸣吠对
凶 伐日 天转地转 傍四废 触水龙 张宿

戊子
吉 七圣 岁后 黄帝生
凶 解星 猖鬼败亡 岁博 离窠 九丑

庚子
吉 次吉 天福 天德合 岁对 月空 天聋 鸣吠对
凶 齐星 天地正转 地囊

壬子

吉　天恩　天瑞　天贵　显星　黑帝生　岁对　复日　天聋　鸣吠对

凶　岁博　天转地转　四耗五怪　五不归　九丑　六蛇　重丧　五行忌

五丑满

吉　玉堂黄道　天黄道　天库星　天富　玉堂
　　天玉明星　少微星　天成星

凶　天贼　大杀　月厌　大祸　归忌　土瘟　牢日
　　龙会　血刃　山隔

乙丑

吉　天德　天恩　月德　大小岁前　四相　地哑　神在

凶　火星　孤辰　孔子死

丁丑

吉　大明　曲星　大小岁后　七圣　神在

凶　孤辰　大杀入中宫　天上大空亡　傍四废

己丑

吉　傅星　月德合　七圣　岁后　神在

凶　十恶　猖鬼败亡　孤辰　离窠

辛丑

吉　天福　地哑　岁对

凶　火星　九土鬼　猖鬼败亡　离窠　行痕

癸丑

吉　天恩　曲星　七圣　天贵　地哑　岁对

凶　八专　五行忌　大杀入中宫　触水龙　伐日　阴错　了戾

五寅平　按阴阳诸家历法云值河魁大凶又值水消瓦解百事忌用

五卯定

吉　祇神黄道　天厚星　满德星　民日　成勋　三合　四相
　　阴德　时阴　兵吉

凶　元武黑道　阴私黑星　官符　死气　财离　岁空　龙虎
　　天火天杀　狼籍　地伤　六不成　地耗　人隔　天地争雄

乙卯

吉　天德　月恩　日月合　岁对　神在　鸣吠对

凶　解星　八专　五怪　张宿

丁卯

吉　次吉　天恩　大小岁对　阴阳合　显星　神在　地哑　鸣吠对

凶　离窠　猖鬼败亡　傍四废

己卯

吉　大明　天恩　天瑞　天福　岁后　月德合　人民合　神在　地哑　不将

凶　解星　伐日　五不归　九丑　了戾

辛卯

吉　天福　金石合　岁对　小岁后　神在　鸣吠对　不将

凶　齐星　九丑　五怪

癸卯

吉　上吉　天贵　显星　江河合　岁对　七圣　不将　鸣吠对

凶　五行忌

五辰执

吉　司命黄道　祇神黄道　天黄道　天德星　支德　解神
　　天府明星　凤辇星　禄库星　天官星　兵吉

凶　天地争雄　天地殃败　狱日　罪至　分骸
　　土符　小耗　水隔

甲辰	吉	上吉 大明 月德 曲星 四相 岁对 赤帝生
	凶	十恶 大杀入中宫 丙辛年系十恶大败
丙辰	吉	次吉 大明 傅星 岁对 天聋 神在
	凶	八绝 五不归 傍四废
戊辰	吉	天恩 岁前 小岁对 曲星 七圣 天聋 神在
	凶	返激 猖鬼败亡 大杀入中宫 离窠
庚辰	吉	天恩 天德合 傅星 岁前 月空 神在 不将
	凶	八绝 十恶 河伯死
壬辰	扫阴阳诸家历法云值冬大墓文干元气兼值反激纵有吉神百事忌用	
五巳破	按阴阳诸家历法云值月破大凶虽得吉神亦不可用	
五午危	吉	青龙黄道 祇神黄道 天黄道 五祥 守日 普护 活曜星 天恩星 兵吉
	凶	天雷黑星 傍四废 天丧 天魔 天吏 致死 毛头 五虚

甲午

吉　上吉　月德四相　显星　七圣　岁对　小岁后　神在　鸣吠对

凶　九土鬼

丙午

按阴阳诸家历法云值冬正四废日五行无气福德不临之辰百事忌用

戊午

吉　七圣　岁位　神在

凶　齐星　猖鬼败亡　九土鬼　离窠　九丑　五怪　黄帝死

庚午

吉　次吉　天德合　岁前　月空　鸣吠　不将

凶　解星　伐日

壬午

吉　大明　天恩　天贵　岁前　复日　神在　鸣吠　不将

凶　齐星　五行忌　九丑　离窠　重丧

五未成

吉　明堂黄道　祇神黄道　天黄道　贵人星　吉人星　太阴　月财

执储明星　紫微星　福厚　三合　六仪　天喜

凶　龙会　蛟龙　天雄　厌对　往亡　死别　临日

招摇　四激　六不成　跌蹼　土忌

乙未

吉　上吉　大明　月恩　天德　曲星　岁对　小岁后　七圣　神在　四相地哑

凶　大杀入中宫

丁未

吉　傅星　岁位　小岁前　神在

凶　八专　天上大空亡傍四废

己未	吉 上吉 大明 月德合 岁位 七圣 神在 凶 火星 八专
辛未	吉 大明 傅星 岁前 神在 凶 扁鹊死 仓颉葬
癸未	吉 上吉 天贵 天恩 岁前 凶 火星 五行忌 伐日 触水龙 张宿
五申收	按阴阳诸家历法云值天地争雄受死大凶纵有吉神亦当避忌 甲己年系十恶大败
五酉开	吉 祇神黄道 天佑星 圣心 生气 时阳 正阳 母仓 天巫 神在 穴天狗 凶 朱雀黑道 飞流黑星 天狱 太岁 小杀 绝灭 不举 天云不返 鲁般杀 披麻杀 吟神 刀砧 天狗 林隔
乙酉	吉 天德 月恩 四相 显星 七圣 岁后 小岁位 鸣吠 凶 伐日 天地离 九土鬼 九丑
丁酉	吉 次吉 岁对 小岁后 地哑 鸣吠 凶 解星 日月离 傍四废

己酉	吉 大明 天恩 岁位 七圣 月德合 鸣吠	凶 齐星 九土鬼 五不归 人民离 九丑
辛酉	吉 大明 显星 七圣 岁位 地哑 鸣吠	凶 岁空 金石离 五不归 四耗 五怪 八专 九丑
癸酉	吉 上吉 大明 天贵 岁前 七圣 鸣吠	凶 齐星 五行忌 江河离
五戌闭	吉 金匮黄道 天黄道 銮舆星 天庆星 天解 天医 天宝明星 次天财星 吉庆星 益后	凶 天云不返 月虚 月杀 罪刑 侠俾 血支 地隔 火星交
甲戌	吉 月德 大小岁后 四相 七圣 神在	凶 火星 八风 黑帝死
丙戌	吉 曲星 岁后 小岁位 神在	凶 八绝 五不归 大杀入中宫 傍四废
戊戌	吉 七圣 傅星 岁对 小岁位	凶 十恶 猖鬼败亡 返激 离窠 张宿
庚戌	吉 次吉 大明 天德合 天恩 岁位 七圣 月空 神在	凶 火星 九土鬼 猖鬼败亡 地囊 八绝 白帝死

壬戌

吉　天贵　曲星　岁位　复日

凶　五行　忌猖鬼败亡　天上大空亡　离窠　重丧　大杀入中宫

五亥建

按阴阳诸家历法云值月建百事大凶虽得吉神亦不可用一云宜

封拜袭爵出行不忌

十一月

月建子大雪后作十一月用　日出辰入申

冬至后太阳过丑躔星纪月将大吉

四顺　建宜行　成宜离　寅宜往　卯宜归　四逆　申不行　酉不离　七不往　八不归　大空亡　初四　十二　二十　二十八

小空亡　初八　十六　二十四　长短星　十二　二十二　赤口　初五　十一　十七　二十三　二十九

天休废　十三　十八　天乙绝气　十六　天地凶败　十二　十四

四方耗　初四　瘟星　十二入　十五出　杨公忌　二十一

廉贞独火 初五 十四 二十三 四不祥 初四 初七 十六 十九

五子建

按阴阳诸家历法云值月建百事大凶虽得吉神亦不可用一云宜封拜袭爵出行不忌

五丑除

吉 天德黄道 祇神黄道 天黄道 天财星 地财星 吉期 普护
天对明星 天德星 邑从星 六合 阴德 兵宝

凶 天瘟 牢日 游杀 地雌 无翘 人隔
红沙杀

乙丑 吉 次吉 天恩 大小岁前 四相 地哑 神在
凶 利星 孔子死

丁丑 吉 大明 月德合 大小岁后 七圣 神在 不将
凶 朴星 天上大空亡 大杀入中宫 傍四废

己丑 吉 七圣 岁后 神在 不将
凶 章星 猖鬼败亡 十恶 离窠

辛丑 吉 天福 岁对 地哑 不将
凶 利星 九土鬼 猖鬼败亡 离窠

癸丑	吉	次吉 天恩 天贵 岁对 七圣 复日 地哑
	凶	朴星 大杀入中宫 五行忌 触水龙 张宿 八专 伐日 重丧
五寅满	吉	冬天德 天富 天解 天成 大马 驿马 福生 恩胜 四相 狱钥 相日 兵吉 穴天狗
	凶	天棒黑星 白虎黑道 天刑 天哭 天灾 土瘟 五虚 归忌 地雌 水隔
甲寅	吉	上吉 月恩 日月合 岁对 七圣 鸣吠对
	凶	解星 八专 八风
丙寅	吉	天恩 月恩 显星 阴阳合 七圣 月空 天聋 鸣吠对 大小岁前
	凶	傍四废 仓颉死
戊寅	吉	天瑞 天恩 大小岁后 人民合
	凶	解星 猖鬼败亡 天上大空亡 离窠 伐日
庚寅	吉	次吉 天瑞 天福 金石合 岁后 鸣吠 不将
	凶	齐星
壬寅	吉	上吉 大明 显星 天贵 天良 江河合 月德 七圣 岁对 鸣吠
	凶	九土鬼 五行忌
五卯平	按阴阳诸家历法云值天罡大凶又值争雄受死虽有吉神亦不可用	

五辰定

吉　祇神黄道　天岳明星　天仓　圣心　时阴
三合　兵吉

凶　天牢黑道　天殃　破败　官符　死气　大杀　分骸
临日　狱日　蛟龙

甲辰
吉　上吉　大明　月恩　岁对　七圣　四相　赤帝生
凶　朴星　十恶　大杀入中宫

丙辰
吉　大明　岁对　月空　天聋　神在
凶　章星　五不归　傍四废　八绝

戊辰
吉　天恩　七圣　岁对　小岁对　天聋　神在
凶　朴星　猖鬼败亡　大杀入中宫　离窠　返激

庚辰
吉　次吉　天恩　七圣　岁前　神在　不将
凶　章星　八绝　十恶　河伯死

壬辰
按阴阳诸家历法云值冬大墓冬午无气兼值返激虽有吉神百事忌用

五巳执

吉　祇神黄道　天德　五富　支德　益后
重日　兵吉

凶　元武黑道　阴私黑星　傍四废　天杀　地伤　地耗　小耗
天地殃败　天罗地网　劫杀　徒隶　吟神

乙巳
吉 上吉 大明 天福 四相 岁对 神在
凶 解星 十恶 辛年上朔

丁巳 按阴最诸家历法云值冬正四废日行无气福德不临之辰百事忌用

己巳
吉 岁前 不将
凶 解星 离窠 乙年上朔

辛巳
吉 次吉 天恩 天瑞 天福 岁前 七圣 地哑 不将
凶 齐星 猖鬼败亡 五不归 十恶 八绝 伐日 离窠 丁年上朔

癸巳
吉 次吉 天福 天贵 显星 复日 岁对 小岁后
凶 九土鬼 五行忌 天上大空亡 重丧 亡赢 己年上朔

五午破 按阴阳诸家历法云值月破百事大凶虽得吉神亦不可用

五未危
吉 祇神黄道 吉庆星 天庆星 要安 天喜
凶 勾陈黑道 土勃黑星 水星交 死别 小祸 五鬼 六不成 月杀月虚 月火 独火 雷火四激 鬼贼 葬耗 林隔 地中白虎

乙未
吉 大明 四相 岁对 小岁后 地哑 神在
凶 朴星 大杀入中宫

丁未
吉 月德合 岁位 小岁前 神在
凶 章星 天上大空亡 傍四废 八专

己未
吉 大明 岁位 神在
凶 利星 八专

辛未
吉 大明 岁前 神在
凶 章星 地囊 扁鹊死 仓颉死

癸未
吉 天恩 天贵 岁前 旺日 复日
凶 利星 五行忌 伐日 触水龙 张宿 重丧

五申成
吉 青龙黄道 祇神黄道 天黄道 三合 五祥 天喜 母仓 天德合
凶 天雷黑星 天雄 天丧 天魔 大杀 伏罪 毛头 土禁 土符 财离 岁空 九空 空亡 九焦 九坎 刀砧 地隔

甲申
吉 上吉 大明 月恩 显星 岁前 四相 神在 鸣吠
凶 伐日 天地离

丙申
吉 岁对 小岁后 月空 天聋 神在 鸣吠
凶 解星 日月离 傍四废 五不归 十恶

戊申
吉　次吉　七圣　岁位　神在
凶　齐星　猖鬼败亡　天上大空亡　人民离

庚申
吉　次吉　大明　天福　显星　七圣　岁位　鸣吠
凶　岁空　五不归　猖鬼败亡　金石离　八专

壬申
吉　上吉　大明　天贵　月德　岁前　七圣　神在　鸣吠
凶　齐星　猖鬼败亡　五行忌　江河离　十恶　离窠

五酉收
按阴阳诸家历法云值河魁大凶又值水消瓦解百事忌用

五戌开
吉　祇神黄道　生气　时阳　太阳
凶　天刑黑道　蚩尤黑星　天刑　天激　天耗　天狗　罪刑　往亡　天云不返　天地争雄　太岁　龙虎　龙会　跌蹼　土忌　火隔

甲戌
吉　上吉　月德　大小岁后　四相　神在
凶　利星　八风　黑帝死

丙戌
吉　月空　岁后　小岁位　神在
凶　朴星　大杀入中宫　五不归　傍四废　八绝

日	吉	凶
戊戌	次吉　岁对　小岁位　七圣	章星　猖鬼败亡　十恶　返激　离窠　张宿
庚戌	次吉　大明　天恩　岁位　七圣　神在	利星　九土鬼　猖鬼败亡　八绝　白帝死
壬戌	上吉　天贵　月德　岁位	朴星　猖鬼败亡　大杀入中宫　天行忌　离窠　伐日　青帝死天上大空亡

五亥闭

吉

福厚　丰旺　正阳　旺日

天医　重日

凶

朱雀黑道　飞流黑星　六不成　天狱　罪至　小杀　绝火

天地争雄　空宅　章光　游祸　山隔　血支

日	吉	凶
乙亥	次吉　显星　大小岁后　四相	丙年上朔
丁亥	次吉　大明　月德合　神在　岁后　小岁位	解星　傍四废　十恶　八绝　伐日　戊年上朔　甲己年系十恶大败
己亥	天福　七圣　岁对　地哑	齐星　猖鬼败亡　离窠　庚年上朔
辛亥	次吉　大明　天恩　显星　岁位　地哑	八绝　五不归　猖鬼败亡　离窠　壬年上朔

癸亥 吉 复日 大小岁前 神在
凶 解星 五行忌 天上大空亡 离窠 十恶 六蛇 重丧 甲年上朔

十二月

月建丑小寒后作十二月用 日出辰卯入申酉

大寒后太阳过了躔元枵月将神后

四顺 建宜行 成宜离 寅宜往 卯宜归

四逆 申不行 酉不离 七不往 八不归

大空亡 初三 十一 十九 二十七

小空亡 初七 十五 二十三 二十五

长短星 初九

赤口 初四 初十 十六 二十二 二十八

天休废 二十二 二十七

天乙绝气 十七

天地殃败 初九 二十五

四方耗 初五

瘟星 十一入 十四出

杨公忌 十九

廉贞独火 初五 十四 二十三

四不祥 初四 初七 十六 十九

五子闭吉 天庆星 吉庆星 天医 官日 续世 六合

	凶	天刑黑星　蚩尤黑星　天刑　天寡　天激　天吏　天耗　斧头杀　归忌　无翘　致死　土符　水隔　血支　血忌
甲子	吉	次吉　天恩　天赦　大小岁前　四相　月空　神在　青帝生
	凶	利星
丙子	吉	七圣　大小岁后　天聋　鸣吠对　不将
	凶	朴星　傍四废　天转地转　伐日　张宿　触水龙
戊子	吉	七圣　岁后　黄帝生
	凶	章星　猖鬼败亡　九丑　逐阵　离窠　重丧
庚子	吉	上吉　天福　天德　月德　岁对　天聋　不将　鸣吠对
	凶	利星　天地正转
壬子	吉	天恩　天瑞　天贵　七圣　黑帝生　岁对　天聋　鸣吠对
	凶	朴星　天转地转　四耗　五怪　六蛇　九丑　逐阵　五行忌　五不归
五丑建	按阴阳诸家历法云值同建百事大凶虽得吉神亦不可用一云宜封拜袭爵出行不忌	
五寅除	吉	金匮黄道　祇神黄道　天黄道　銮舆星　相日　四相　幽微星　吉期　兵宝　天宝明星　次天财星　天瑞星　天庆星　恩胜　狱钥　冬天德　兵吉
	凶	五虚　劫杀

甲寅	吉	次吉 日月合 傅星 七圣 岁对 月空 鸣吠对
	凶	八风 八专
丙寅	吉	次吉 天恩 曲星 大小岁前 阴阳合 天聋 七圣 不将 鸣吠对
	凶	傍四废 仓颉死
戊寅	吉	次吉 天恩 天瑞 人民合 傅星 大小岁后
	凶	伐日 猖鬼败亡 天上大空亡 离窠 重丧
庚寅	吉	上吉 天福 天瑞 天德 月德 金石合 岁后 七圣 鸣吠 不将
	凶	火星
壬寅	吉	次吉 大明 天贵 天良 曲星 江河合 七圣 岁对 鸣吠
	凶	九土鬼 五行忌

五卯满

吉	天德黄道 天黄道 邑从星 天富 天仓 金堂 天巫 四相 天对明星 天财星 地财星 成勋 民日 兵吉 穴天狗
凶	龙会 天瘟 土瘟 地雌 六不成 披麻杀

乙卯	吉	神在 天德合 月德合 日月合 岁对 鸣吠对
	凶	章星 八专 五怪 张宿
丁卯	吉	天恩 阴阳合 大小岁前 七圣 地哑 神在 不将 鸣吠对
	凶	朴星 傍四废 猖鬼败亡 离窠

己卯
吉 大明 天恩 天瑞 天福 复日 人民合 岁后 地哑 神在 不将
凶 章星 五不归 九丑 伐日 重丧

辛卯
吉 天福 月恩 岁对 小岁后 金石合 神在 不将 鸣吠对
凶 利星 五怪 九丑

癸卯
吉 次吉 天贵 七圣 江河合 岁对 鸣吠对
凶 朴星 五行忌

五辰平
按阴阳诸家历法云值河魁大凶又值水消瓦解百事忌用

五巳定
吉
玉堂黄道 祇神黄道 天黄道 少微星 满德星 母仓 时阴
天玉明星 天厚星 天库星 天成星 三合 六仪 重日
凶
天地争雄 官符 死气 傍四废 徒隶 罪至 财离 岁空
九空 空亡 九焦 九坎 蛟龙 招摇 厌对 林隔

乙巳
吉 上吉 大明 天福 天德合 月德合 傅星 四相 岁对 神在
凶 十恶 辛年上朔

丁巳
按阴阳诸家历法云值冬正四废日五行无气福德不临之辰百事忌用

己巳
吉 傅星 七圣 复日 岁前
凶 离窠 重丧 乙午上朔

辛巳
吉 上吉 天恩 天福 天瑞 月恩 七圣 岁前 地哑
凶 火星 猖鬼败亡 五不归 离窠 伐日 十恶 八绝 丁午上朔

癸巳
吉 天福 天贵 曲星 岁对 小岁后
凶 九土鬼 五行忌 天上大空亡 己午上朔

五午执
吉 祇神黄道 天岳明星 天德星 支德 守日 解神
凶 天牢黑道 傍四废 木星交 天殃 破财 大杀 咸池 小耗 独火 月火 雷火 五虚 蛟龙 地隔 地中白虎

甲午
吉 七圣 岁对 小岁后 四相 月空 神在 鸣吠对
凶 朴星 九土鬼

丙午
按阴阳诸家历法云值冬正四废曰五行无气福德不临之辰百事忌用

戊午
吉 神在
凶 利星 猖鬼败亡 九土鬼 五怪 九丑 离窠 重丧 黄帝死

庚午
吉 上吉 天德 月德 岁前 鸣吠
凶 章星 伐日

壬午

吉　大明　天恩　天贵　岁前　神在　鸣吠

凶　利星　九丑　五行忌　离窠

五未破

按阴阳诸家历法云值月破百事大凶虽得吉神亦不可用

五申危

吉　司命黄道　祇神黄道　天黄道　凤辇星　福生　五富　活曜星　天府明星　天恩星　天官星　禄库星　母仓　阳德　五祥

凶　天罗　地网　伏罪　游祸　血支　刀砧　土禁　火隔

甲申

吉　次吉　大明　曲星　七圣　四相　岁前　月空　神在　鸣吠

凶　伐日　天地离

丙申

吉　次吉　傅星　岁对　小岁后　天聋　神在　鸣吠

凶　十恶　五不归　傍四废　日月离

戊申

吉　次吉　岁位　小岁前　神在

凶　火星　猖鬼败亡　天上大空亡　人民离　重丧

庚申

吉　上吉　大明　天福　天德　月德　曲星　七圣　岁位　鸣吠

凶　八专　五不归　猖鬼败亡　金石离　岁空

壬申

吉　大明　天贵　岁前　七圣　神在　鸣吠

凶　火星　猖鬼败亡　江河离　五行忌　十恶　离窠

日		神煞
五酉成		按阴阳诸家历法云值天地争雄受死百事大凶纵有吉神不可用
五戌收		按阴阳诸家历法云值天罡大凶百事忌用
五亥开	吉	明堂黄道 祇神黄道 天黄道 紫微星 旺日 福厚
		执储明星 天佑星 吉人星 贵人星 月财 丰旺
	凶	生气 益后 时阳 正阳 阴德 天后 驿马 重日
		太岁 天贼 月厌 大祸 空宅 天狗 人隔 六不成
乙亥	吉	上吉 天德合 月德合 大小岁后 曲星 七圣 四相
	凶	四耗 丙年上朔
丁亥	吉	上吉 大明 傅星 神在 岁后 小岁位
	凶	伐日 傍四废 十恶 戊年上朔
巳亥	吉	天福 七圣 岁对 复日 地哑
	凶	火星 猖鬼败亡 离窠 重丧 庚年上朔
辛亥	吉	大明 天恩 月恩 曲星 岁位 地哑
	凶	八绝 五不归 猖鬼败亡 离窠 壬年上朔
癸亥	吉	天贵 傅星 大小岁前 神在
	凶	阴错 天上大空亡 五行忌 十恶 离窠 六蛇 亡蠃 甲年上朔

其断例内虽有可用之日，图内有忌者，不宜用，盖甲子六十日一周，有值吉星凶星者，在人取择焉，虽有吉神而人无其德，用事无验，神不佑之故也。

天运星煞直时傍图

凡择吉日必用良时，当于后断例内取用。

时　子丑寅卯辰巳午未申酉戌亥

甲子

金匮黄天德黄白虎黑玉堂黄天牢黑元武黑司命黄勾陈黑青龙黄明堂黄天刑黑朱雀黑
道　道　道　道　道　道　道　道贵人道　道
福德星宝光星天煞星少微星锁神星天狱星风辇星地狱星天贵星明辅星天刑星天讼星
月仙星天德星　天开星寡宿　日仙星时害　太乙星天官贵人孤辰　旬中空
福星贵天乙贵　天罡　时破　五不遇河魁　旬中空亡
人　人　截路空亡五不遇
时建　六合　截路空亡

乙丑

天刑黑朱雀黑金匮黄天德黄白虎黑玉堂黄天牢黑元武黑司命黄勾陈黑青龙黄明堂黄
道　道　道　道　道　道　道　道　道　道　道　道
乙天刑星天讼星福德星宝光星天杀星少微星锁神星天狱星风辇星地狱星太乙星明辅星
时建　月仙星天德河星魁　天开星时害　时破　日仙星五不遇天贵星贵人星
八禄　寡宿　截路空亡截路空亡五不遇　天罡　孤辰
旬中空亡　旬中空亡

时 子丑寅卯辰巳午未申酉戌亥

丙寅

青龙黄明堂黄天刑黑朱雀黑金匮黄天德黄白虎黑玉堂黄天 牢黑元武黑司命黄勾陈黑
道 道 道 道 道 道 道 道 道 道 道 道
太乙星贵人星天刑星天讼星福德星宝光星天杀星少微星锁神星天狱星凤辇星地狱星
天贵星明辅星时建 月仙星天德星寡宿 天开星时破 日仙星河魁
孤辰 截路空亡天罡 旬中空亡五不遇
五不遇 时害 中空亡
截路空亡

丁卯

司命黄勾陈黑青龙黄明堂黄天刑黑 朱雀黑金匮黄天德黄白虎黑玉堂黄天牢黑元武黑
道 道 道 道 道 道 道 道 道 道 道 道
凤辇星地狱星太乙星贵人星天刑星天讼星福德星宝光星天杀星少微星锁神星天狱星
日仙星孤辰 天贵星明辅星时害 月仙星天德星 天开星旬中空亡五不遇
五不遇 截路空亡时建 河魁 寡宿 时破 旬中空亡
天罡 截路空亡

戊辰

天牢黑元武黑司命黄勾陈黑青龙黄明堂黄天刑黑朱雀黑金匮黄天德黄白虎黑玉堂黄
道 道 道 道 道 道 道 道 道 道 道 道
锁神星天狱星凤辇星地狱星太乙星贵人星天刑星天讼星福德星宝光星天杀星少微星
截路空亡河魁 日仙星时害 天贵星明辅星 天罡 月仙星天德星时破 天开星
截路空亡孤辰 五不遇时建 寡宿 旬中空亡旬中空
五不遇 亡 亡

时 子丑寅卯辰巳午未申酉戌亥

己巳

白虎黑玉堂黄天牢黑元武黑司命黄勾陈黑青龙黄明堂黄天刑黑朱雀黑金匮黄天德黄
道 道 道 道 道 道 道 道
天杀星少微星锁神星天狱星凤辇星地狱星太乙星贵人星天刑星天讼里福德里宝光星
天开星天罡 孤辰 日仙星时建 天贵星明辅星河魁 寡宿 月仙星天德星
时害 五不遇 八禄 福星贵截路空截路空旬中空驿马
五不遇 人 亡 亡 亡 旬中空亡

庚午

金匮黄天德黄白虎黑玉堂黄天牢黑元武黑司命黄勾陈黑青龙黄明堂黄天刑黑朱雀黑
道 道 道 道 道 道日仙道 道 道 道
福德星宝光星天杀星少微星锁神星天狱星凤辇星地狱星太乙星贵人星天刑星天讼星
月仙星天德星 天开星孤辰 五不遇天官福截路空天贵星明辅星寡宿 旬中空
时破 时害 河魁 五不遇亡 八禄 天罡 旬中空亡
五不过 驿马 亡
截路空亡

辛未

天刑黑朱雀黑金匮黄天德黄白虎黑玉堂黄天牢黑元武黑司命黄勾陈黑青龙黄明堂黄
道 道 道 道 道天开道 道 道 道 道 道
天刑星天讼星福德星宝光星天杀星少微星锁神星天狱星凤辇星地狱星太乙星贵人星
时害 时破 月仙星天德星天罡 天官福五不遇时建 日仙星 天贵星明轮星
截路空亡 星责人 旬中空亡 寡宿
五不遇 河魁 旬中空亡
截路空亡

时

子丑寅卯辰巳午未申酉戌亥

壬申

青龙黄明堂黄天刑黑朱雀黑金匮黄天德黄白虎黑玉堂黄天牢黑元武黄司命黄勾陈黑
道　道　道　道　道　道　道　道　道　道　道　道
太乙星贵人星天刑星天讼星福德星宝光星天杀星少微星锁神星天狱星凤辇星地狱星
天贵星明辅星时破　截路空亡　月仙星天德星孤辰　天开星时建　日仙星天罡
寡宿　五不遇截路空亡　福星贵人　河魁　五不遇　五不遇时害
五不遇　旬中空亡十恶大败
旬中空亡

癸酉

司命黄勾陈黑青龙黄明堂黄天刑黑朱雀黑金匮黄天德黄白虎黑玉堂黄天牢黑元武黑
道　道　道　道　道　道　道　道　道　道　道　道
凤辇星地狱星太乙星贵人星天刑星天讼星福德星宝光星天杀星少微星锁神星天狱星
日仙星寡宿　天贵星明辅星五不遇　月仙星天德星　天开星时害　旬中空亡
八禄　五不遇　时破　天乙贵人孤辰　时建　五不遇
河魁　截路空亡　天罡　五不遇　旬中空亡
截路空亡

甲戌

天牢黑元武黑司命黄勾陈黑青龙黄明堂黄天刑黑朱雀黑　金匮黄天德黄白虎黑玉堂黄
道　道　道　道　道　道　道　道　道驿马道宝光道　道
锁神星天狱星凤辇星地狱星太乙星贵人星天刑星天讼星　福德星天德星天杀星少微星
天罡　日仙星　天贵星明辅星　河魁　月仙星天官贵人时建　天开星
福星贵人　时破　旬中空亡五不遇
八禄　五不遇旬中空亡
寡宿　截路空亡截路空亡

时　子丑寅卯辰巳午未申酉戌亥

乙亥

白虎黑玉堂黄天牢黑元武黑司命黄勾陈黑青龙黄明堂黄天刑黑朱雀黑金匮黄天德黄
道　道　道　道　道　道　道　道　道　道　道　道
天杀星少微星锁神星天狱星凤辇星地狱星太乙星贵人星天刑星天讼星福德星宝光星
天开星河魁　寡宿　日仙星时破　天贵星明辅星天罡　孤辰　月仙星天德星
福星贵　截路空亡截路空亡时害　五不遇　时建
人　五不遇旬中空亡
旬中空亡

丙子

金匮黄天德黄白虎黑玉堂黄天牢黑元武黑司命黄勾陈黑青龙黄明堂黄天刑黑朱雀黑
道　道　道　道　道　道　道　道　道　道　道　道
福德星宝光星天杀星少微星锁神星天狱星凤辇星地狱星太乙星贵人星天刑星天讼星
月仙星天德星　天开星寡宿　截路空亡日仙星时害　天贵星明辅星孤辰　五不遇
天官贵人　天罡　截路空亡　旬中空亡旬中空亡
福星贵人
五不遇

丁丑

天刑黑朱雀黑金匮黄天德黄白虎黑玉堂黄天牢黄元武黑司命黄勾陈黑青龙黄明堂黄
道　道　道　道　道　道　道　道　道　道　道　道
天刑星天讼星福德星宝光星天杀星少微星锁神星天狱星凤辇星地狱星太乙星贵人星
五不遇时建　月仙星天德星河魁　天德星时害　时破　日仙星旬中空亡天贵星明辅星
截路空亡截路空亡　寡宿　旬中空亡　天罡　天官贵人
福星贵人
驿马

时	戊寅	己卯	庚辰
子	青龙黄道 太乙星 天贵星 孤辰 截路空亡	司命黄道 凤辇星 日仙星 天罡	天牢黑道 锁神星
丑	明堂黄道 贵人星 明辅星 截路空亡	勾陈黑道 地狱星 孤辰	元武黑道 天狱星 河魁
寅	天刑黑道 天刑星 时建 五不遇	青龙黄道 太乙星 天贵星 天官贵人 五不遇	司命黄道 凤辇星 日仙星 孤辰
卯	朱雀黑道 天讼星 五不遇	明堂黄道 贵人星 明辅星 时建 五不遇	勾陈黑道 地狱星 时害
辰	金匮黄道 福德星 月仙星	天刑黑道 天刑星 时害	青龙黄道 太乙星 天贵星 时建
巳	天德黄道 宝光星 天德星 八禄 天罡	朱雀黑道 天讼星	明堂黄道 贵人星 明辅星 五不遇
午	白虎黑道 天杀星 寡宿	金匮黄道 福德星 月仙星 八禄 河魁	天刑黑道 天刑星 五不遇 截路空亡
未	玉堂黄道 少微星 天开星	天德黄道 宝光星 天德星 福星角人 人 寡宿	朱雀黑道 天讼星 天罡 截路空亡
申	天牢黑道 锁神星 时破 旬中空亡	白虎黑道 天杀星 旬中空亡 截路空亡	金匮黄道 福德星 月仙星 八禄 旬中空亡 十恶大败
酉	元武黑道 天狱星 旬中空亡	玉堂黄道 少微星 天开星 时破 旬中空亡 截路空亡	天德黄道 宝光星 天德星 旬中空亡
戌	司命黄道 凤辇星 日仙星	天牢黑道 锁神星	白虎黑道 天杀星 时破
亥	勾陈黑道 地狱星 河魁	元武黑道 天狱星	玉堂黄道 少微星 天开星

时	子	丑	寅	卯	辰	巳	午	未	申	酉	戌	亥
辛巳	白虎黑	玉堂黄	天牢黑	元武黑	司命黄	勾陈黑	青龙黄	明堂黄	天刑黑	朱雀黑	金匮黄	天德黄
	道	道	道	道	道	道	道	道	道	道	道	道
	天杀星	少微星	锁神星	天狱星	凤辇星	天狱星	太乙星	贵人星	天刑星	天讼星	福德星	宝光星
		天开星	天罡	孤辰	日仙星	时建	天贵星	明辅星	河魁	寡宿	月仙星	天德星
			时害		截路空亡	五不遇	五不遇		旬中空亡			驿马
						截路空亡						时破
壬午	金匮黄	天德黄	白虎黑	玉堂黄	天牢黑	元武黑	司命黄	勾陈黑	青龙黄	明堂黄	天刑黑	朱雀黑
	道	道	道	道	道	道	道	道	道	道	道	道
	福德星	宝光星	天杀星	少微星	锁神星	天狱星	凤辇星	地狱星	太乙星	贵人星	天刑星	天讼星
	月仙星	天德星	截路空亡	天开星	孤辰		日仙星	五不遇	天贵星	明辅星	寡宿	
	时破	时害		河魁	五不遇		天官贵人		驿马	天罡	五不遇	
		五不遇		截路空亡			时建		旬中空亡	旬中空亡		
癸未	天刑黑	朱雀黑	金匮黄	天德黄	白虎黑	玉堂黄	天牢黑	元武黑	司命黄	勾陈黑	青龙黄	明堂黄
	道	道	道	道	道	道	道	道	道	道	道	道
	天刑星	天讼星	福德星	宝光星	天杀星	少微星	锁神星	天狱星	凤辇星	天狱星	太乙星	贵人星
	时害	时破	月仙星	天德星	天罡	天开星		时建	日仙星	旬中空亡	天贵星	明辅星
	截路空亡	五不遇			五不遇	天官贵人		五不遇	旬中空亡		河魁	寡宿
		截路空亡				驿马						
						孤辰						

时　子丑寅卯辰巳午未申酉戌亥

甲申

青龙黄明堂黄天刑黑朱雀黑金匮黄天德黄白虎黑玉堂黄天牢黑元武黑司命黄勾陈黑
道　道　道　道　道　道　道　道　道　道　道　道
太乙星贵人星天刑星天讼星福德星宝光星天杀星少微星锁神星天狱星凤辇星地狱星
天贵星明辅星时破　月仙星天德星孤辰　天开星时建　五不遇日仙星天罡
福星贵人　河魁　旬中空亡旬中空亡五不遇截路空亡　时害
寡宿　截路空亡

乙酉

司命黄勾陈黑青龙黄明堂黄天刑黑朱雀黑金匮黄天德黄白虎黑玉堂黄天牢黑元武黑
道　道　道　道　道　道　道　道　道　道　道　道
凤辇星地狱星太乙星贵人星天刑星天讼星福德星宝光星天杀星少微星锁神星天狱星
日仙星寡宿　天贵星明辅星　月仙星天德星五不遇天开星时害
河魁　八禄　天罡　孤辰　时建
时破　旬中空亡旬中空亡　五不遇
截路空亡截路空亡

丙戌

天牢黑元武黑司命黄勾陈黑青龙黄明堂黄天刑黑朱雀黑金匮黄天德黄白虎黑玉堂黄
道　道　道　道　道　道　道　道　道　道　道　道
锁神星天狱星凤辇星地狱星太乙星贵人星天刑星天讼星福德星宝光星天杀星少微星
五不遇天罡　日仙星　天贵星明辅星旬中空亡　河魁　月仙星天德星时建　天开星
寡宿　时破　八禄　旬中空亡驿马　时害　五不遇
截路空亡截路空亡　孤辰

时	丁亥	戊子	巳丑
子	白虎黑道 天杀星	金匮黄道 福德星 月仙星 时建 截路空亡	天刑黑道 天刑星
丑	玉堂黄道 少微星 天开星	天德黄道 宝光星 天德星 截路空亡	朱雀黑道 天讼星 时建
寅	天牢黑道 锁神星 河魁 截路空亡	白虎黑道 天杀星 五不遇	金匮黄道 福德星 月仙星 天官贵人 五不遇
卯	元武黑道 天狱星 寡宿 截路空亡	玉堂黄道 少微星 天开星 天官贵人 天罡 五不遇	天德黄道 宝光星 天德星 五不遇
辰	司命黄道 凤辇星 日仙星	天牢黑道 锁神星 寡宿	白虎黑道 天杀星 河魁
巳	勾陈黑道 地狱星 时破	元武黑道 天狱星	玉堂黄道 少微星 天开星 寡宿
午	青龙黄道 太乙星 天贵星 旬中空亡 十恶大败	司命黄道 凤辇星 日仙星 时破 旬中空亡	天牢黑道 锁神星 时害 旬中空亡
未	明堂黄道 贵人星 明辅星 旬中空亡	勾陈黑道 地狱星 时害 旬中空亡	元武黑道 天狱星 时破 旬中空亡
申	天刑黑道 天刑星 天罡 时害	青龙黄道 太乙星 天贵星 福星贵人	司命黄道 凤辇星 日仙星 截路空亡
酉	朱雀黑道 天讼星 孤辰	明堂黄道 贵人星 明辅星 河魁	勾陈黑道 地狱星 截路空亡
戌	金匮黄道 福德星 月仙星	天刑黑道 天刑星 孤辰	青龙黄道 太乙星 天贵星 天罡
亥	天德黄道 宝光星 天德星 天官贵人 福星贵人 时建	朱雀黑道 天讼星	明堂黄道 贵人星 明辅星 驿马 孤辰

时　子丑寅卯辰巳午未申酉戌亥

庚寅

青龙黄明堂黄天刑黑朱雀黑金匮黄天德黄白虎黑玉堂黄天牢黑元武黑司命黄勾陈黑
道　道　道　道　道　道　道　道　道　道　道　道
太乙星贵人星天刑星天讼星福德星宝光星天杀星少微星锁神星天狱星凤辇星地狱星
天贵星明辅星时建　月仙星天德星寡宿　天开星时破　日仙星河魁
孤辰　天罡　五不遇旬中空亡
五不遇旬中空亡截路空亡
截路空亡

辛卯

司命黄勾陈黑青龙黄明堂黄天刑黑朱雀黑金匮黄天德黄白虎黑玉堂黄天牢黑元武黑
道　道　道　道　道　道　道　道　道　道　道　道
凤辇星地狱星太乙星贵人星天刑星天讼星福德星宝光星天杀星少微星锁神星天狱星
日仙星孤辰　天贵星明辅星时害　五不遇月仙星天德星　天开星
天罡　时建　截路空亡截路空亡五不遇旬中空亡　八禄
旬中空亡　时破
河魁

壬辰

天牢黑元武黑司命黄勾陈黑青龙黄明堂黄天刑黑朱雀黑金匮黄天德黄白虎黑玉堂黄
道　道　道　道　道　道　道　道　道　道　道　道
锁神星天狱星凤辇星地狱星太乙星贵人星天刑星天讼星福德星宝光星天杀星少微星
河魁　日仙星时害　天贵星明辅星旬中空亡天罡　月仙星天德星时破　天开星
五不遇驿马　截路空亡福星贵人　五不遇寡宿　五不遇八禄
孤辰　时建　旬中空亡
截路空亡　五不遇

时　子丑寅卯辰巳午未申酉戌亥

癸巳

白虎黑玉堂黄天牢黑元武黑司命黄勾陈黑青龙黄明堂黄天刑黑朱雀黑金匮黄天德黄
道　道　道　道　道　道　道　道　道　道　道　道
天杀星少微星锁神星天狱星凤辇星地狱星太乙星贵人星天刑星天讼星福德星宝光星
截路空亡天开星天罡　孤辰　日仙星时建　天贵星明辅星河魁　寡宿　月仙星天德星
福星贵人时害　五不遇　旬中空亡五不遇　五不遇时破
五不遇　旬中空亡
截路空亡

甲午

金匮黄天德黄白虎黑玉堂黄天牢黑元武黑司命黄勾陈黑青龙黄明堂黄天刑黑朱雀黑
道　道　道　道　道　道　道　道　道　道　道　道
福德星宝光星天杀星少微星锁神星天狱星凤辇星地狱星太乙星贵人星天刑星天讼星
月仙星天德星　天开星孤辰　旬中空亡日仙星　天贵星明辅星寡宿
福星贵人时害　河魁　旬中空亡　时建　驿马　天官贵人
时破　五不遇五不遇
截路空亡截路空亡

乙未

天刑黑朱雀黑金匮黄天德黄白虎黑玉堂黄天牢黑元武黑司命黄勾陈黑青龙黄明堂黄
道　道　道　道　道　道　道　道　道　道　道　道
天刑星天讼星福德星宝光星天杀星少微星锁神星天狱星凤辇星地狱星太乙星贵人星
时害　时破　月仙星天德星大罡　天开星截路空亡时建　日仙星五不遇天贵星明辅星
八禄　旬中空亡驿马　截路空亡五不遇　河魁　寡宿
旬中空亡
孤辰

时	丙申	丁酉	戊戌
子	青龙黄 道太乙 天贵星 天官贵人 福德贵人 五不遇 寡宿	司命黄 道 凤辇星 日仙星 五不遇 河魁	天牢黑 道 锁神星 截路空亡
丑	明堂黄 道 贵人星 明辅星	勾陈黑 道 地狱星 寡宿	元武黑 道 天狱星 天罡 截路空亡
寅	天刑黑 道 天刑星 时破	青龙黄 道 太乙星 天贵星 截路空亡	司命黄 道 凤辇星 日仙星 寡宿 五不遇
卯	朱雀黑 道 天讼星	明堂黄 道 贵人星 明辅星 时破 截路空亡	勾陈黑 道 地狱星 五不遇
辰	金匮黄 道 福德星 月仙星 旬中空亡 截路空亡	天刑黑 道 天刑星 旬中空亡	青龙黄 道 太乙星 天贵星 时破 旬中空亡
巳	天德黄 道八禄 宝光星 天德星 旬中空亡 截路空亡 十恶大败	朱雀黑 道 天讼星 旬中空亡	明堂黄 道 贵人星 明辅星 八禄 旬中空亡 十恶大败
午	白虎黑 道 天杀星 孤辰	金匮黄 道 福德星 月仙星 八禄 天罡	天刑黑 道 天刑星
未	玉堂黄 道 少微星 天开星	天德黄 道 宝光星 天德星 孤辰	朱雀黑 道 天讼星 河魁
申	天牢黑 道 锁神星 时建	白虎黑 道 天杀星	金匮黄 道 福德星 月仙星 福德贵人 驿马 孤辰
酉	元武黑 道 天狱星	玉堂黄 道 少微星 天开星 时建	天德黄 道 宝光星 天德星 时害
戌	司命黄 道 凤辇星 日仙星	天牢黑 道 锁神星 时害	白虎黑 道 天杀星 时建
亥	勾陈黑 道 地狱星 天罡 时害 五不遇	元武黑 道 天狱星 五不遇	玉堂黄 道 少微星 天开星

时	子丑寅卯辰巳午未申酉戌亥
巳亥	白虎黑玉堂黄天牢黑元武黑司命黄勾陈黑青龙黄明堂黄天刑黑朱雀黑金匮黄天德黄 道　道　道　道　道　道　道　道　道　道　道　道 天杀星少微星锁神星天狱星凤辇星地狱星太乙星贵人星天刑星天讼星福德星宝光星 天开星河魁　寡宿　日仙星时破　天贵星明辅星天罡　孤辰　月仙星天德星 五不遇五不遇旬中空亡旬中空亡八禄　福星贵时害　截路空亡　时建 人　截路空亡
庚子	金匮黄天德黄白虎黑玉堂黄天牢黑元武黑司命黄勾陈黑青龙黄明堂黄天刑黑朱雀黑 道　道　道　道　道　道　道　道　道　道　道　道 福德星宝光星天杀星少微星锁神星天狱星凤辇星地狱星太乙星贵人星天刑星天讼星 月仙星天德星　天开星寡宿　五不遇天官贵人时害　天贵星明辅星孤辰 时建　天罡　旬中空亡旬中空亡福星贵人截路空亡八禄　河魁 五不遇 截路空亡
辛丑	天刑黑朱雀黑金匮黄天德黄白虎黑玉堂黄天牢黑元武黑司命黄勾陈黑青龙黄明堂黄 道　道　道　道　道　道　天开道　道　道　道　道　道 天刑星天讼星福德星宝光星天杀星少微星锁神星天狱星凤辇星地狱星太乙星贵人星 时建　月仙星天德星河魁　天官贵人时害　时破　日仙星　天贵星明辅星 旬中空亡福星贵人五不遇　驿马 截路空亡五不遇　孤辰 同上空亡

时：子 丑 寅 卯 辰 巳 午 未 申 酉 戌 亥

壬寅

青龙黄明堂黄天刑黑朱雀黑金匮黄天德黄白虎黑玉堂黄天牢黑元武黑司命黄勾陈黑
道 道 道 道 道 道 道 道 道 道 道 道
太乙星贵人星天刑星天讼星福德星宝光星天杀星少微星锁神星天狱星凤辇星地狱星
天贵星明辅星时建 截路空亡月仙星天德星寡宿 天开星时破 日仙星河魁
孤辰 五不遇截路空亡 福星贵人旬中空亡 五不遇 五不遇
五不遇天罡
旬中空亡时害

癸卯

司命黄勾陈黑青龙黄明堂黄天刑黑朱雀黑金匮黄天德黄白虎黑玉堂黄天牢黑元武黑
道 道 道 道 道 道 道 道 道 道 道 道
凤辇星地狱星太乙星贵人星天刑星天讼星福德星宝光星天杀星少微星锁神星天狱星
日仙星孤辰 天贵星明辅星时害 旬中空亡月仙星天德星 天开星五不遇
八禄 五不遇 时建 五不遇 河魁 寡宿 时破
天罡 截路空亡 旬中空亡 五不遇
截路空亡

甲辰

天牢黑元武黑司命黄勾陈黑青龙黄明堂黄天刑黑朱雀黑金匮黄天德黄白虎黑玉堂黄
道 道 道 道 道 道 道 道 道 道 道 道
锁神星天狱星凤辇星地狱星太乙星贵人星天刑星天讼星福德星宝光星天杀星少微星
河魁 日仙星时害 天贵星明辅星 天罡 月仙星天德星时破 天开星
福星贵人旬中空亡时建 五不遇天官贵人
旬中空亡 截路空亡五不遇
十恶大败 截路空亡

时 子丑寅卯辰巳午未申酉戌亥

乙巳

白虎黑玉堂黄天牢黑元武黑司命黄勾陈黑青龙黄明堂黄天刑黑朱雀黑金匮黄天德黄
道 道 道 道 道 道 道 道 道 道 道 道
天杀星少微星锁神星天狱星凤辇星地狱星太乙星贵人星天刑星天讼星福德星宝光星
天开星天罡 孤辰 日仙星时建 天贵星明辅星河魁 寡宿 月仙星天德星
福星贵时害 旬中空亡 截路空亡截路空亡五不遇五不遇 驿马
人 旬中空亡十恶大败 时破

丙午

金匮黄天德黄白虎黑玉堂黄天牢黑元武黑司命黄勾陈黑青龙黄明堂黄天刑黑朱雀黑
道月仙道 道 道 道 道 道 道 道 道 道 道
福德星宝光星天杀星少微星锁神星天狱星凤辇星地狱星太乙星贵人星天刑星天讼星
天官贵人天德星旬中空亡天开星孤辰 截路空亡日仙星 天贵星明辅星寡宿 五不遇
福星贵人时害 河魁 截路空亡 时建 驿马 天罡
五不遇 旬中空亡
时破

丁未

天刑黑朱雀黑金匮黄天德黄白虎黑玉堂黄天牢黑元武黑司命黄勾陈黑青龙黄明堂黄
道 道 道 道 道 道 道 道 道 道 道 道
天刑星天讼星福德星宝光星天杀星少微星锁神星天狱星凤辇星地狱星太乙星贵人星
时害 时破 月仙星天德星天罡 天开星 时建 日仙星 天贵星明辅星
五不遇 旬中空亡旬中空亡 驿马 河魁 天官贵人
截路空亡截路空亡 孤辰 福星贵人
五不遇

时	戊申	巳酉	庚戌
子丑寅卯辰巳午未申酉戌亥	青龙黄明堂黄天刑黑朱雀黑金匮黄天德黄白虎黑玉堂黄天牢黑元武黑司命黄勾陈黑 道　道　道　道　道　道　道　道　道　道　道　道 太乙星贵人星天刑星天讼星福德星宝光星天杀星少微星锁神星天狱星日仙星地狱星 天贵星明辅星时破　五不遇月仙星天德星孤辰　天开星时建　凤辇星天罡 寡宿　截路空亡五不遇旬中空亡　八禄　时害 截路空亡　旬中空亡　河魁	司命黄勾陈黑青龙黄明堂黄天刑黑朱雀黑金匮黄天德黄白虎黑玉堂黄天牢黑元武黑 道　道　道　道　道　道　道　道　道　道　道　道 凤辇星地狱星太乙星贵人星天刑星天讼星福德星宝光星天杀星少微星锁神星天狱星 日仙星寡宿　天贵星明辅星　八禄　天德星截路空亡天开星时害 河魁　天官贵人时破　月仙星福星贵人　时建 五不遇旬中空亡　天罡　孤辰　截路空亡 旬中空亡五不遇	天牢黑元武黑司命黄勾陈黑青龙黄明堂黄天刑黑朱雀黑金匮黄天德黄白虎黑玉堂黄 道　道　道　道　道　道　道　道　道　道　道　道 锁神星天狱星凤辇星地狱星太乙星贵人星天刑星天讼星福德星宝光星天杀星少微星 天罡　日仙星旬中空亡天贯星明辅星五不遇河魁　月仙星天德星时建　天开星 旬中空亡　时破　五不遇截路空亡截路空亡八禄　时害 寡宿　驿马 孤辰

时：子丑寅卯辰巳午未申酉戌亥

辛亥

白虎黑玉堂黄天牢黑元武黑司命黄勾陈黑青龙黄明堂黄天刑黑朱雀黑金匮黄天德黄
道　道　道　道　道　道　道　道　道　道　道　道
天杀星少微星锁神星天狱星凤辇星地狱星太乙星贵人星天刑星天讼星福德星宝光星
天开星河魁　寡宿　日仙星时破　天贵星明辅星天罡　孤辰　月仙星天德星
旬中空亡旬中空亡截路空亡五不遇五不遇　时害　时建
截路空亡

壬子

金匮黄天德黄白虎黑玉堂黄天牢黑元武黑司命黄勾陈黑青龙黄明堂黄天刑黑朱雀黑
道　道　道　道　道　道　道　道　道　道　道　道
福德星宝光星天杀星天开星锁神星天狱星凤辇星地狱星太乙星贵人星天刑星天讼星
月仙星天德星旬中空亡少微星寡宿　日仙星时害　天贵星明辅星孤辰
时建　五不遇截路空亡天罡　五不遇　天官贵人五不遇　河魁　五不遇
旬中空亡　时破
截路空亡

癸丑

天刑黑朱雀黑金匮黄天德黄白虎黑玉堂黄天牢黑元武黑司命黄勾陈黑青龙黄明堂黄
道　道　道　道　道　道　道　道　道　道　道　道
天刑星天讼星福德星宝光星天杀星少微星锁神星天狱星凤辇星地狱星太乙星贵人星
截路空亡时建　月仙星天德星河魁　天开星时害　时破　日仙星　天贵星明辅星
五不遇天官贵人旬中空亡五不遇寡宿　五不遇　天罡　驿马
截路空亡旬中空亡　五不遇孤辰

时　子丑寅卯辰巳午未申酉戌亥

甲寅

青龙黄明堂黄天刑黑朱雀黑金匮黄天德黄白虎黑玉堂黄天牢黑元武黑司命黄勾陈黑
道　道　道　道　道　道　道　道　道　道　道　道
太乙星贵人星天刑星天讼星福德星宝光星天杀星少微星锁神星天狱星凤辇星地狱星
天贵星明辅星时建　月仙星天德星寡宿　天开星时破　载路空亡月仙星河魁
福星贵人旬中空亡　时害　截路空亡五不遇
孤辰　五不遇
旬中空亡

乙卯

司命黄勾陈黑青龙黄明堂黄天刑黑朱雀黑金匮黄天德黄白虎黑玉堂黄天牢黑元武黑
道　道　道　道　道　道　道　道　道　道　道　道
凤辇星地狱星太乙星贵人星天刑星天讼星福德星宝光星天杀星少微星锁神星天狱星
日仙星孤辰　天贵星明辅星时害　月仙星天德星五不遇天开星
天罡　旬中空亡　八禄　河魁　截路空亡　时破
旬中空亡　时建　截路空亡寡宿　五不遇

丙辰

天牢黑元武黑司命黄勾陈黑青龙黄明堂黄天刑黑朱雀黑金匮黄天德黄白虎黑玉堂黄
道　道　道　道　道　道　道　道　道　道　道　道
锁神星天狱星凤辇星地狱星太乙星贵人星天刑星天讼星福德星宝光星天杀星少微星
五不遇河魁　日仙星时害　天贵星明辅星　天罡　月仙星天德星时破　天开星
旬中空亡旬中空亡福星贵人　截路空亡八禄　寡宿　五不遇
驿马　时建　截路空亡
孤辰

时　子丑寅卯辰巳午未申酉戌亥

丁巳

白虎黑玉堂黄天牢黑元武黑司命黄勾陈黑青龙黄明堂黑天刑黑朱雀黑金匮黄天德黄
道　道　道　道　道　道　道　道　道　道　道　道宝光
天杀星少微星锁神星天狱星凤辇星地狱星太乙星贵人星天刑星天讼星福德星天德星
五不遇天开星天罡　孤辰　月仙星时建　天贵星明辅星河魁　寡宿　月仙星天官贵人
旬中空亡旬中空亡时害　截路空亡　八禄　福星贵人
截路空亡　五不遇
时破

戊午

金匮黄天德黄白虎黑玉堂黄天牢黑元武黑司命黄勾陈黑青龙黄明堂黄天刑黑朱雀黑
道　道　道　道　道　道　道　道　道　道　道　道
福德星宝光星天杀星少微星锁神星天狱星凤辇星地狱星太乙星贵人星天刑星天讼星
月仙星天德星五不遇天开星孤辰　日仙星　天贵星明辅星寡宿
旬中空亡旬中空亡　天官贵人　时建　福星贵人天罡
截路空亡截中空亡　五不遇　驿马
时破　河魁

己未

天刑黑朱雀黑金匮黄天德黄白虎黑玉堂黄天牢黑元武黑司命黄勾陈黑青龙黄明堂黄
道　道　道　道　道　道　道　道　道　道　道　道
天刑星天讼星福德星宝光星天杀星少微星锁神星天狱星凤辇星地狱星太乙星贵人星
时害　时破　月仙星天德星天罡　天开星　时建　日仙星截路空亡天贯星明轴星
旬中空亡旬中空亡天官贵人五不遇　驿马　截路空亡　河魁　寡宿
五不遇　孤辰

时	子丑寅卯辰巳午未申酉戌亥
庚申	青龙黄明堂黄天刑黑朱雀黑金匮黄天德黄白虎黑玉堂黄天牢黑元武黑司命黄勾陈黑 道　道　道　道　道　道　道　道　道　道　道　道 太乙星贯人星天刑星天讼星福德星宝光星天杀星少微星锁神星天狱星凤辇星地狱星 天贵星明辅星时破　　　月仙星天德星孤辰　天开星时建　　　日仙星天罡 旬中空亡旬中空亡　　　河魁　五不遇截路空亡　　　时害 寡宿　　　五不遇截路空亡
辛酉	司命黄勾陈黑青龙黄明堂黄天刑黑朱雀黑金匮黄天德黄白虎黑玉堂黄天牢黑元武黑 道　道　道　道　道　道　道　道　道　道　道　道 凤辇星地狱星太乙星贵人星天刑星天讼星福德星宝光星天杀星少微星锁神星天狱星 日仙星寡宿　天贵星明辅星截路空亡五不遇月仙星天德星　天开星时害 河魁　旬中空亡　时破　截路空亡五不遇孤辰　八禄 旬中空亡　时建
壬戌	天牢黑元武黑司命黄勾陈黑青龙黄明堂黄天刑黑朱雀黑金匮黄天德黄白虎黑玉堂黄 道　道　道　道　道　道　道　道　道　道　道　道 锁神星天狱星凤辇星地狱星太乙星贵人星天刑星天讼星福德星宝光星天杀星少微星 旬中空亡天罡　日仙星截路空亡天贵星明辅星　河魁　月仙星天德星时建　天开星 五不遇寡宿　福星贵人　五不遇驿马　时害　五不遇八禄 旬中空亡截路空亡　五不遇　孤辰 时破
癸亥	白虎黑玉堂黄天牢黑元武黑司命黄勾陈黑青龙黄明堂黄天刑黑朱雀黑金匮黄天德黄 道　道　道　道　道　道　道　道　道　道　道　道 天杀星少微星锁神星天狱星凤辇星地狱星太乙星贵人星天刑星天讼星福德星宝光星 旬中空亡天开星河魁　寡宿　日仙星时破　天贵星明辅星天罡　孤辰　月仙星天德星 截路空亡福星贵人　五不遇　五不遇时害　五不遇时建 十恶大败五不遇 同上二空亡

卷四　选择汇考四

臞仙肘后经二

择日断例[①]

莅政类

施恩封拜：宜甲子丙寅、丁卯庚午、丙子戊寅、壬午甲申、戊子辛卯、癸巳丁酉、己亥庚子、壬寅癸卯、辛亥壬子、丁巳戊午、庚申黄道。大明天恩、天赦天德、岁德月德、阴德阳德、时德福德、荣官旺日、天月二德合。

袭爵受封：与施恩封拜同。

上官到任：宜甲子丙寅、丁卯戊辰、己巳庚午、乙亥丙子、己卯壬午、甲申乙酉、丙戌戊子、癸巳己亥、庚子壬寅、丙午戊申、庚戌辛亥、壬子癸丑、庚申辛酉、天赦天恩、黄道上吉，天月二德，及合活曜吉期，成勋旺日，天庆吉庆成开日。已上三条俱忌受死伏断，九丑灭没，赤口上朔，九土鬼，四不祥，天休废，阴阳错，冰消瓦解，本命对冲，猖鬼败亡，天空亡。本命支干对冲，不可上官。如甲与庚冲，子与午冲。甲子生人，忌庚午日是也。余皆仿此。

甲冲庚，乙冲辛，丙冲壬，丁冲癸，戊己[②]，子冲午，丑冲未，寅冲申，卯冲酉，辰冲戌，巳冲亥。

---

① 凡择日时，当于上卷天运图内择取吉神，合其日时用之。

② 无冲。

天地空亡例

辰	午	未
巳	空天	申
卯		酉
丑	子	戌
寅	空地	亥

此例取日不取时，逐年各从太岁，上起正月，如子年于子上起正月。月上起初一二日，丑寅上顺行，如丑寅年于丑寅上起正月初一二日，卯上顺行，遇子地空亡，遇午天空亡，余仿此。

求贤：宜阳德阴德，天月二德，及二德合岁德时德福德。

上册进表章：宜乙丑、丙寅、丁卯、丙子、丁丑、壬午、庚寅、壬辰、甲午、丁酉、庚子、壬寅、丙午、戊申、庚戌、壬子、甲寅、丙辰、庚申。忌建、破、魁、罡、受、死反支日。初一日戌亥，本日反支。初一日申酉，初二日反支。初一日午未，初三日反支。初一日辰巳，初四日反支。初一日寅卯，初五日反支。初一日子丑，初六日反支。

赴举：宜黄道天官天成，贵人吉人，上官玉堂，荣官旺日，天月二德三合。忌黑道官符死炁，灭没十恶，无禄天休，废四不祥，猖鬼败亡，阴错阳差。

给由考满：致仕归老同。宜黄道天成天福，天恩要安，天解益后，续世生炁，成勋守成，福厚复日。忌九土鬼十恶大败，天地殃败，冰消瓦解，死别死气。

替职：宜黄道执储生炁，天福旺日，守成福生，要安续世，益后成勋成定日。忌五离八绝，绝阴绝阳，十恶无禄，大小空亡日。

见官：宜黄道上官天官，贵人天喜天月，德人民合阴阳合日。

检举：宜大明天赦，天恩天解，解神圣心普护，阴阳合，人民合。

服罪：宜天恩天赦，天喜贵人，天佑解神，天解狱钥，要安普护。

谢恩：宜天恩天赦，天喜天月二德，二德合。

前四条俱忌上帝杀害罪，至罪刑狱日牢日，徒隶伏罪致死，官符死炁，咸池赤口，一切凶日。

拟讼：宜天月二德，二德合定成日。忌勾绞癸日上诉下，用天干克地支日下诉上，用地支克天干日，如和解用天解天赦，天恩天喜开除支干相生日。

罪人赴官：宜活曜天恩，天赦天解，生气狱钥，天月二德，乙巳丙辰丁巳除日。

前二条俱忌罪至分骸，抱形伏罪，不举狱日。

元门类①

建天醮祀上帝：宜甲子，乙丑，庚午，甲戌，乙亥，丁丑，戊寅，甲申，乙酉，甲午，乙未，庚子，辛丑，癸卯，己酉，乙卯，己未，庚申，黄道神在福生，天月二德，天解普护，敬心成开日，及三元八节，三会五腊之日。忌魁罡龙虎，受死天神，鬼隔破戊日。桑门用丑卯巳未酉亥日祀佛吉。

飞神谒帝奏表进章时：用天门开时，阳日阴时，开阳时闭，子寅辰午申戌为阳日。阴日阳时，开阴时闭，丑卯巳未酉亥为阴日。

祈祷：宜庚申，丁卯，己卯，己巳，甲申，乙酉，壬申，开日忌甲子风伯死日。

受天箓：宜三元及庚申甲子本命日。桑门受戒用守日，敬心，成开日。

法官奏名传度：宜庚申甲子黄道成开日。桑门传衣钵同。

剖符破券拨将交雷传法：宜黄道神在三帝星，天月二德，益后续世守成，五帝生日，老君乙酉，祖天师己丑，许真君辛卯，叶靖庚申，吴真君丁卯，元皇张赵甲申乙酉，董仲己卯，三元丙辰，皆古传法日。前二条俱忌六不成，隔绝破日。

造雷旗印剑令牌天蓬尺：宜三帝星及天地转杀日。

驱雷霆斩馘邪精：宜天地转杀日，忌天神隔日

入室坐圜：宜甲寅乙卯日月合，丙寅丁卯阴阳合，上吉，黄道甲子庚申成开日，忌天隔神隔，六不成，建破魁罡，桑门坐禅用月空守日闭日，忌建破魁罡。

炼丹点黄白：作六乙泥同，宜庚寅辛卯金石合，平定成开甲子，显曲传三星，上吉，黄道生炁神在，天月二德，二德合紫微幽微少微，天恩天成，吉庆成定日。忌庚申辛酉金石，离火隔焦，坎破日四废六不成。春戊辰，春丁巳戊申己巳丑未辰，秋戊戌己亥庚子辛亥，冬戊寅己卯癸酉未戌，及壬丙戊丁亥，逢土戊癸辛巳，逢建及日杀

① 桑门附。

反支收闭，晦朔上朔，八绝往亡，留后日皆凶，炼丹难成。

铸丹鼎：宜申子六六之首阳，择黄道神在金石合，成日吉星多日。忌六不成，焦坎金石，离火隔破日。

建丹灶：炉同。六戊日取勾陈阳土，六甲日伐青龙阳木，六丙日用朱雀阳火，六庚日用白虎阳金，六壬日决元武阳水，乃以五行合阳土筑坛砌灶。

铸炼丹三元宝照：炉同。天照与铸鼎同，地照壬子日，太阴望中铸，人照丙午日，太阳中时铸。凡炼太丹，无此不能威伏鬼神，以合天地之灵。

云游：宜三月七日吉，其他月保义专日吉，制罚日凶。丁丑、丙戌、甲午、庚子、壬寅、癸卯、乙巳、丁未、戊申、己酉、辛亥、丙辰，此是保日吉。甲子、丙寅、丁卯、己巳、辛未、壬申、癸酉、乙亥、庚辰、辛丑、庚戌、戊午，此是义日吉。戊辰、己丑、戊戌、丙午、壬子、甲寅、乙卯、丁巳、己未、庚申、辛酉、癸亥，此是专日吉。乙丑、甲戌、壬午、戊子、癸巳、甲辰、庚寅、辛卯、乙未、丙申、丁酉、己亥，此是制日凶。庚午、丙子、戊寅、己卯、辛巳、癸未、甲申、乙酉、丁亥、壬辰、癸丑、壬戌，此是罚日凶。桑门游方与出行同见出行类。

入山采药：宜天仓地仓开日，正月一日，二月二十五，三月二十，四月十六，五月十一，六月六，七月二，八月二十五，九月二十一，十月十六，十一月十一，十二月六，此是天仓开日。正月子，二月丑，三月寅，四月卯，五月辰，六月巳，七月午，八月未，九月申，十月酉，十一月戌，十二月亥，此是地仓开日。春秋不入东西山，夏冬不入南北山。

入山求仙：初欲入山，当以天心日六己时。天心日者，寅日是也；六己时者，己巳、己卯、己丑、己亥、己酉、己未，是也。初出当须此日，又入名山常用甲子开除日，以五色缯各五寸，安大石上，所作事必得。初行避三庚三辛三壬，庚者，庚日庚时入庚地是也，三辛三壬皆同。

募缘：宜六合月，财天财地财天，富天贵天恩天，喜禄库天月德成满日。忌空亡赤口，六不成，天耗地耗，鬼贼破败，四方耗日。桑门化缘同。

挂幡：宜福生普护，敬心七圣，三元八节之日。忌空亡死炁，鬼神隔日。桑门挂幡同。

仙官言善：宜三元节日及朔旦望日。

出家披戴：宜天德月德，天德合，月德合，天恩黄道福生，神在生炁，益后续世，上吉次吉，除满定执成开日。桑门披剃，受法各去姓氏，削须发，宜阴阳，离人民，离毁形，断臂然，香刺血，宜伏断破除日。

求师：宜上吉黄道，续世益后。桑门同。

雕刻塑绘神像起手开光：宜乙未、癸未、丁酉、壬寅、甲辰、庚戌、辛亥、丙辰、戊午。春秋二季，心危毕张，四宿直日太阴吉。冬夏二季，房虚昴星，四宿直日太阳吉。忌朱雀黑道，建破魁罡，勾绞天瘟九丑天贼受死，九空独火，冰消瓦解，破败离窠，转杀阴阳，错九土，鬼神鬼隔。

祀典类

祭祀：宜甲子、乙丑、丁卯、戊辰、辛未、壬申、癸酉、甲戌、丁丑、己卯、庚辰、壬午、甲申、乙酉、丙戌、丁亥、己丑、辛卯、甲午、乙未、丙申、丁酉、乙巳、丙午、丁未、戊申、己酉、庚戌、乙卯、丙辰、丁巳、己未、辛酉、癸亥，此皆神在之日，更宜普护福生，圣心敬心。忌每月初二四五十，及二十七，九月初一，四部禁日，虽系神在，不可祭祀，及寅日天狗下食，时亦不宜。

国祀：圆丘祀皇天后土，正月上旬神在大明，黄道之日。社稷春秋仲月上戊先日上丁祀孔子。五祀旗纛孟春四日祭户，孟夏一日祭灶，季夏遇土旺戊日土王用事日祭中霤，孟秋一日祭门，季秋霜降日祭旗纛，孟冬一日祭井。

祈福：宜乙亥、丙子、丁丑、壬午、癸未、辛卯、甲午、乙未、壬寅、乙卯、丙辰、壬戌、癸亥，成开日。

求嗣：宜定执成开，益后续世，生炁日，臞仙曰求嗣一事，本为亵渎，昔徽宗伏章求嗣，请于上帝，上帝曰：多欲乃致大谴，岂可以淫污之行而谄天神，但存阴德以合天心可也。

谢土：宜庚午日至丁丑日，甲申日至癸巳日，庚子日至丁未日，甲寅日至癸亥日，已上并土神入中宫祭谢，吉。

祭水神：宜庚午、辛未、壬申、癸酉、甲戌、庚子、辛酉，开日。

常人祭灶：宜丁卯、壬申、癸酉、甲戌、乙亥、己卯、庚辰、甲申、乙酉、丁亥、己丑、丁酉、癸卯、甲辰、丙午、己酉、辛亥、癸丑、乙卯、辛酉、癸亥，每月六癸日。凡祭祀俱忌黑道天罡，灭门大祸，龙虎受死，鬼隔神隔，天狗日及下食时满破日。天狗下食时，子日亥，丑日子，寅日丑，卯日寅，辰日卯，巳日辰，午日巳，未日午，申日未，酉日申，戌日酉，亥日戌。

冠婚类

洗头沐浴：宜甲子、丙子、丁丑、己卯、庚辰、辛巳、丁亥、辛卯、壬辰、丙申，每月初三、初四、初八、初九、初十、十一、十三、十四、十五、二十二、二十三、二十六、二十七，及申酉亥子日。忌三伏、立秋、二社、建破执平及癸未日。

剃头整容：宜乙丑、壬申、己卯、壬午、丙子、丙戌，开成日。忌丙丁建破望日。

蓄发：与剃头同，宜生炁旺日、福生日。

束发：即上头，与后冠笄同。

女子开面：宜黄道生炁，上吉天喜，吉庆要安阴阳合，续世益后福生，天月德成定开日。忌九丑九土鬼，阴阳错破日。

冠笄：宜甲子、丙寅、丁卯、戊辰、辛未、壬申、丙子、戊寅、壬午、丙戌、辛卯、壬辰、癸巳、甲午、丙申、癸卯、甲辰、乙巳、丙午、丁未、庚戌、甲寅、乙卯、丁巳、辛酉、壬戌、天月德，天月恩，生炁福生，益后续世，成定日。忌魁罡勾绞，月厌受死，九土鬼，阴阳错，丑日破日。

冠带：宜官日旺日，守成福厚，天恩天喜，定成日。忌丑日八月定日，大小空亡日。

摘白须发：正月初四、十四、十七，二月初八、十四、二十一，三月初八、初十、十一、十三，四月初二、十六、十八、十九，五月十六、二十，六月初四、十七、二十四、二十九，七月初三、初四、十八、二十八，八月十五、十九，九月初二、初四、十五、二十五，十月初七、初十、十三、二十二，十一月初十、十五、十七、三十，十二月初七、初十、十六、二十，忌本命日。

起痣：宜黄道生炁除开日，忌破败本命人神所在日。

修手足甲：宜丑日修手，寅日修足，天邹甲卒神在爪，故择吉日修之。忌血支血，忌四废日破日。

缠足：宜黄道生炁，天喜天成，吉庆活曜，要安天月德及成收闭日。忌黑道破败血支血，忌人神所在本命之日。

臞仙曰：缠足一事谓之人妖，非天性自然之理，自妲己始也。己乃雉精，足犹未变，故以帛缠足以掩之。绐曰：足小则美。后世习俗既久，不可除矣，姑取之。

合婚：术士求食之法，知理者不用。宜辛未、丁丑、壬午、癸未、甲申、己丑、辛卯、壬辰、甲午、乙卯，黄道，生炁，三合五合成日。

纳征定亲：宜丙寅、丁卯、戊寅、己卯、丙戌、戊子、壬辰、癸巳、壬寅、癸卯、丙午、丁未、壬子、甲寅、乙卯、丁巳、戊午、己未，黄道三合定成日。

前二条忌建、破、魁、罡，勾绞，月厌，受死，冰消瓦解，九空，九土鬼，阴阳错，大小空亡，赤口。

结婚姻嫁娶纳婿：宜丙寅、丁卯、戊寅、己卯、丙子、丙戌、戊子、庚寅、壬寅、癸卯、乙巳，黄道，生炁，益后，续世，阴阳合，人民合，不将成日。忌归忌月厌，厌对天贼，月破受死，天寡地寡，红沙杀披麻杀，魁罡勾绞吟神，天雄地雌，往亡无翘，阴阳错伏断离窠上朔日，四离四绝，人民离，大杀。白虎入中宫日，雷霆白虎入中宫日，五亥日赤口。雷霆白虎入中宫日。

甲己月：丁卯、丙子、乙酉、甲午、癸卯、壬子、辛酉。

乙庚月：戊辰、丁丑、丙戌、乙未、甲辰、癸丑、壬戌。

丙辛戊癸月：辛未、庚辰、己丑、戊戌、丁未、丙辰。

丁壬月：乙丑、甲戌、癸未、壬辰、辛丑、庚戌、己未。

四离日：春分，秋分，夏至，冬至，俱前一日是。

四绝日：立春，立夏，立秋，立冬，俱前一日是。

嫁娶周堂图

巽	离	坤
震		兑
艮	坎	乾

大月从巽上起，初一顺至离，小月从艮逆，至坎一日一位，遇兑日值翁，遇离日值姑，此二日不利翁姑，如无不忌，遇巽日值夫，遇艮日值妇，皆不宜，遇乾坎震坤日大利。

纳婿周堂图

巽	离	坤
震		兑
艮	坎	乾

大月从离上起，初一顺至坤，小月从巽逆，至震一日一位，遇乾日值翁，遇坤日值姑，此二日不利翁姑，如无不忌，遇离日值夫不宜，遇坎艮震巽兑日大利。

以上二图只论月分大小，不论节气。

喜神逐日所值之方

凡嫁娶纳婿，当向喜神所临之方而行。甲己日东北艮方，乙庚日西北乾方，丙辛日西南坤方，丁壬日正南离方，戊癸日东南巽方。

结义弟兄：宜司命黄道生炁，执储天庆吉庆，天月二德，及合阴德阳德，五合六合三合日。忌五离八绝人隔，赤口咸池破败日。

过房养子：宜益后续世，天月二德，及天月二德合成开日。

买纳奴仆：宜甲子、乙丑、丙寅、丁卯、戊辰、乙亥、戊寅、己卯、甲申、丙戌、辛卯、壬辰、癸巳、甲午、乙未、己亥、庚子、癸卯、丁未、辛亥、壬子、甲寅、乙卯、己未、辛酉，明堂玉堂，司命黄道天月德。

前二条忌勾绞月破赤口归，忌五离大小空亡日。

会亲友筵宴：宜除满定执危成开日，忌逐年上朔日，赤口除日酉日，如作乐，忌大杀白虎，雷霆白虎入中宫。

安床帐：宜甲子、乙丑、丙寅、丁卯、己巳、庚午、辛未、甲戌、丙子、庚辰、辛巳、丙戌、丁亥、癸巳、丁酉、戊戌、乙未、己亥、庚子、癸卯、甲辰、乙巳、丙午、甲寅、乙卯、丙辰、丁巳、戊午、己未、辛酉、壬戌，黄道生炁，要安闭日。忌朱雀黑道，建破魁罡，天瘟天贼，九空受死，独火火星，勾绞离窠转杀，正四废，九土鬼，阴阳错，申危，等日。

胎养类

胎产所忌。

逐月胎神占。

月		
正	房	床
二	户	窗
三	门	堂
四	灶	
五	身	床
六	灶	房
七	碓	磨
八	厨	厕
九	门	房
十	厨	床
十一	炉	灶
十二	房	床

四季伤胎煞方：春子午，夏丑未，秋辰戌，冬巳亥。

逐日胎神占。

占	日
碓	午子
厕	未丑
炉	申寅
门大	酉卯
栖鸡	戌辰
床	亥巳

逐日胎神占

占	日
门	己甲
磨碓	庚乙
厨灶	辛丙
仓库	壬丁
房床	癸戊

置产室：宜黄道生炁，续世益后，建平满成收开日。忌天贼土瘟，绝灭受死，及日神所在之方。癸巳、甲午、乙未、丙申、丁酉，在房内北；戊戌、己亥、戊申，在房内中；庚子、辛丑、壬寅，日在房内南；甲辰、乙巳、丙午、丁未，在房内东；癸卯日在房内西，己酉日出外游四十日。

藏胎衣法：于一百二十步之外埋藏，不忌方道。

剃胎头：世俗皆以满月之日剃，不择吉日，然如是遇值丁日破败恶星，当移前后一日。

断乳：宜伏断卯日。伏断日：子日虚，丑日斗，寅日室，卯日女，辰日箕，巳日房，午日角，未日张，申日鬼，酉日觜，戌日胃，亥日壁。

学业类

求师入学：宜丙寅、己巳、戊寅、甲戌、乙亥、丙子、己丑、辛巳、癸未、甲申、丁亥、庚寅、辛卯、壬辰、乙未、丙申、己亥、壬寅、癸卯、甲辰、乙巳、丙午、丁未、戊申、庚戌、辛亥、甲寅、乙卯、丙辰、庚申、辛酉、癸亥，天月二德，及合六合成定开日。忌建、破、魁、罡，勾绞，离窠，受死，九土鬼，正四废，阴阳错，天休废，六不成，仓颉死葬，孔子死葬日。

学伎艺：宜满成开日，忌正四废，赤口，六不成破日。

宫室类

起工动土：宜甲子、癸酉、戊寅、己卯、庚辰、辛巳、甲申、丙戌、甲午、丙申、戊戌、己亥、庚子、甲辰、癸丑、戊午、庚午、辛未、丙午、丙辰、丁未、丁巳、辛酉，黄道月空成开日。

造地基：宜甲子、乙丑、丁卯、戊辰、庚午、辛未、己卯、辛巳、甲申、乙未、丁酉、己亥、丙午、丁未、壬子、癸丑、甲寅、乙卯、庚申、辛酉。忌元武黑道，天贼受死，天瘟土瘟，土忌土符，地破月破，地囊，九土鬼，正四废，天地正转杀，天转地转，月建转杀，土公，占土痕，建破收日。

伐木：宜己巳、庚午、辛未、壬申、甲戌、乙亥、戊寅、己卯、壬午、甲申、乙酉、戊子、甲午、乙未、丙申、壬寅、丙午、丁未、戊申、己酉、甲寅、乙卯、己未、庚申、辛酉，定成开日。忌刀砧杀斧头杀，龙虎，受死天贼，月破危日，山隔九土鬼，正四废，魁罡日。

伐竹木不蛀：宜甲辰、壬辰、丙辰，每月初五已前遇血忌日。

建宫室：元门宫观同，与起造同，宜明堂玉堂，黄道大明，三帝星及五帝生日。忌天灾天火，地火雷火，月火独火，火星魁罡日。

建神庙：不论金华台塔年月，只与起造同，但要神神在，忌神鬼隔。

桑门寺院同。自汉创白马寺，始有佛庙，皆向东。梁唐之后多向北。忌向南方。

起工破木：宜己巳、辛未、甲戌、乙亥、戊寅、己卯、壬午、甲申、乙酉、戊子、庚寅、乙未、己亥、壬寅、癸卯、丙午、戊申、己酉、壬子、乙卯、己未、庚申、辛酉，黄道天成，月空天月二德，及合成开日。忌刀砧杀，木马杀斧头杀，天贼，受死月破，破败独火，鲁般杀，建日九土鬼，正四废，四离四绝日。

定磉扇架：宜甲子、乙丑、丙寅、戊辰、己巳、庚午、辛未、甲戌、乙亥、戊寅、己卯、辛巳、壬午、癸未、甲申、丁亥、戊子、己丑、庚寅、癸巳、乙未、丁酉、戊戌、己亥、庚子、壬寅、癸卯、丙午、戊申、己酉、壬子、癸丑、甲寅、乙卯、丙辰、丁巳、己未、庚申、辛酉，黄道天月二德成定日。忌正四废天贼建日破日。

竖柱：宜己巳、辛丑、甲寅、乙亥、乙酉、己酉、壬子、乙巳、己未、庚申、戊子、乙未、己亥、己卯、甲申、己丑、庚寅、癸卯、戊申、壬戌，黄道天月二德，诸吉星成开日。

上梁：宜甲子、乙丑、丁卯、戊辰、己巳、庚午、辛未、壬申、甲戌、丙子、戊寅、庚辰、壬午、甲申、丙戌、戊子、庚寅、甲午、丙申、丁酉、戊戌、己亥、庚子、辛丑、壬寅、癸卯、乙巳、丁未、己酉、辛亥、癸丑、乙卯、丁巳、己未、辛酉、癸亥，黄道天月二德，诸吉星成开日。前二条忌朱雀黑道，天牢黑道，独火天火，月火狼籍，地火冰消瓦解，天瘟天贼，月破大耗，天罡河魁，受死鲁般煞，刀砧杀，划削血刃杀，鲁般跌蹼杀，阳错阴错，伏断九土鬼正四废，五行，忌月建转杀，火星天灾日。

盖屋：宜甲子、丁卯、戊辰、己巳、辛未、壬申、癸酉、丙子、丁丑、己卯、庚辰、癸未、甲申、乙酉、丙戌、戊子、庚寅、丁酉、癸巳、乙未、己亥、辛丑、壬寅、癸卯、甲辰、乙巳、戊申、己酉、庚戌、辛亥、癸丑、乙卯、丙辰、庚申、辛酉，定成开日。

泥屋：宜甲子、乙丑、己巳、甲戌、丁丑、庚辰、辛巳、乙酉、丁亥、庚寅、辛卯、壬辰、癸巳、甲午、乙未、丙午、戊申、庚戌、辛亥、丙辰、丁巳、戊午、庚申，平成日。

拆屋：宜甲子、乙丑、丙寅、戊辰、己巳、辛未、癸酉、甲戌、丁丑、戊寅、己卯、癸未、甲申、壬辰、癸巳、甲午、乙未、己亥、辛丑、癸卯、己酉、庚戌、辛亥、癸丑、丙辰、丁巳、庚申，辛酉，除日。前三条俱忌朱雀黑道，天火等火，天瘟火星，天贼月破，受死蚩尤，九土鬼，八风，正四废，转杀，午日丁巳日。

扫舍：宜除满日。

偷修：宜壬子、癸丑、丙辰、丁巳、戊午、己未、庚申、辛酉，已上八日，凶神朝天，可并工造作修理。

修造门：宜甲子、乙丑、辛未、癸酉、甲戌、壬午、甲申、乙酉、戊子、己丑、辛卯、癸巳、乙未、己亥、庚子、壬寅、戊申、壬子、甲寅、丙辰、戊午，黄道生气，天月德及合满成日。作门忌日，春不作东门，夏不作南门，秋不作西门，冬不作北门，与修门同。

修门吉凶：○○●●●○○人人人○○○●●●○○○人人人○○●●●○○○。大月从尾数至头逆行，小月从头数至尾顺行，一日一位，遇白圈大吉，黑圈损六畜，人字损人不利。忌庚寅门大夫死日，及六甲胎神占月不宜修。

塞门：宜伏断闭日，忌丙寅、己巳、庚午、丁巳，及四废日。

开路：宜天德月德黄道日，忌月建转杀天贼正四废日。

塞路：宜伏断闭日。

筑堤塞水：宜伏断闭日，忌龙会开破日。

造桥梁：不论金华台塔年月，只与起造宅舍同。忌寅申、巳亥日，时为四绝四井。

筑修城池建营寨：宜上吉黄道大明，要安续世，益后天月二德，及合天成天佑成勋，福厚吉期，普护守成，兵吉兵宝。

造仓库：宜乙丑、己巳、庚午、丙子、己卯、壬午、庚寅、壬辰、甲午、乙未、庚子、壬寅、丁未、甲寅、戊午、壬戌，满成开日。

修仓库：宜丙寅、丁卯、庚午、己卯、壬午、癸未、庚寅、甲午、乙未、癸卯、戊午、己朱、癸丑，满成开日。

前三条俱忌朱雀黑道，天牢黑道，天火狼籍，独火月火，九空空亡，财离岁空，死炁官符，月破大小耗，天贼天瘟受死，冰消瓦解，月建转杀，月虚月杀，四耗阴阳错，地火伏断，正四废，火星十恶，天地离，九土鬼，大杀入中宫。

塞鼠穴：宜壬辰、庚寅，满闭日，正月上辰鼠死日，穴天狗日。

造厨：宜丙寅、己巳、辛未、戊寅、甲申、戊申、甲寅、乙卯、己未、庚申。

砌灶：宜甲子、乙丑、己巳、庚午、辛未、癸酉、甲戌、乙亥、癸未、甲申、壬辰、乙未、辛亥、癸丑、甲寅、乙卯、己未、庚申，黄道天赦，月空正阳，五祥定成开日。

前二条忌朱雀黑道，天瘟土瘟，天贼受死，天火独火，十恶四部，转杀九土鬼，正四废，建破丙丁午日，每月初七、十五、二十七，不可移动，每月初八、十六、十七日，及六甲胎神占月，忌拆灶修理。

扫厨灶：宜壬癸日及水日。

修水解：宜天聋地哑日，忌每月巳午未日，及三月无牛之家不忌。

砌花台：与动土日同，宜水木日，忌金土日。

作厕：宜庚辰、丙戌、癸巳、壬子、己未，天乙绝气，伏断土闭日，忌正月二十九日。

修厕：宜己卯、壬午、壬子、乙卯、戊午，忌春夏正六月，及六甲胎神占，月牛胎四十月占。

安碓硙磨碾油榨：宜庚午、辛未、甲戌、乙亥、庚寅、庚子、庚申，聋哑日。修磨日與安磨日同，忌牛胎正七月占。

开池：宜甲子、乙丑、甲申、壬午、庚子、辛丑、辛亥、癸巳、癸丑、辛酉、戊戌、乙巳、丁巳、癸亥、天月二德，及合生炁成开日。

开沟渠：宜甲子、乙丑、辛未、己卯、庚辰、丙戌、戊申，开平日。

前二条忌元武黑道，天贼土瘟，受死大小耗，龙口伏龙，咸池冬壬癸日，九土鬼，土痕水隔，四废天地转杀日。

穿井：宜甲子、乙丑、癸酉、庚子、辛丑、壬寅、乙巳、辛亥、辛酉、癸亥、丙子、壬午、癸未、乙酉、戊子、癸巳、戊戌、戊午、己未、庚申、甲申、癸丑、丁巳，黄道天月二德，及合生气成日。

修井：宜甲申、庚子、辛丑、乙巳、辛亥、癸丑、丁巳、壬午、戊戌，成日。

前二条忌黑道天瘟土瘟，天贼受死，土忌血忌，飞廉九空大小耗，水隔九土鬼，正四废，刀砧天地转杀，水痕伏断三六七月，及卯日泉竭泉闭日，辛巳、己丑、庚寅、壬辰、戊申，已上系泉竭日，戊辰、辛巳、己丑、庚寅、甲申，已上系泉闭日。

器用类

造仪仗：宜黄道銮舆凤辇，禄库天成，吉庆大明，天喜天福，六仪天恩，天德月德，福厚福生，成定日。忌黑道四废，十恶无禄，九土鬼，伏断破日。

造车轿：造仪仗同。

造妆奁：宜黄道生气，要安吉期活曜，天庆天瑞吉庆，天月二德合，天喜金堂玉堂，益后续世，三合成日。忌天瘟四废，九土鬼，魁罡勾绞，月破火星，离窠危日。

造床：造妆奁同。

造橘槔：即水车，宜黄道天月二德，生气三合平定日。忌黑道虚耗，焦坎田火地火，九土鬼，水隔木痕破日。

造乐器：与造器皿同，忌乙卯师旷死日。

造器皿：宜天成天库禄库，天财地财月财，金石合，福厚天月德，忌六不成，破败日。

染颜色：与造器皿同，更忌月厌。

造窑烧窑：宜要安天德月德日，忌火隔四废焦坎，建破赤口。

经络：宜甲子、乙丑、丁卯、癸酉、甲戌、丁丑、己卯、癸未、甲申、辛巳、壬申、丁亥、戊子、己丑、壬辰、癸巳、甲午、丙申、丁酉、戊戌、己亥、壬寅、甲辰、乙巳、辛亥、壬子、癸丑、甲寅、丙辰，成定日。

安机：宜平日定日，同前，忌天贼勾绞，小耗受死九土鬼，正四废，建破日。

炉冶铸泻：宜庚寅，辛卯，金石合日，忌庚申。辛酉，金石离火隔焦，坎破日建日金痕。

裁衣合帐：宜甲子、乙丑、戊辰、己巳、癸酉、甲戌、乙亥、丙子、丁丑、己卯、丙戌、丁亥、戊子、己丑、庚寅、壬辰、癸巳、甲午、乙未、丙申、戊戌、庚子、辛丑、癸卯、甲辰、乙巳、癸丑、甲寅、乙卯、丙辰、戊申、辛酉、壬戌。合帐水闭日，裁衣成开日。裁衣吉星：角①，亢②，房③，斗④，牛⑤，虚⑥，壁⑦，奎⑧，娄⑨，鬼⑩，张⑪，翼⑫，轸⑬。忌天贼，月破，小耗，天火，火星，长短星，九土鬼，正四废。

出行类

出行：宜甲子、乙丑、丙寅、丁卯、庚午、辛未、甲戌、乙亥、丁丑、己卯、甲申、丙戌、庚寅、辛卯、甲午、庚子、辛丑、壬寅、癸卯、丙午、丁未、己酉、癸丑、甲寅、乙卯、庚申，满成开日。

行船：宜乙丑、丙寅、丁卯、戊辰、己巳、丁丑、戊寅、壬午、乙酉、辛卯、癸

---

① 安稳。
② 得食。
③ 益衣。
④ 美味。
⑤ 进喜。
⑥ 得粮。
⑦ 获宝。
⑧ 得财。
⑨ 增寿。
⑩ 吉祥。
⑪ 逢欢。
⑫ 得财。
⑬ 长久。

巳、甲午、乙未、庚子、辛丑、壬寅、辛亥、丙辰、戊午、己未、辛酉，满成开日。忌风波河伯，白浪天贼，受死月破，咸池招摇，四激殃败，焦坎蛟龙，水隔阴错阳错，张宿触水龙，江河离八风，子胥死日，河伯死日，风伯死日，九土鬼，正四废，日伏断建破危日。

河伯风波日：

年	了	丑	寅	卯	辰	巳	午	未	申	酉	戌	亥
河伯日	亥	子	丑	寅	卯	辰	巳	午	未	申	酉	戌
风波日	子	丑	寅	卯	辰	巳	午	未	申	酉	戌	亥

下海：行船日同，宜天佑天恩，普护活曜复日。

捕捉出行：捕盗获逃亡同，见征猎类。

商贾兴贩出行：宜己卯、丙戌、壬寅、丁未、己酉、甲寅。值财禄星旺日吉，忌赤口空亡虚耗。

合伴：宜六合及满成闭日，忌咸池赤口。

论诸葛亮出行图：俗传诸葛亮出行图，又诬为周公所作，今考得皆是瞽者词唱假合之说，岂可专用日期而不用日神者，盖不明天理，不知阴阳故也。况有天口地腹之时，皆不可信，其世俗愚人皆以为实而用之，其害不浅，智者无惑。

入宅：宜甲子、乙丑、丙寅、丁卯、己巳、庚午、辛未、甲戌、乙亥、丁丑、癸未、甲申、庚寅、壬辰、乙未、庚子、壬寅、癸卯、丙午、丁未、庚戌、癸丑、甲寅、乙卯、己未、庚申、辛酉，满成开日。

移居：宜甲子、乙丑、丙寅、庚午、丁丑、乙酉、庚寅、壬辰、癸巳、乙未、壬寅、癸卯、丙午、庚戌、癸丑、乙卯、丙辰、丁巳、己未、庚申。

前二条忌家主本命日，及本命对冲日，天牢朱雀，黑道牢日狱日，徒隶死别，伏罪不举形狱，建破魁罡勾绞，归忌月厌，九丑离窠，天瘟天贼，往亡受死，披麻杀，天地转杀，天火独火，冰消瓦解，火星四忌，五穷正四废，九土鬼，阴阳错，大杀入中宫，赤口天空亡，及乙巳日。

舟楫类

造舟破木：与修造起工日同。

合底起廒安梁头：与竖柱上梁日同。

关船头：宜黄道天恩，月恩天月二德，二德合要安。

前三条俱忌天贼伏断火星，正四废，水痕执破日。

盖船篷：与盖屋日同，忌天火天贼，八风破日。

舱船：宜伏断收闭日，忌执破日。

新船下水：与出行日同，宜天月二德，及合要安平定成日，忌风波河伯，白浪张宿触水龙，咸池水痕日。

种植类

置园圃：宜相日民日，丰旺守成。

开荒田：与动土日同，宜天福丰旺，母仓生炁，黄道上吉。

前二条俱忌地火焦坎空亡。

耕田：宜乙丑、己巳、庚午、辛未、癸酉、乙亥、丁丑、戊寅、辛巳、壬午、乙酉、丙戌、己丑、甲午、己亥、辛丑、甲辰、丙午、癸丑、甲寅、丁巳、己未、庚申、辛酉，成收开日。忌土瘟天贼，月杀焦坎，大耗小耗，月建转杀满日。

烧田：宜己未及开日，忌火隔焦坎。

陆种：宜甲子、乙丑、丁卯、己巳、癸酉、乙亥、丙子、己卯、癸未、甲申、己丑、辛卯、壬辰、癸巳、乙未、丙申、戊戌、己亥、庚子、辛丑、壬寅、癸卯、丙午、戊申、己酉、癸丑、丙辰、戊午、己未、庚申、辛酉、癸亥，成开日。

浸谷种：宜甲戌、乙亥、壬午、乙酉、壬辰、乙卯，成开日。

下种：宜辛未、癸酉、壬午、庚寅、甲午、甲辰、乙巳、丙午、丁未、戊申、己酉、乙卯、辛酉。

插秧：宜庚午、辛未、癸酉、丙子、己卯、壬午、癸未、甲申、甲午、己亥、庚子、癸卯、甲辰、丙午、戊申、己酉、己未、辛酉。

耘田：宜戊子、庚午、壬辰、癸亥，及壬癸庚辛日。

割禾：宜庚午、壬申、癸酉、己卯、辛巳、壬午、癸未、甲午、癸卯、甲辰、己酉。

大割五谷：宜丰旺月财吉期，每月上旬及中旬。

置稻禾麦豆等场：宜黄道天仓，丰旺福厚，天成旺日，天月二德及合。

开场打稻：宜丙寅、丁卯、庚午、己卯、壬午、癸未、庚寅、甲午、乙未、癸卯、戊午、己未、癸丑。

种粟：宜丁巳、己卯、乙卯、己未、辛卯。

种麦：宜庚午、辛未、辛巳、庚戌、庚子、辛卯，及八月三卯日。

种荞麦：宜甲子、壬申、壬午、癸未、辛巳。

种麻：宜己亥、辛亥、辛巳、壬申、庚申、戊申，及正月三卯日。

种黍：宜戊戌、己亥、庚子、庚申、壬申。

种豆：宜甲子、乙丑、壬申、丙子、戊寅、壬午，及六月三卯日。

种瓜：宜甲子、乙丑、庚子、壬寅、乙卯、辛巳。

种一切菜：宜庚寅、辛卯、壬戌、戊寅。忌秋社前逢庚至秋社后逢己住，此十日系算风旬日，不宜种菜。

种姜：宜甲子、乙丑、壬申、壬午、辛未、辛巳、辛卯。

种葱：宜甲子、甲申、己卯、辛未、辛巳、辛卯。

种蒜：宜戊申、丙子、壬辰、癸巳、辛丑、戊辰、辛未。

种芋：宜壬申、壬午、壬戌、辛巳、戊申、庚子、辛卯。

种果树：宜丙子、戊寅、己卯、壬午、癸未、己丑、辛卯、戊戌、庚子、壬子、癸丑、戊午、己未、己亥、丙午、丁未、乙卯、戊申、己巳。

栽木：宜甲戌、丙子、丁丑、己卯、癸未、壬辰，忌乙不栽植。

栽竹：宜甲辰、五月十三，正月一，二月二，各依月数栽之。

栽桑：宜二月内移栽，腊月亦可，忌正月、十二月内，不宜修桑。

移接花木：宜满成开日。

自陆种起共二十六条，俱用黄道生炁，禄库母仓，旺日天仓，丰旺鼠雀，百虫飞虫，不食成开满收日，忌地火田火，虚耗九空，焦坎天贼，狼籍地隔，田痕地空亡，农事忌日，天地不成，不收日。鼠雀不食日，甲午、癸亥。百虫不食日，乙丑、乙亥、乙未、己亥、壬寅、癸卯、壬子。飞虫不食日，初一、初三、初四、初五、初七、初九、初十、十八、二十一、二十九。农事忌日田祖，甲寅日死田，父丁亥日死，丁未日葬田，母丙戌日死，丁亥日葬田，主乙巳日死，辛亥日葬田，夫丁亥日死，辛亥日葬，后稷癸巳日死，凡种五谷，已上并忌。天地不收日，丙戌、壬辰、辛亥。天地不成日，乙未。

货财类

五谷入仓：宜庚午、己卯、辛巳、壬午、癸未、乙酉、己丑、庚寅、癸卯，天德月德，母仓平满成收日，及穴天狗日。

开仓：宜庚午、己卯、辛巳、壬午、癸未、乙酉、己丑、庚寅、癸卯，及天月二德成开满日。

开库店肆：宜甲子、乙丑、丙寅、己巳、庚午、辛未、甲戌、乙亥、丙子、己卯、壬午、癸未、甲申、庚寅、辛卯、乙未、己亥、庚子、癸卯、丙午、壬子、甲寅、乙卯、丙辰、己未、庚申、辛酉，黄道天月二德，及合六合要安满成开日。

分家财：宜天成天财，地财月财，禄库天贵，天福五富福厚日。

赌博：与分家财日同。

买田地房屋一切交易：宜辛未、丙子、丁丑、壬午、癸未、甲申、辛卯、乙未、壬辰、庚子、戊申、壬子、癸卯、丁未、己未、甲寅、乙卯、辛酉、成日。

出财放债：宜丁丑、乙酉、丙戌、庚辰、癸巳、辛亥、辛酉、庚午、己亥、乙巳、乙卯成满日。

纳财取债：宜乙丑、丙寅、壬午、庚寅、庚子、乙巳、丙午、甲寅、壬午、丁未、辛酉、壬辰，天财地财，天富天贵，丰旺日。

前八条俱忌建破魁罡勾绞，天贼受死，九空财离，岁空五虚，破败虚败，小耗大耗四耗日，流财亡嬴，四忌五穷，九土鬼，正四废，阴阳错日，长短星，赤口空亡，咸池十恶，无禄日。

饮膳类

造酒醋：宜丁卯、癸未、庚午、甲午、己未。

造曲：宜辛未、乙未、庚午日，忌甲子旬十日则不蛀。

造酱：宜丁卯及诸吉神通用辛日，不合酱。

腌藏瓜菜：宜初一、初三、初七、初九、十一、十三、十五日。

腌腊下饭：宜黄道生气，天月二德，及合满成开日。

前五条俱忌廉贞独火，上下弦灭没月厌破日。

医药类

修制药饵：宜戊辰、己巳、庚午、壬申、乙亥、戊寅、甲申、丙戌、辛卯、乙未、丙午、丁未、辛亥、己未，除开破日，忌辛未及扁鹊死日。

求医服药针灸：宜丁卯、庚午、甲戌、丙子、丁丑、壬午、甲申、丙戌、丁亥、辛卯、壬辰、癸丑、乙卯、丙辰、己未、壬戌，天医天巫，天解要安，生气活曜，天月二德，二德合。服药忌扁鹊死日，男忌除日，女忌破日。针灸忌人神所在，白虎黑道，月厌月杀，独火受死死别，血支血忌火隔日。

九部人神：一岁起脐，自上数至下，一岁一位，周而复始，脐、心、肘、咽、口、头、脊、腰、足。

十二部人神：同前。心、头、喉、肩、背、腰、腹、项、足、膝、阴、股。

九宫尻神：同前。坤①，震②，巽③，中④，乾⑤，兑⑥，艮⑦、离⑧，坎⑨。

四季人神：春⑩，夏⑪，秋⑫，冬⑬。

逐日人神：一日在足大指，二日在外踝，三日在股内，四日在腰，五日在口，六日在手，七日在内踝，八日在腕，九日在尻，十日在腰背，十一日在鼻柱，十二日在发际，十三日在牙齿，十四日在胃脘，十五日在遍身，十六日在胸，十七日在气冲，十八日在股内，十九日在足，二十日在内踝，二十一日在手小指，二十二日在外踝，二十三日在肝及足，二十四日在手阳明，二十五日在足阳明，二十六日在胸，二十七日在膝，二十八日在阴，二十九日在膝胫，三十日在足趺。

征猎类

演武：宜天月二德，兵福兵宝兵吉，黄道成开日。

比试：宜黄道上官，天佑恩胜，成勋普护，福生天马驿马日。

前二条俱忌六不成，十恶无禄，大败日。

出师：攻战同。宜辛丑、丙寅、庚子、丁卯、庚戌、丁酉、甲午、乙丑、丁丑，兵宝兵吉，成勋天德月德，二德合，普护日。

班师：宜平定成收开旺日，及黄道成勋，恩胜要安，守成天佑，天恩天月，二德日。

攻取城寨：宜己亥、丙寅、乙巳、甲子、甲戌、乙未、庚戌、乙亥、己丑，兵吉兵宝，除执日。

---

① 踝。
② 牙腨。
③ 头口乳。
④ 肩尻。
⑤ 背面。
⑥ 手膊。
⑦ 腰项。
⑧ 膝肋。
⑨ 脚肘。
⑩ 左胁。
⑪ 在脐。
⑫ 右胁。
⑬ 在腰。

前三条俱忌伐日，八专猖鬼败亡，五不归八绝，十恶大败危日，及往亡日。论往亡日，立春后七日，惊蛰后十四日，清明后二十一日，立夏后八日，芒种后十六日，小暑后二十四日，立秋后九日，白露后十八日，寒露后二十七日，立冬后十日，大雪后二十日，小寒后三十日，其日是谓往亡。

臞仙曰：往亡日本凶，武王伐纣，其日值往亡。太史曰：凶不可往。太公曰：我往彼亡，有何不可，遂行乃克。后北魏拓跋珪、晋刘裕皆效之，其识在一时，不可常用。

立寨置烟墩、修筑城池同，见《造作类》。

捕盗获逃亡：宜乙丑、甲戌、壬午、戊子、庚寅、辛卯、癸巳、乙未、丙申、丁酉、己亥、甲辰，收执日。忌每月十五灭没归，忌受死天贼，咸池九空，空亡财离，岁空魁罡勾绞，月厌死赢，往亡五鬼，阴阳错伏断，九土鬼九丑，五不归离窠，人民离，四绝四离，赤口日。

避兵：避难同，宜黑道大小空亡，四废月虚月空，天佑普护，活曜生气要安，闭收平定日。忌受死罪刑罪至，天地殃败，天罗地网伐日。

议和：宜黄道天佑，天成天月德，及合贵人吉人，天恩月恩，天赦天喜，六合三合五合，成除日。忌咸池赤口，天灾天殃，天地争雄，十恶大败日。

宫刑。

臞仙曰：古刑有五，宫罪一也。去其势以为刑。人擒敌国，黄口不戮，去其势以为阉者，阉乃帝阙。又曰：天阉非国姓宗室之家不敢用，故以阉者称之。僭用者罪，属大辟。至我朝洪武间，更其刑制，不忍绝人之嗣，故禁用此刑，实万世生民之福也。因世有此刑之名，在人之耳目不可掩也，恐非时日以伤人命，故载之，仁者不为也。宜黄道天恩，天福活曜，天月德生炁，要安天医天解，成定日。忌受死，血支血忌血刃，破日。

畋猎打捕：宜月杀飞廉，执危收日，十干上朔日。

结网：宜黑道月杀，飞廉受死，执危收日。

捕鱼：宜戊辰、庚辰、己亥、鱼会日。

捕水鸟：宜己巳、甲辰、壬子、丙辰、丁巳、戊午、鱼鸟会，日月杀，飞廉执危收日。

前四条俱忌空亡五虚。

丧葬类

合长生寿器：曰棺木，宜丁丑、戊寅、丁未、戊申、壬辰、癸巳、壬戌、癸亥，俱系天上大空亡，更宜四废大小空亡日，及择延寿生旺年月，本命纳音，生旺有炁之日。忌本命对冲日辰，支干克本命纳音日，及天瘟受死，魁罡建破重，丧木呼木随杀日。

延寿之年。

讼笔　巳酉丑

福庆　申子辰

催尸　亥卯未

延寿　寅午戌

如戊生人，行年七十八，岁自延寿起一十岁，一位向上数至讼笔，四十次下又向上数至福庆，七十其零数一年一位，七十八遇福庆是也，其年大利，如遇福庆延寿则吉，讼笔催尸则凶，不宜合寿器。

生旺年月图

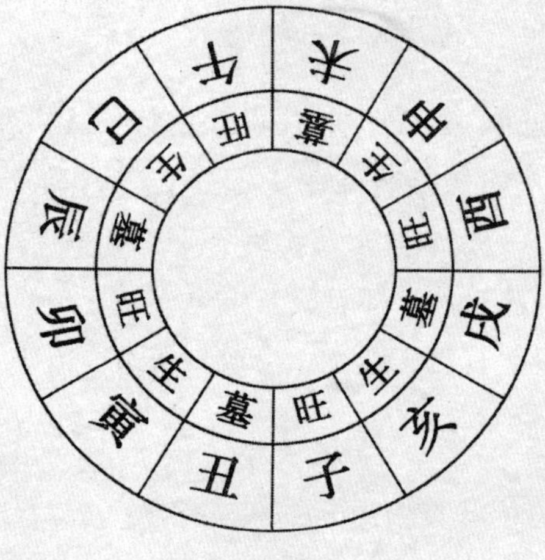

此图各从本命纳音长生，上起甲子顺行，逢本命上起一十岁，亦顺行，零年一岁一官，遇生旺官大吉，值四墓官凶，不宜合寿器。

金生巳。木生亥，火生寅，水土生申。

如壬戌生水，命申上起甲子，数至午上，是壬戌，就从午上起一十岁，十一未，十二申，至辰上二十，寅上三十三，十一卯逢旺吉，三十二辰逢墓凶，三十三巳逢生大利，余仿此。

木呼杀、木随杀，不宜合寿器。

月	木呼杀		木随杀	
正	壬	申	辰	申
二	庚	子	寅	子
三	戊辰	戊申	申	戌
四	庚戌	丙戌	午未	申
五	丁亥	己巳	午	酉
六	己未	己卯	申	辰
七	乙未	庚申	巳	酉
八	辛	酉	丑	本
九	壬	戌	寅	亥
十	丁	巳	卯	亥
十一	癸未	癸酉	午	酉
十二	乙丑	乙酉	未	辰

看殃杀出日并时[①]。

其法以正月将于巳上起子，数至死时住，看在何支上，如男命即此支日时出之，如女命却于对宫支上出也，如二月将在午上起子，三月将于未上起子，皆顺行，余仿此。

月将当看历内，逐月日躔之次，即是交月将也。

殃煞出方：其法以亡殁之日支干定之，男取日干墓，女取日支墓，如甲子日死者，

① 一云回煞，殃气出也。不明理者，谓煞回家，谬矣。

男以甲属木，木墓在未合，出于西南未地；女以子属水，水土墓居辰合，出东南辰地，余仿此。

墓者，金墓在丑，木墓在未，火墓在戌，水土墓在辰。

殃煞不出：其法以殃杀所出日时，若遇太岁太阴，大耗小耗，勾神绞神，即不出丧，家主重丧，宜禳则吉，又恐未明，图列于后。

年	太阴	太岁	大耗	小耗	勾神	绞神
子	戌	子	午	巳	卯	酉
丑	亥	丑	未	午	戌	辰
寅	子	寅	申	未	巳	亥
卯	丑	卯	酉	申	子	午
辰	寅	辰	戌	酉	未	丑
巳	卯	巳	亥	戌	寅	申
午	辰	午	子	亥	酉	卯
未	巳	未	丑	子	辰	戌
申	午	申	寅	丑	亥	巳
酉	未	酉	卯	寅	午	子
戌	申	戌	辰	卯	丑	未
亥	酉	亥	巳	辰	申	寅

禳殃煞不出：用金精石，银精石，辟殃砂，鬼箭草，鬼见愁，安息香。

六味各等分为末，以井华水调于宅内，遍洒之，则吉。

殃煞高低：

日	数
甲己	九
乙庚	八
丙辛	七
丁壬	六
戊癸	五
子午	九
丑未	八
寅申	七
卯酉	六
辰戌	五
巳亥	四

其法以死日支干配数定之，如甲子日死者，干支皆九，乃二九一十八数，即一丈八尺高，余皆仿此。

月日支干重服，一曰重丧。

月	日
正	庚甲
二	乙辛
三	戊巳
四	丙壬
五	丁癸
六	戊己
七	庚甲
八	乙辛
九	戊己
十	丙壬
十一	丁癸
十二	戊己

其法如正月甲庚日死者是也，余皆仿此，犯之宜禳。

禳月干重服：用小白纸函一个，内用黄纸朱书四字于内，安于棺上同出，吉。

正月，三、六、九、十二月，皆书“六庚天刑”，二月书“六辛天庭”，四月书

"六壬天牢"，五月书"六癸天狱"，七月书"六甲天福"，八月书"六乙天德"，十月书"六丙天威"，十一月书"六丁天阴"。

天地重复日：每月己亥日是也，犯之宜禳则吉。

禳天地重复：用桑木一段，甘草一两，安棺内，又于岁德方上取土造泥人五个，同殓棺内，吉。

生人临丧避忌：忌生人所牛之年与亡者所死之月分相犯，如正、四、七、十月节内死者，忌寅申、巳亥生人，二、八、五、十一月节内死者，忌子午、卯酉生人，三、六、九、十二月节内死者，忌辰戌、丑未生人是也。

开山斩草破土：宜甲子、乙丑、丙寅、丁卯、戊辰、庚午、壬申、丙子、戊寅、己卯、壬午、甲申、庚寅、辛卯、壬辰、壬寅、癸卯、壬子、癸丑、甲寅、乙卯。

下砖石：宜壬申、癸酉、壬午、乙酉、甲戌、壬辰、丙申、丁酉、甲辰、乙巳、丙午、己酉、甲寅、丙辰、己未、庚申、辛酉。

安葬：宜壬申、癸酉、壬午、甲申、乙酉、丙申、丁酉、壬寅、丙午、己酉、庚申、辛酉、庚午、庚寅、壬辰、甲辰、乙巳、甲寅、己未，鸣吠对鸣吠，成开日。

前三条俱忌白虎元武，黑道八座，岁禁太岁，重丧重复地中，白虎月建，转杀天贼土禁，魁罡人皇人建，阴阳错，白虎破杀日，四时大墓，冰消瓦解，破日地隔地空亡。

葬日周堂图。

巽	离	坤
震		兑
艮	坎	乾

大月从巽上起，初一顺至离，小月从坎上起，初一逆至乾，一日一位，遇巽值父，坎值母，离值男，艮值妇，坤值孙，乾值女夫，此日若临丧，则不利，避之无妨，如无不忌，遇震兑日大利。

天牛不守墓：宜修坟，宜庚午、辛未、壬申、癸酉、戊寅、己卯、壬午、癸未、甲申、乙酉、甲午、乙未、丙申、丁酉、壬寅、癸卯、丙午、丁未、戊申、己酉、庚申、辛酉。

成服：宜甲子、己巳、乙酉、庚寅、癸巳、丁酉、丙午、辛亥、癸丑、戊午、庚申。

除服：宜壬申、丙子、戊寅、甲申、辛卯、乙未、丙申、庚子、丙午、戊申、己酉、辛亥、壬子、癸丑、乙卯、己未、庚申，除日。

前二条俱忌重丧重复，阴阳错破日。

除服周堂图。

巽	吉	离	吉	坤
吉				吉
震				兑
吉				吉
艮	吉	坎	吉	乾

大月从离上起，初一顺至吉坤，小月从乾上起，初一逆至吉兑，一日一位，遇乾值母，离值父，坤值男，坎巽值女，兑值孙，艮值女夫，震值客，此日皆不宜，如在则避之，如无不忌，遇吉大利。

蚕丝六畜类

浴蚕：宜甲子、丁卯、庚午、壬午、戊午。

出蚕：宜甲子、庚午、癸酉、庚辰、乙酉、甲午、乙巳、甲申、壬午、乙未、癸卯、丙午、丁未、戊申、甲寅、戊午，生旺开日。

安蚕架箔：宜甲子、庚午、癸酉、丙子、戊寅、己卯、丙戌、庚寅、甲午、乙未、丙午、甲寅、戊午，生气满成开日，及卯巳午未日。

作缫丝灶：宜子寅、申酉，成收开日。

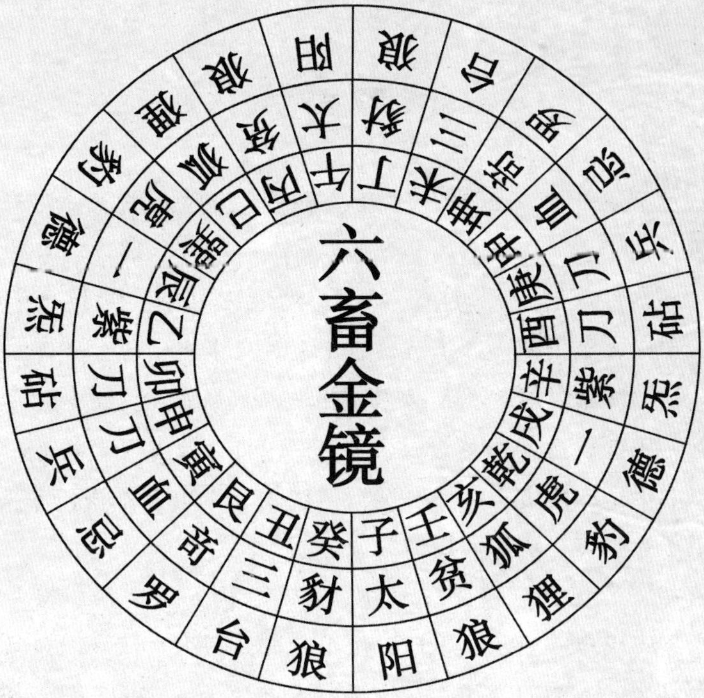

前四条俱忌天贼受死，魁罡勾绞，小耗大耗，狼籍破败，四耗九土鬼，耗绝破日。

六畜金镜图[①]

乾甲癸申子辰，辰上起一德。

坤乙丁巳酉丑，丑上起一德。

艮丙庚亥卯未，未上起一德。

巽辛壬寅午戌，戌上起一德。

官观以坛，座为中宫。

庶人以厅，堂为中宫。

此以中宫为主，依前起例，一德宜作马枋，奇罗宜作牛栏，紫炁宜作羊栈，三台宜作猪圈，贪狼宜作鸡鹅栖窝，太阳六畜皆利狐狸刀兵，虎豹豺狼刀砧血忌皆不宜。

作马坊：宜甲子、丁卯、辛未、甲申、乙亥、己卯、辛卯、壬辰、戊子、庚子、壬寅、乙巳、壬子，成开日。

修马坊：宜戊子、己丑、甲辰、乙巳。

---

① 起例。

买马：宜乙亥、乙酉、戊子、壬辰、乙巳、壬子、己未收成日，忌戊寅、戊申、甲寅日。

纳马：宜乙亥、己丑、乙巳，忌戊午及破群日，天贼正四废。

伏马：宜乙丑、戊子，收执日。

调马驹：宜己巳、甲戌、乙亥、丁丑、壬午、丙戌、戊子、乙未、丁未、甲寅、丙辰、辛酉，建收日。

取马：取牛同，每月初一、初四、初五、初七、初九、初十、十四、十五、二十一、二十二、二十三、二十四、二十五、二十七、二十八、二十九、三十日。

骟马宦牛，羯羊阉猪，镦鸡善狗净猫，并忌刀砧飞廉，受死本属。

马劗鼻修蹄，用针放血，忌血支血忌，刀砧午日，及大风雨阴晦，并不针之。

造牛动土：宜甲子、丙寅、丁卯、癸酉、庚辰、甲申、乙酉、乙未、丁酉、甲辰、丙午、丁未、壬子、甲寅、乙卯、庚申、辛酉。

作牛栏：宜甲子、己巳、庚午、甲戌、乙亥、丙子、庚辰、壬午、庚寅、壬辰、甲午、庚子、壬寅、戊申、壬子、丁巳、庚申，成开日。

修牛栏：每月初一、初四、初六日十倍，十二、十三、十五日五倍。春忌亥子丑，夏忌寅卯辰，秋忌巳午未，冬忌申酉戌。

买牛：宜丙寅、丁卯、庚午、丁丑、癸未、甲申、辛卯、丁酉、戊戌、庚子、庚戌、辛亥、戊午、壬戌，成收开日，及正月寅午戌，六月亥卯未日。

纳牛：宜丙寅、壬寅、乙巳、辛亥、戊午，忌乙丑、壬申、己卯、庚寅、癸丑、甲寅、庚申及破群日。

针牛日：忌血支血忌刀砧。

截牛角：宜生炁旺日，活曜母仓要安，忌飞廉刀砧，血忌受死丑日。

穿牛鼻：宜戊辰、辛未、甲戌、乙亥、戊子、乙卯、乙丑、己未、己巳、辛丑、乙巳、己酉、戊午，忌与前截角同。

教牛：宜庚午、壬子、壬午、庚子、辛亥、甲寅。

作羊栈：宜丁卯、戊寅、己卯、辛巳、甲申、庚寅、壬辰、甲午、庚子、壬子、癸丑、甲寅、庚申、辛酉成开日。

作猪圈：宜甲子、戊辰、壬申、甲戌、庚辰、戊子、辛卯、癸巳、甲午、乙未、庚子、壬寅、癸卯、甲辰、乙巳、戊申、壬子成开日。

作鸡鹅鸭栖窝：宜乙丑、戊辰、癸酉、辛巳、壬午、癸未、庚寅、辛卯、壬辰、乙未、丁酉、庚子、辛丑、甲辰、乙巳、壬子、丙辰、丁巳、戊午、壬戌满成开日。

买鸡鹅鸭鸽子：宜天月德定成开日，忌飞廉天贼受死，大小耗赤口。

买猫犬：宜甲子、乙丑、丙子、丙午、丙辰、壬午、庚午、庚子、壬子。

纳六畜：宜戊寅、壬午、辛卯、甲午、戊戌、己亥、壬子成收日。忌破群日，戊辰、己卯、庚寅、壬辰、甲寅、庚申。

抱鸡鹅鸭卵：宜戊辰、庚午、辛未、壬申、戊寅、丁亥、戊子、庚寅、辛卯、己亥、壬寅、癸卯、乙巳、乙卯、丙辰、己未、辛酉、壬戌、癸亥。已上牧养六畜，造作修理，俱忌飞廉大杀，天贼大小耗，受死刀砧，瘟星入日。

出六畜粪：凡房圈窝巢出粪，宜用大月三十，小月二十九日。

堆粪方：宜月空方上堆积正五，九月正北壬二六，十月正西庚三七，十一月正南丙四八，十二月正东甲。

择时断例[①]

黄道

青龙黄道：太乙星，天贵星，利有攸往，所作必成，所求皆得。

明堂黄道：贵人星，明辅星，利见大人，利有攸往，所作必成。

金匮黄道：福德星，月仙星，利道释用事阍者，女子用事吉，宜嫁娶，不宜整戎伍。

天德黄道：宝光星，天德星，其时大亨作事有成利有攸，往出行吉。

玉堂黄道：少微星，天开星，百事吉，求事成，出行有财，宜文书喜庆之事，利见大人，利安葬，不利泥灶。

司命黄道：凤辇星，日仙星，此时从寅至申时，用事大吉，从酉至丑时，用事不利。

黑道

天刑黑道：天刑星，利用出师，战无不克，其他动作谋为，皆不宜用，大忌词讼。

朱雀黑道：天讼星，利用公事，常人凶诸事忌用，防争讼。

白虎黑道：天杀星，宜出师畋猎祭祀，皆吉，余皆不利。

天牢黑道：锁神星，阴人用事吉，余皆不利。

---

① 当于上卷图内，合吉星用之。

元武黑道：天狱星，君子用之吉，小人用之凶，忌词讼博戏。

勾陈黑道：地狱星，此时所作一切事有始无终，先喜后悲，不利攸往，起造安葬，犯此绝嗣。

空亡

截路空亡：历书云，此时不利，攸往犯之不吉，盖是天干带水，故名截路，假如甲己日将五子元遁起，甲子时至申酉得壬癸属水，不宜陆路，只宜行舟，三车一览云，如人在路途间，遇水则不可济，禽书云，如截路空亡，是天干带壬癸，字看直日禽宿，值氐、房、心、虚、室、奎、娄、昴、觜、参、鬼、柳，此十二宿遇水则截其路，但忌行军出行阻滞，若修造葬埋则不忌。

旬中空亡：此时上官嫁娶，出行远回，修造入宅，建宫观神庙，及新立神像，开光上座，并凶。

五不遇

五不遇：《六壬》、《遁甲》云：此时阴阳交会于天庭，时干克日干，动而必遭祸刑。凡兴兵上官，除拜远行，造作百事，大凶，切宜避之。①

① 《通书》时支克日干与此不同。

卷五 选择汇考五

历学会通

中法选择部

正月

甲子：宜祭祀，会亲友，出行，入学，裁衣，沐浴，疗病，修造动土[①]，开渠，栽种，安碓硙，牧养。

乙丑：宜祭祀，不宜出行，移徙，动土，针刺。

丙寅：不宜出行，动土。

丁卯：宜祭祀，上官，出行，嫁娶，移徙，交易，疗病，修造，动土[②]，扫舍宇，栽种，牧养，启榄[③]。

戊辰：宜祭祀，会亲友，进人口，裁衣[④]，经络，牧养，不宜栽种。

己巳：宜平治道涂，不宜出行。

庚午：宜上官，结婚姻，会亲友，出行，冠带[⑤]，裁衣，竖柱，上梁[⑥]，捕捉。

辛未：宜祭祀，结婚姻，进人口，修造动土，竖柱上梁[⑦]，捕捉。

壬申：宜祭祀，疗病，破屋坏垣。

癸酉：宜祭祀，安床[⑧]，沐浴，破土安葬。

---

① 宜用卯时。
② 宜用午时。
③ 原文作“攒”。下同。不再说明。点校者柱。
④ 宜用辰时。
⑤ 宜用卯时，坐向西北。
⑥ 宜用卯时。
⑦ 宜用卯时。
⑧ 宜用午时。

甲戌：宜祭祀，结婚姻，会亲友，进人口，入学，裁衣[①]，开市交易，疗病，安碓硙。

乙亥：宜剃头，捕捉。

丙子：宜祭祀，结婚姻嫁娶，出行，移徙，入学，纳财，沐浴，疗病，修造动土[②]，开渠，穿井，安碓硙，置产室，栽种，牧养，启攒。

丁丑：宜祭祀，不宜出行，动土，移徙，针刺。

戊寅：不宜出行，动土。

己卯：宜祭祀，上官，嫁娶，立券交易，疗病，修造动土[③]，扫舍宇，不宜移徙。

庚辰：宜会亲友，不宜栽种。

辛巳：宜平治道涂，不宜出行。

壬午：宜祭祀，上官，结婚姻，会亲友，出行，冠带[④]，裁衣，修造，动土，竖柱，上梁[⑤]，安碓硙，破土安葬。

癸未：宜结婚姻，会亲友，进人口[⑥]，捕捉。

甲申：宜祭祀，疗病，破屋坏垣。

乙酉：宜祭祀，安床[⑦]，沐浴，破土安葬。

丙戌：宜祭祀，结婚姻，会亲友，进人口，入学，修造动土[⑧]，开市，疗病，交易，安碓硙，牧养。

丁亥：宜祭祀，栽种。

戊子：宜结婚姻，会亲友，出行，入学，沐浴疗病，修造动土[⑨]，开渠穿井，置产室，安碓硙，栽种，牧养。

己丑：宜祭祀，不宜出行，动土移徙，针刺。

庚寅：不宜出行，动土。

---

① 宜用辰时。
② 宜用卯时。
③ 宜用卯时。
④ 宜用午时，坐向正南。
⑤ 宜用午时。
⑥ 宜用卯时。
⑦ 宜用卯时。
⑧ 宜用寅时。
⑨ 宜用卯时。

辛卯：宜祭祀，上官，嫁娶，立券交易，疗病，修造动土[1]，扫舍宇，破土启攒，不宜移徙。

壬辰：宜会亲友，进人口，裁衣[2]，经络，牧养，不宜栽种。

癸巳：宜平治道涂，不宜出行。

甲午：宜祭祀，上官，结婚姻，会亲友，冠带[3]，出行，纳财，修造动土，竖柱上梁[4]，安碓硙，不宜出行。

乙未：宜祭祀，进人口[5]，捕捉，不宜出行，动土。

丙申：宜祭祀，疗病，破屋坏垣。

丁酉：宜祭祀，出行，移徙，安床，沐浴，修造动土[6]，栽种牧养，破土安葬。

戊戌：宜会亲友，开市，交易，疗病，不宜移徙，出行，栽种。

己亥：宜剃头，纳财，栽种，捕捉。

庚子：宜结婚姻，会亲友，嫁娶，出行，入学[7]，沐浴，牧养，疗病。

辛丑：不宜出行。移徙，动土，针刺。

壬寅：不宜出行，动土。

癸卯：宜上官，疗病，修造动土[8]，立券交易，破土启攒。

甲辰：宜会亲友，不宜栽种。

乙巳：宜祭祀，平治道涂，不宜出行。

丙午：宜祭祀，上官，结婚姻，会亲友，冠带[9]，出行，移徙，纳财，修造动土，竖柱上梁[10]，安碓硙，栽种牧养，破土安葬。

丁未：宜祭祀，出行，结婚姻，进人口，移徙，修造动土，竖柱上梁[11]，栽种牧养捕捉。

戊申：宜祭祀，疗病，破屋坏垣。

---

① 宜用卯时。
② 宜用辰时。
③ 宜用卯时，坐向东北。
④ 宜用卯时。
⑤ 宜用卯时。
⑥ 宜用午时。
⑦ 宜用卯时。
⑧ 宜用卯时。
⑨ 宜用午时，坐向西南。
⑩ 宜用午时。
⑪ 宜用巳时。

己酉：宜祭祀，安床[①]，沐浴，破土安葬。

庚戌：宜祭祀，结婚姻，会亲友，进人口，入学[②]，开市，交易，疗病，安碓硙。不宜出行，移徙。

辛亥：宜剃头，纳财，栽种，捕捉。

壬子：宜会亲友，出行，入学，沐浴，疗病，修造动土[③]，安碓硙，栽种，牧养，启攒，不宜移徙。

癸丑：不宜出行，移徙，动土，针刺。

甲寅：不宜出行，动土。

乙卯：宜祭祀，上官，交易，疗病，修造动土[④]，扫舍宇，破土启攒，不宜移徙。

丙辰：宜会亲友，进人口，移徙，裁衣[⑤]，经络，牧养，不宜栽种。

丁巳：宜栽种，平治道涂，不宜出行。

戊午：宜祭祀，上官，结婚姻，会亲友，冠带[⑥]，出行，修造动土，竖柱上梁[⑦]，安碓硙，不宜移徙。

己未：宜祭祀，结婚姻，进人口，修造动土[⑧]，捕捉。

庚申：宜疗病，破屋坏垣。

辛酉：宜祭祀，安床[⑨]，沐浴，破土安葬。

壬戌：宜上表章，结婚姻，会亲友，进人口，入学[⑩]，开市交易，疗病，安碓硙。

癸亥：宜祭祀。

二月

甲子：宜祭祀，进人口[⑪]，纳财，栽种，捕捉。

---

① 宜用午时。
② 宜用辰时。
③ 宜用午时。
④ 宜用卯时。
⑤ 宜用寅时。
⑥ 宜用卯时，坐向东南。
⑦ 宜用卯时。
⑧ 宜用卯时。
⑨ 宜用午时。
⑩ 宜用辰时。
⑪ 宜用卯时。

乙丑：宜祭祀，结婚姻，会亲友，嫁娶，出行，入学，疗病，修造动土，竖柱上梁①，开渠穿井，安碓硙，牧养。

丙寅：宜立券交易，栽种，牧养，破土，启攒，不宜移徙，针刺。

丁卯：宜祭祀，出行②，不宜动土。

戊辰：宜祭祀，会亲友，扫舍宇。

己巳：宜移徙，裁衣③，经络，开市，不宜动土。

庚午：宜平治道涂，不宜出行。

辛未：宜祭祀，结婚姻，会亲友，进人口，冠带④，裁衣，修造动土，竖柱上梁⑤，安碓硙，不宜针刺。

壬申：宜祭祀，破土安葬，不宜移徙，出行。

癸酉：宜祭祀，疗病，坏垣破屋，不宜移徙，出行。

甲戌：宜祭祀，上官，结婚姻，进人口，安床，立券交易，纳财，修造动土⑥。

乙亥：宜入学，裁衣，交易，沐浴，剃头，疗病，修造动土，竖柱上梁⑦，安碓硙，牧养，不宜出行。

丙子：宜嫁娶，进人口⑧，纳财，栽种，修造动土，捕捉，不宜出行。

丁丑：宜祭祀，上官，结婚姻，会亲友，嫁娶，出行，移徙，入学，疗病，修造动土，竖柱上梁⑨，开渠穿井，安碓硙，牧养，不宜出行。

戊寅：宜立券交易，不宜出行，移徙，针刺。

己卯：宜祭祀，出行⑩，不宜动土，移徙。

庚辰：宜祭祀，会亲友。

辛巳：宜会亲友，经络，不宜出行，动土。

壬午：宜祭祀，平治道涂，不宜出行，移徙。

---

① 宜用卯时。
② 宜用午时。
③ 宜用午时。
④ 宜用卯时，坐向西南。
⑤ 宜用卯时。
⑥ 宜用辰时。
⑦ 宜用辰时。
⑧ 宜用卯时。
⑨ 宜用卯时。
⑩ 宜用卯时。

癸未：宜结婚姻，会亲友，进人口，冠带[①]裁衣，竖柱上梁[②]，不宜针刺。

甲申：宜祭祀，上表，上官，出行，沐浴，修造动土，竖柱上梁[③]，捕捉，破土安葬，不宜出行。

乙酉：宜祭祀，疗病，坏垣破屋，不宜出行，移徙。

丙戌：宜祭祀，结婚姻，进人口，出行，移徙，安床，交易，修造动土[④]。

丁亥：宜祭祀，疗病。

戊子：宜进人口[⑤]，纳财，栽种，捕捉。

己丑：宜祭祀，会亲友，疗病，不宜栽种。

庚寅：宜立券交易，破土安葬，不宜移徙，栽种。

辛卯：宜祭祀，出行[⑥]，不宜移徙，动土。

壬辰宜扫舍宇。

癸巳：宜移徙，裁衣[⑦]，经络，开市，不宜动土。

甲午：宜祭祀，平治道涂，不宜动土。

乙未：宜祭祀，结婚姻，会亲友，进人口，裁衣冠带[⑧]，不宜动土，针刺。

丙申：宜祭祀，捕捉，破土安葬。

丁酉：宜祭祀，疗病，坏垣破屋，不宜出行，移徙。

戊戌：宜立券交易，不宜出行，移徙，栽种。

己亥：宜结婚姻，入学，交易，纳财，沐浴剃头，疗病，修造动土，竖柱上梁[⑨]，开渠穿井，安碓础，栽种，牧养。

庚子：宜嫁娶，进人口[⑩]，纳财，栽种，捕捉，不宜出行。

辛丑：宜结婚姻，会亲友，出行，入学，疗病，修造动土，竖柱上梁[⑪]，开渠穿井，安碓硙，牧养，不宜栽种。

---

① 宜用卯时，坐向东南。
② 宜用卯时。
③ 宜用辰时。
④ 宜用寅时。
⑤ 宜用卯时。
⑥ 宜用午时。
⑦ 宜用辰时。
⑧ 宜用卯时，坐向西北。
⑨ 宜用午时。
⑩ 宜用卯时。
⑪ 宜用卯时。

壬寅：宜立券交易，破土安葬，不宜移徙，针刺。

癸卯：宜出行[1]，不宜动土。

甲辰：宜会亲友。

乙巳：宜经络，开市，不宜出行，动土。

丙午：宜祭祀，栽种，平治道涂。

丁未：宜祭祀，结婚姻，会亲友，进人口，冠带[2]，出行，移徙，裁衣，纳财，修造动土，竖柱上梁[3]，安碓硙，栽种，牧养，不宜针刺。

戊申：宜祭祀，出行，上表章[4]，沐浴，捕捉。

己酉：宜祭祀，疗病，坏垣破屋，不宜出行，移徙。

庚戌：宜祭祀，上表，结婚姻，进人口，安床，立券交易，修造动土[5]。

辛亥：宜祭祀，结婚姻，会亲友，入学，交易纳财，沐浴剃头，裁衣，疗病，修造动土，竖柱上梁[6]，安碓硙，栽种，牧养，不宜出行。

壬子：宜进人口[7]，纳财，栽种，不宜出行，移徙。

癸丑：宜结婚姻，会亲友，出行，疗病，入学[8]，牧养，不宜动土，栽种。

甲寅：宜立券交易，破土启攒，不宜移徙，针刺。

乙卯：宜祭祀，出行[9]，不宜动土。

丙辰：宜祭祀，修造动土[10]，扫舍宇。

丁巳：宜移徙，裁衣[11]，经络，栽种，开市，牧养。

戊午：宜祭祀，平治道涂，不宜移徙。

己未：宜祭祀，结婚姻，会亲友，进人口，冠带[12]，裁衣，修造动土，竖柱上梁[13]，

---

① 宜用卯时。
② 宜用巳时，坐向正南。
③ 宜用巳时
④ 宜用辰时。
⑤ 宜用巳时。
⑥ 宜用午时。
⑦ 宜用午时。
⑧ 宜用辰时。
⑨ 宜用卯时。
⑩ 宜用寅时。
⑪ 宜用辰时。
⑫ 宜用卯时，坐向东北。
⑬ 宜用卯时。

安碓硙，不宜针刺。

庚申：宜上表章，出行[①]，沐浴，捕捉，破土安葬。

辛酉：宜祭祀，疗病，坏垣破屋，不宜出行，移徙。

壬戌：宜结婚姻，进人口，安床，立券交易，修造动土[②]。

癸亥：宜祭祀，疗病，纳财，栽种。

三月

甲子：宜祭祀，上表章，会亲友，进人口，竖柱上梁[③]，交易纳财，沐浴疗病，牧养，不宜出行，移徙。

乙丑：宜祭祀，纳财，捕捉。

丙寅：宜上官，上表章，结婚姻，会亲友，进人口，出行，移徙，开市，立券交易[④]，牧养，启欑，修造动土，竖柱上梁，开渠穿井，安碓硙，栽种，不宜针刺。

丁卯：宜祭祀，立券交易，栽种，启欑，不宜针刺。

戊辰：宜祭祀，出行[⑤]，不宜动土。

己巳：宜上官，会亲友，进人口，裁衣，开市，疗病，修造动土[⑥]，扫舍宇，不宜出行。

庚午：宜会亲友，移徙，裁衣[⑦]，开市，剃头，破土安葬。

辛未：宜祭祀，平治道涂。

壬申：宜祭祀，破土安葬，不宜出行，移徙。

癸酉：宜祭祀，上官，进人口[⑧]，沐浴疗病，捕捉，安葬。

甲戌：宜祭祀，疗病，坏垣破屋。

乙亥：宜进人口，沐浴疗病，安床[⑨]。

---

① 宜用辰时。
② 宜用辰时。
③ 宜用卯时。
④ 宜用未时。
⑤ 宜用辰时。
⑥ 宜用辰时。
⑦ 宜用卯时。
⑧ 宜用卯时。
⑨ 宜用辰时。

丙子：宜上表章，结婚姻，会亲友，进人口，交易纳财，沐浴疗病，竖柱上梁①，开渠穿井，安碓硙，栽种，牧养，不宜针刺。

丁丑：宜祭祀，纳财，置产室，栽种，捕捉，不宜移徙，针刺。

戊寅：宜上官，结婚姻，会亲友，进人口，出行，移徙，开市立券交易，修造动土，竖柱上梁②，开渠穿井，安碓硙，栽种，牧养，不宜针刺。

己卯：宜祭祀，立券交易，裁衣，不宜移徙，针刺。

庚辰：宜祭祀，不宜针刺。

辛巳：宜会亲友，疗病，开市，扫舍宇，不宜出行。

壬午：宜会亲友，裁衣③，经络，开市，剃头，破土安葬，不宜移徙。

癸未：宜平治道涂。

甲申：宜祭祀，进人口，沐浴，裁衣，修造动土，竖柱上梁，安碓硙，破土安葬。

乙酉：宜祭祀，进人口④，纳财，沐浴疗病，捕捉，安葬，不宜移徙，动土。

丙戌：宜祭祀，疗病，坏垣破屋。

丁亥：宜栽种，不宜出行。

戊子：宜上官，上表章，结婚姻，进人口，裁衣，交易纳财，沐浴疗病，修造动土，竖柱上梁⑤，开渠穿井，安碓硙，栽种，牧养，不宜出行移徙。

己丑：宜祭祀，捕捉。

庚寅：宜上官，结婚姻，会亲友，进人口，出行，移徙，开市立券交易，纳财，疗病，沐浴，修造动土⑥，开渠穿井，安碓硙，栽种，牧养，不宜针刺。

辛卯：宜祭祀，立券交易，启攒，不宜移徙，针刺。

壬辰：宜出行⑦，不宜动土。

癸巳：宜上官，会亲友，进人口，裁衣经络，开市，疗病，修造动土⑧。

甲午：宜会亲友，裁衣，经络⑨，开市，剃头，启攒。

---

① 宜用卯时。
② 宜用辰时。
③ 宜用卯时。
④ 宜用卯时。
⑤ 宜用卯时。
⑥ 宜用辰时。
⑦ 宜用辰时。
⑧ 宜用辰时。
⑨ 宜用卯时。

乙未：宜祭祀，平治道涂，不宜出行。

丙申：宜祭祀，安葬动土，不宜出行，移徙。

丁酉：宜祭祀，上官，进人口，出行，移徙①，沐浴疗病，栽种，牧养，捕捉，安葬，不宜动土。

戊戌：宜疗病，坏垣破土，不宜出行。

己亥：宜结婚姻，进人口，沐浴，安床，修造动土②，裁衣，不宜出行。

庚子：宜上官，上表章，结婚姻，进人口，交易纳财，沐浴疗病，修造动土，竖柱上梁③，安碓硙，牧养，破土，启攒。

辛丑：宜纳财，置产室，捕捉，不宜出行。

壬寅：宜上官，结婚姻，会亲友，进人口，出行，移徙，开市立券交易，修造动土，竖柱上梁④，安碓硙，栽种，牧养，不宜针刺。

癸卯：宜立券交易，启攒，不宜针刺。

甲辰：不宜动土。

乙巳：宜祭祀，会亲友，疗病，不宜出行。

丙午：宜会亲友，出行，移徙，裁衣⑤，经络，开市，剃头，栽种，牧养，破土安葬。

丁未：宜祭祀，平治道涂。

戊申：宜祭祀，进人口，沐浴，裁衣⑥，修造动土，不宜出行，移徙。

己酉：宜祭祀，上官，进人口，裁衣⑦，沐浴疗病，捕捉，不宜出行，移徙，动土。

庚戌：宜祭祀，疗病，坏垣破屋，不宜出行。

辛亥：宜结婚姻，会亲友，沐浴，安床⑧。

壬子：宜上表章，上官，会亲友，进人口，交易纳财，沐浴疗病，修造动土，竖

---

① 宜用午时。
② 宜用午时。
③ 宜用卯时。
④ 宜用未时。
⑤ 宜用午时。
⑥ 宜用辰时。
⑦ 宜用午时。
⑧ 宜用午时。

柱上梁[①]，安碓硙，牧养，破土启攒，不宜出行，移徙。

癸丑：宜纳财，捕捉，不宜出行。

甲寅：宜上官，结婚姻，会亲友，进人口，出行移徙[②]，开市，立券交易，栽种，牧养，启攒，不宜针刺。

乙卯：宜祭祀，立券交易，破土启攒，不宜出行，移徙，针刺。

丙辰：宜祭祀，出行，交易[③]，不宜栽种，针刺，动土。

丁巳：宜祭祀，会亲友，进人口，移徙[④]，开市，疗病，修造动土，扫舍宇，栽种，牧养，启攒，不宜针刺。

戊午：宜会亲友，剃头，经络，开市，不宜移徙。

己未：宜祭祀，平治道涂。

庚申：宜进人口，沐浴，裁衣[⑤]，安碓硙，破土安葬。

辛酉：宜祭祀，进人口[⑥]，沐浴，捕捉，破土安葬，不宜移徙，动土。

壬戌：宜疗病，坏垣破土，不宜出行。

癸亥：不宜出行。

四月

甲子：宜祭祀，会亲友，嫁娶，出行，安床[⑦]，沐浴。

乙丑：宜祭祀，结婚姻，会亲友，进人口，入学，交易纳财，立券，修造动土，疗病[⑧]，安碓硙，牧养，不宜出行移徙。

丙寅：宜栽种，捕捉。

丁卯：宜祭祀，结婚姻，会亲友，进人口，出行，入学，立券交易，纳财，疗病，修造动土，竖柱上梁[⑨]，安碓硙，栽种，牧养，启攒，移徙。

戊辰：宜祭祀，交易，不宜出行，栽种，针刺。

---

① 宜用午时。
② 宜用辰时。
③ 宜用寅时。
④ 宜用辰时。
⑤ 宜用辰时。
⑥ 宜用卯时。
⑦ 宜用卯时。
⑧ 宜用卯时。
⑨ 宜用午时。

己巳：不宜出行，动土。

庚午：宜上官，上表章[①]，扫舍宇，疗病，破土安葬。

辛未：宜进人口，裁衣[②]，经络，置产室。

壬申：不宜出行，针刺。

癸酉：宜祭祀，冠带[③]，裁衣，沐浴剃头，修造动土[④]，安碓硙，破土安葬。

甲戌：宜祭祀，上表章，结婚姻，会亲友，嫁娶，进人口，修造动土[⑤]，捕捉，不宜出行。

乙亥：宜坏垣破屋，不宜出行。

丙子：宜出行，裁衣，安床[⑥]，纳财，沐浴。

丁丑：宜结婚姻，会亲友，进人口，入学，交易纳财，疗病，修造动土，竖柱上梁[⑦]，安碓硙，栽种，牧养，不宜出行移徙。

戊寅：宜栽种，捕捉。

己卯：宜祭祀，会亲友，上官，结婚姻，出行，入学[⑧]，立券交易纳财，疗病，栽种，牧养，不宜移徙。

庚辰：宜祭祀，交易，不宜栽种，针刺。

辛巳：不宜出行，动土。

壬午：宜祭祀，上表章，上官[⑨]，疗病，扫舍宇。

癸未：宜会亲友，进人口，裁衣[⑩]，经络，置产室。

甲申：宜嫁娶[⑪]，平治道涂，不宜针刺。

乙酉：宜祭祀，冠带[⑫]，裁衣，沐浴剃头，修造动土[⑬]，安碓硙，破土安葬，不宜

---

① 宜用卯时。
② 宜用卯时。
③ 宜用午时，坐向东南。
④ 宜用午时。
⑤ 宜用辰时。
⑥ 宜用卯时。
⑦ 宜用巳时。
⑧ 宜用卯时。
⑨ 宜用午时。
⑩ 宜用卯时。
⑪ 宜用辰时。
⑫ 宜用卯时，坐向西北。
⑬ 宜用卯时。

移徙。

丙戌：宜祭祀，上表章，结婚姻，会亲友，进人口，嫁娶[1]，捕捉，不宜出行，动土。

丁亥：宜祭祀，坏垣破屋，不宜出行。

戊子：宜嫁娶，出行，安床，沐浴，修造，动土[2]，栽种，牧养。

己丑：宜祭祀，会亲友，交易纳财，疗病，不宜移徙动土。

庚寅：宜捕捉，不宜动土。

辛卯：宜祭祀，结婚姻，会亲友，出行，入学，立券交易，修造动土，竖柱上梁[3]，安碓硙，栽种，牧养，启攒。

壬辰：宜交易，不宜栽种，针刺。

癸巳：不宜出行动土。

甲午：宜祭祀，上表章，上官[4]，疗病，破土启攒，不宜出行。

乙未：宜进人口[5]，经络，不宜栽种。

丙申：不宜针刺。

丁酉：宜祭祀，冠带[6]，裁衣，沐浴，修造动土[7]，安碓硙，破土安葬。

戊戌：宜会亲友，不宜出行。

己亥：宜坏垣破屋，不宜出行。

庚子：宜会亲友，出行，安床[8]，沐浴，破土，启攒。

辛丑：宜祭祀，结婚姻，会亲友，进人口，入学，交易纳财，疗病，修造动土[9]，安碓硙，栽种，牧养，不宜移徙。

壬寅：宜捕捉，不宜动土。

癸卯：宜结婚姻，会亲友，出行，入学，进人口，立券交易，疗病，修造动土，

---

① 宜用寅时。
② 宜用卯时。
③ 宜用卯时。
④ 宜用卯时。
⑤ 宜用卯时。
⑥ 宜用午时，坐向正南。
⑦ 宜用午时。
⑧ 宜用卯时。
⑨ 宜用卯时。

竖柱上梁[①]，安碓硙，栽种，牧养，不宜移徙。

甲辰：宜交易，不宜栽种，针刺。

乙巳：宜祭祀，不宜出行，动土。

丙午：宜祭祀，上表章，上官[②]，疗病。

丁未：宜进人口，裁衣[③]，经络，不宜栽种。

戊申：宜平治道涂，不宜针刺。

己酉：宜祭祀，冠带[④]，出行，裁衣，纳财，沐浴剃头，修造动土[⑤]，安碓硙，栽种，牧养，破土安葬，不宜移徙。

庚戌：宜祭祀，上表章，结婚姻，会亲友，进人口，修造动土[⑥]，捕捉。

辛亥：宜坏垣破屋，不宜出行。

壬子：宜会亲友，出行，安床[⑦]，沐浴。

癸丑：宜结婚姻，会亲友，进人口，交易纳财，疗病，修造动土，竖柱上梁[⑧]，安碓硙，栽种，牧养。

甲寅：宜捕捉，栽种。

乙卯：宜祭祀，会亲友，出行，入学，交易立券，疗病，修造动土，竖柱上梁[⑨]，安碓硙，牧养，启攒。

丙辰：宜祭祀，裁衣[⑩]，交易。

丁巳：宜祭祀，不宜出行，动土。

戊午：宜祭祀，上表章，上官，出行，疗病，修造动土[⑪]，扫舍宇，栽种，牧养，不宜移徙。

己未：宜进人口，裁衣[⑫]，经络，置产室，牧养。

---

① 宜用卯时。
② 宜用午时。
③ 宜用巳时。
④ 宜用午时，坐向东北。
⑤ 宜用午时。
⑥ 宜用巳时。
⑦ 宜用午时。
⑧ 宜用卯时。
⑨ 宜用卯时。
⑩ 宜用寅时。
⑪ 宜用卯时。
⑫ 宜用卯时。

庚申：宜平治道涂，不宜针刺。

辛酉：宜祭祀，冠带[①]，裁衣，沐浴剃头，修造动土[②]，安碓硙，破土安葬，不宜移徙。

壬戌：宜上表章，结婚姻，会亲友，进人口，修造动土[③]，捕捉。

癸亥：宜祭祀，不宜出行。

五月

甲子：宜祭祀，疗病，坏垣破屋，不宜出行。

乙丑：宜祭祀，上表章，安床，修造动土[④]。

丙寅：宜上官，结婚姻，会亲友，出行，入学，立券交易，疗病，修造动土[⑤]，安碓硙，栽种，牧养，破土，启攒。

丁卯：宜祭祀，进人口[⑥]，捕捉，不宜栽种，针刺。

戊辰：宜祭祀，上官，结婚姻，会亲友，进人口，出行移徙，纳财，入学，疗病[⑦]，牧养，不宜动土。

己巳：宜裁衣[⑧]，栽种，牧养，不宜出行，针刺。

庚午：不宜出行移徙，动土。

辛未：宜祭祀，结婚姻，会亲友，立券交易，修造动土[⑨]，扫舍宇，不宜出行。

壬申：宜经络，开市，纳财，破土安葬，不宜出行。

癸酉：宜祭祀，嫁娶[⑩]，剃头，平治道涂，不宜出行。

甲戌：宜祭祀，结婚姻，会亲友，嫁娶，冠带[⑪]，修造动土，竖柱上梁[⑫]，安碓硙，牧养。

---

① 宜用午时，坐向西南。
② 宜用午时。
③ 宜用巳时。
④ 宜用卯时。
⑤ 宜用未时。
⑥ 宜用午时。
⑦ 宜用辰时。
⑧ 宜用辰时。
⑨ 宜用卯时。
⑩ 宜用午时。
⑪ 宜用辰时，坐向东北。
⑫ 宜用辰时。

乙亥：宜沐浴，捕捉。

丙子：宜疗病，坏垣破屋。

丁丑：宜祭祀，上表章，裁衣，安床，修造动土①。

戊寅：宜上官，结婚姻，会亲友，出行，入学，立券交易，疗病，修造动土②，安碓硙，置产室，栽种，牧养。

己卯：宜祭祀，进人口③，捕捉，不宜栽种，针刺。

庚辰：宜祭祀，会亲友，疗病，不宜出行。

辛巳：不宜出行，针刺。

壬午：宜祭祀，不宜出行移徙，动土。

癸未：宜结婚姻，会亲友，立券交易，扫舍宇，不宜出行。

甲申：宜嫁娶，出行移徙，裁衣④，经络，开市纳财，沐浴，破土安葬。

乙酉：宜祭祀，嫁娶⑤，剃头，平治道涂，不宜出行移徙。

丙戌：宜祭祀，上官，结婚姻，会亲友，嫁娶，冠带⑥，纳财，牧养。

丁亥：宜祭祀。

戊子：宜疗病，坏垣破屋，不宜移徙。

己丑：宜祭祀，不宜栽种，出行。

庚寅：宜结婚姻，会亲友，出行，入学，立券交易，疗病，修造动土⑦，置产室，安碓硙，栽种，牧养，安葬破土，不宜移徙。

辛卯：宜祭祀，进人口⑧，捕捉，不宜出行移徙，栽种，针刺。

壬辰：宜上表章，结婚姻，会亲友，进人口，入学，出行，疗病，修造动土，竖柱上梁⑨，安碓硙，栽种，牧养。

癸巳：宜栽种⑩，不宜出行，针刺。

---

① 宜用巳时。
② 宜用辰时。
③ 宜用辰时。
④ 宜用辰时。
⑤ 宜用寅时。
⑥ 宜用寅时，坐向西南。
⑦ 宜用辰时。
⑧ 宜用卯时。
⑨ 宜用辰时。
⑩ 宜用辰时。

甲午：宜祭祀，不宜出行移徙，动土。

乙未：宜祭祀，结婚姻，会亲友，立券交易，不宜出行。

丙申：宜经络，开市，纳财，破土安葬。

丁酉：宜祭祀，平治道涂，不宜出行。

戊戌：宜会亲友，纳财，不宜出行。

己亥：宜出行移徙，沐浴，修造动土，竖柱上梁[①]，栽种，牧养，捕捉。

庚子：宜疗病，破屋坏垣。

辛丑：宜上表章，安床，修造动土[②]。

壬寅：宜上表章，结婚姻，会亲友，出行，入学，立券交易，疗病，修造动土[③]，置产室，安碓硙，栽种，牧养，破土安葬，不宜移徙。

癸卯：宜进人口[④]，捕捉，不宜栽种，针刺。

甲辰：宜会亲友，疗病，不宜出行。

乙巳：不宜出行，针刺。

丙午：宜祭祀，不宜出行移徙，动土。

丁未：宜祭祀，结婚姻，会亲友，裁衣[⑤]，立券交易。

戊申：宜移徙，纳财，裁衣[⑥]，经络，开市，沐浴，栽种，牧养。

己酉：宜祭祀，剃头，栽种，平治道涂，不宜出行，捕捉。

庚戌：宜祭祀，结婚姻，会亲友，冠带[⑦]，纳财，修造动土，竖柱上梁[⑧]，安碓硙，栽种，牧养，不宜出行。

辛亥：宜会亲友，沐浴，修造动土[⑨]，捕捉。

壬子：宜疗病，破屋坏垣，不宜出行移徙。

癸丑：宜安床，修造动土[⑩]。

---

① 宜用午时。
② 宜用卯时。
③ 宜用未时，
④ 宜用卯时，
⑤ 宜用巳时，
⑥ 宜用辰时。
⑦ 宜用巳时，坐向西北。
⑧ 宜用巳时。
⑨ 宜用午时。
⑩ 宜用巳时。

甲寅：宜结婚姻，会亲友，出行，入学，立券交易，疗病，修造动土[①]，安碓硙，栽种，牧养，置产室，破土，启攒，不宜移徙。

乙卯：宜祭祀，进人口[②]，捕捉，不宜栽种，针刺。

丙辰：宜祭祀，上官，结婚姻，会亲友，进人口，出行，入学，疗病，修造动土，竖柱上梁[③]，开渠穿井，安碓硙，栽种，牧养，不宜出行。

丁巳：宜裁衣[④]，不宜出行，针刺。

戊午：宜祭祀，不宜出行移徙，动土。

己未：宜祭祀，结婚姻，会亲友，出行移徙，立券交易，修造动土[⑤]，扫舍宇，栽种，牧养。

庚申：宜出行移徙，裁衣[⑥]，开市纳财，沐浴，破土安葬。

辛酉：宜祭祀，剃头，平治道涂，不宜出行移徙。

壬戌：宜结婚姻，会亲友，冠带[⑦]，修造动土，竖柱上梁[⑧]，交易纳财，安碓硙，牧养。

癸亥：宜祭祀。

六月

甲子：宜祭祀，上表章，上官，沐浴，修造动土[⑨]，捕捉，不宜移徙。

乙丑：宜祭祀，疗病，破屋坏垣。

丙寅：宜结婚姻，会亲友，进人口，安床，开市，立券交易，修造动土[⑩]，破土启攒。

丁卯：宜祭祀，结婚姻，会亲友，进人口，立券，交易，疗病，修造动土[⑪]，安碓硙，启攒，破土。

---

① 宜用辰时。
② 宜用卯时。
③ 宜用寅时。
④ 宜用辰时。
⑤ 宜用卯时。
⑥ 宜用辰时。
⑦ 宜用辰时，坐向正南。
⑧ 宜用辰时。
⑨ 宜用卯时。
⑩ 宜用未时。
⑪ 宜用午时

戊辰：宜祭祀，纳财，捕捉，不宜动土。

己巳：宜上官，结婚姻，进人口，裁衣，疗病，修造动土，竖柱上梁[①]，开渠穿井，安碓硙，牧养，不宜出行。

庚午：宜立券交易，破土安葬，不宜出行，针刺。

辛未：宜祭祀，出行[②]，不宜动土。

壬申：宜祭祀，疗病，破土安葬。

癸酉：宜嫁娶，裁衣[③]，经络，开市，沐浴，牧养，破土安葬，不宜针刺。

甲戌：宜嫁娶[④]，不宜动土。

乙亥：宜结婚姻，会亲友，进人口，裁衣，沐浴，修造动土，竖柱上梁[⑤]，安碓磑，牧养。

丙子：宜上表章，上官，沐浴，修造动土，竖柱上梁[⑥]，捕捉，破土，启攒，不宜移徙。

丁丑：宜祭祀，疗病，破屋坏垣。

戊寅：宜祭祀，结婚姻，会亲友，进人口，移徙出行，裁衣，安床，开市立券交易，修造动土[⑦]，栽种，牧养。

己卯：宜祭祀，结婚姻，会亲友，进人口，出行，裁衣，立券交易，疗病，修造动土[⑧]，安碓硙，栽种，牧养。

庚辰：宜祭祀，不宜出行。

辛巳：宜会亲友，疗病，纳财，不宜出行移徙，栽种。

壬午：宜祭祀，立券交易，破土安葬，不宜出行移徙，针刺。

癸未：宜出行，嫁娶[⑨]，不宜动土。

甲申：宜祭祀，上官，进人口，嫁娶[⑩]，开市，沐浴疗病，修造动土，扫舍宇，破

---

① 宜用午时。
② 宜用卯时。
③ 宜用卯时。
④ 宜用寅时。
⑤ 宜用辰时。
⑥ 宜用卯时。
⑦ 宜用辰时。
⑧ 宜用卯时。
⑨ 宜用卯时。
⑩ 宜用辰时。

土安葬。

乙酉：宜嫁娶，沐浴，裁衣[①]，经络，开市纳财，牧养，破土安葬，不宜移徙，针刺。

丙戌：宜祭祀。

丁亥：宜祭祀，会亲友。

戊子：宜上表章，上官，出行[②]，裁衣，沐浴，修造动土，捕捉。

己丑：宜祭祀，疗病，破屋坏垣。

庚寅：宜上表章，结婚姻，会亲友，进人口，安床[③]，开市交易立券，修造动土，安葬，不宜出行。

辛卯：宜祭祀，结婚姻，会亲友，进人口[④]，立券交易，疗病，修造动土，安碓硙，破土，启欑，不宜移徙。

壬辰：宜纳财，捕捉。

癸巳：宜上官，结婚姻，会亲友，进人口[⑤]，疗病，牧养，不宜动土。

甲午：宜祭祀，立券交易，破土，启欑，不宜出行，针刺。

乙未：宜祭祀，出行，嫁娶[⑥]。

丙申：宜祭祀，疗病，破土安葬，不宜出行。

丁酉：宜沐浴，裁衣[⑦]，经络，开市，牧养，破土，安葬，不宜针刺。

戊戌：不宜动土。

己亥：宜上官，结婚姻，会亲友，进人口，出行移徙，裁衣，沐浴，修造，动土[⑧]，安碓硙，栽种，牧养。

庚子：宜上表章，上官，沐浴，修造动土[⑨]，捕捉，启欑。

辛丑：宜疗病，破屋坏垣。

---

① 宜用卯时。
② 宜用卯时。
③ 宜用辰时。
④ 宜用卯时。
⑤ 宜用辰时。
⑥ 宜用卯时。
⑦ 宜用午时。
⑧ 宜用午时。
⑨ 宜用卯时。

壬寅：宜结婚姻，会亲友，进人口，安床，开市立券交易，修造动土①，破土安葬。

癸卯：宜结婚姻，会亲友，进人口，立券交易，修造动土②，安碓硙，破土，启攒。

甲辰：宜纳财。

乙巳：宜祭祀，会亲友，疗病，不宜出行移徙。

丙午：宜祭祀，立券交易，破土安葬，不宜出行，针刺。

丁未：宜祭祀，出行③，不宜动土。

戊申：宜祭祀，移徙，裁衣④，开市，沐浴疗病，修造动土，栽种，牧养。

己酉：宜沐浴，裁衣⑤，经络，开市纳财，栽种，牧养，不宜移徙，针刺。

庚戌：宜祭祀，不宜动土。

辛亥：宜上官，结婚姻，会亲友，进人口，移徙，裁衣，纳财，沐浴，修造动土，竖柱上梁⑥，安碓硙，牧养。

壬子：宜上表章，上官⑦，沐浴，破土，启攒，不宜出行移徙。

癸丑：宜疗病，破屋坏垣。

甲寅：宜上官，结婚姻，会亲友，进人口，安床⑧，开市立券交易，启攒。

乙卯：宜祭祀，会亲友，进人口，修造动土⑨，立券交易，疗病，安碓硙，破土，启攒，不宜移徙。

丙辰：宜祭祀，纳财，捕捉。

丁巳：宜祭祀，上官，结婚姻，会亲友，进人口，安床，疗病，修造动土⑩，开渠穿井，安碓硙，牧养。

戊午：宜祭祀，裁衣⑪，立券交易纳财，牧养，不宜出行移徙，针刺。

---

① 宜用未时。
② 宜用卯时。
③ 宜用巳时。
④ 宜用辰时。
⑤ 宜用午时。
⑥ 宜用午时。
⑦ 宜用午时。
⑧ 宜用辰时。
⑨ 宜用卯时。
⑩ 宜用辰时。
⑪ 宜用午时。

己未：宜祭祀，出行[1]，不宜动土。

庚申：宜上官，上表章，会亲友，进人口，开市，疗病，修造动土[2]，置产室，扫舍宇，破土安葬。

辛酉：宜沐浴，裁衣[3]，经络，开市纳财，牧养，破土安葬，不宜移徙，针刺。

壬戌：宜嫁娶[4]，不宜动土。

癸亥：宜祭祀，会亲友，不宜出行。

七月

甲子：宜祭祀，上官，结婚姻，会亲友，冠带[5]，裁衣，沐浴，修造动土，竖柱上梁[6]，安碓硙。

乙丑：宜祭祀，结婚姻，会亲友，进人口，修造动土[7]，牧养，捕捉。

丙寅：宜疗病，破屋坏垣。

丁卯：宜祭祀，结婚姻，会亲友，安床[8]，交易，启攒。

戊辰：宜祭祀，结婚姻，会亲友，进人口，交易，入学，修造动土[9]，安碓硙，牧养，不宜针刺，出行移徙。

己巳：宜进人口[10]，剃头，捕捉，不宜栽种，针刺。

庚午：宜结婚姻，会亲友，出行，入学，裁衣，疗病，修造动土[11]，开渠穿井，安碓础，牧养，栽种。

辛未：宜祭祀，不宜出行，栽种，针刺。

壬申：宜祭祀，不宜动土。

癸酉：宜祭祀，移徙，沐浴，修造动土[12]，扫舍宇，牧养，破土安葬，不宜出行。

---

① 宜用卯时。
② 宜用辰时。
③ 宜用午时。
④ 宜用酉时。
⑤ 宜用卯时，坐向东北。
⑥ 宜用卯时。
⑦ 宜用卯时。
⑧ 宜用午时。
⑨ 宜用辰时。
⑩ 宜用辰时。
⑪ 宜用卯时。
⑫ 宜用午时。

甲戌：宜进人口[1]，经络，开市交易纳财，栽种，牧养。

乙亥：宜平治道涂。

丙子：宜上官，会亲友，结婚姻，冠带[2]，裁衣，沐浴，修造动土，竖柱上梁[3]，安碓磑，破土，启攒。

丁丑：宜结婚姻，会亲友，祭祀，进人口[4]，栽种，牧养，捕捉。

戊寅：宜疗病，破屋坏垣，不宜出行。

己卯：宜祭祀，结婚姻，会亲友，安床[5]，交易，牧养，不宜移徙动土。

庚辰：宜祭祀，会亲友，交易，疗病，不宜出行，栽种，移徙，针刺。

辛巳：不宜出行。

壬午：宜祭祀，结婚姻，会亲友，嫁娶，出行，入学，纳财，疗病，修造动土[6]，安碓硙，栽种，牧养。

癸未：宜嫁娶[7]，不宜出行，栽种，针刺。

甲申：宜祭祀，出行，嫁娶，不宜动土。

乙酉：宜祭祀，沐浴，扫舍宇，破土安葬，不宜出行，移徙。

丙戌：宜进人口，裁衣[8]，经络，开市交易，栽种，牧养。

丁亥：宜平治道涂。

戊子：宜上官，结婚姻，会亲友，冠带[9]，裁衣，沐浴，修造动土，竖柱上梁[10]，安碓硙，不宜移徙。

己丑：宜祭祀，捕捉，不宜移徙。

庚寅：宜疗病，破屋坏垣。

辛卯：宜祭祀，结婚姻，会亲友，安床[11]，立券交易，置产室，启攒，不宜出行。

---

① 宜用辰时。
② 宜用卯时，坐向西南。
③ 宜用卯时。
④ 宜用巳时。
⑤ 宜用午时。
⑥ 宜用午时。
⑦ 宜用卯时。
⑧ 宜用寅时。
⑨ 宜用卯时，坐向东南。
⑩ 宜用卯时。
⑪ 宜用卯时。

壬辰：宜结婚姻，会亲友，进人口，入学，交易，修造动土[①]，安碓硙，不宜针刺。

癸巳：宜嫁娶，进人口[②]，纳财，剃头，栽种，捕捉。

甲午：宜祭祀，结婚姻，会亲友，嫁娶，出行，入学，疗病，修造动土[③]，开渠穿井，安碓硙，栽种，牧养。

乙未：宜祭祀，嫁娶[④]，不宜出行，栽种，针刺。

丙申：宜祭祀，不宜动土。

丁酉：宜祭祀，沐浴，修造动土[⑤]，破土安葬，不宜出行。

戊戌：宜栽种。

己亥：宜平治道涂，不宜出行。

庚子：宜上官，会亲友，冠带[⑥]，裁衣，沐浴，修造动土，竖柱上梁[⑦]，安碓硙。

辛丑：宜结婚姻，进人口[⑧]，牧养，捕捉，不宜移徙动土。

壬寅：宜疗病，破屋坏垣。

癸卯：宜结婚姻，会亲友，出行移徙，安床[⑨]，立券交易，牧养，启攒。

甲辰：宜会亲友，交易，不宜出行移徙，栽种，针刺。

乙巳：宜祭祀，不宜出行。

丙午：宜祭祀，结婚姻，会亲友，出行，入学，疗病，修造，动土[⑩]，开渠穿井，安碓硙，栽种，牧养。

丁未：宜祭祀，不宜出行，栽种，针刺。

戊申：宜祭祀，不宜动土。

己酉：宜祭祀，沐浴，破土安葬，不宜出行移徙。

庚戌：宜会亲友，进人口[⑪]，开市交易，纳财，栽种，牧养。

---

① 宜用辰时。
② 宜用辰时。
③ 宜用卯时。
④ 宜用卯时。
⑤ 宜用午时。
⑥ 宜用卯时，坐向西北。
⑦ 宜用卯时。
⑧ 宜用卯时。
⑨ 宜用卯时。
⑩ 宜用午时。
⑪ 宜用辰时。

辛亥：宜平治道涂。

壬子：宜上官，结婚姻，会亲友，冠带[①]，出行，裁衣，纳财，沐浴，修造动土，竖柱上梁[②]，安碓硙，栽种，牧养，破土，启攒。

癸丑：宜结婚姻，会亲友，进人口，修造动土[③]，栽种，牧养，捕捉。

甲寅：宜疗病，破屋坏垣。

乙卯：宜祭祀，结婚姻，会亲友，安床[④]，立券交易，启攒。

丙辰：宜祭祀，结婚姻，会亲友，进人口，入学，疗病，交易，修造动土[⑤]，安碓硙，牧养，不宜出行移徙，栽种，针刺。

丁巳：宜祭祀，进人口[⑥]，纳财，捕捉。

戊午：宜祭祀，会亲友，嫁娶，出行，入学，疗病，修造动土[⑦]，开渠穿井，安碓硙，栽种，牧养，不宜移徙。

己未：宜祭祀，不宜出行，栽种，针刺。

庚申：宜出行[⑧]，不宜动土。

辛酉：宜祭祀，扫舍宇，破土安葬，不宜出行移徙，针刺。

壬戌：宜会亲友，进人口，出行，移徙，裁衣[⑨]，经络，开市，交易，纳财，栽种，牧养。

癸亥：宜平治道涂。

八月

甲子：宜祭祀，平治道涂，不宜出行。

乙丑：宜祭祀，结婚姻，会亲友，裁衣，修造动土，竖柱上梁[⑩]，安碓硙，牧养。

丙寅：宜上表章，会亲友，修造动土[⑪]，捕捉，破土，启攒，不宜移徙。

---

① 宜用午时，坐向正南。
② 宜用午时。
③ 宜用巳时。
④ 宜用卯时。
⑤ 宜用寅时。
⑥ 宜用午时。
⑦ 宜用卯时。
⑧ 宜用辰时。
⑨ 宜用辰时。
⑩ 宜用卯时。
⑪ 宜用未时。

丁卯：宜祭祀，疗病，破屋坏垣。

戊辰：宜祭祀，结婚姻，安床[①]，立券，交易，不宜栽种。

己巳：宜结婚姻，剃头，入学，交易，纳财，疗病，修造动土，竖柱上梁[②]，安碓硙，不宜出行。

庚午：宜进人口[③]，捕捉，不宜出行，栽种。

辛未：宜祭祀，结婚姻，会亲友，出行，入学，裁衣[④]，纳财，栽种，牧养。

壬申：宜破土安葬，不宜针刺。

癸酉：宜祭祀，出行[⑤]，不宜动土。

甲戌：宜祭祀，上表章，修造动土[⑥]，扫舍宇，栽种，不宜针刺。

乙亥：宜出行移徙，裁衣[⑦]经络，开市，沐浴。

丙子：宜平治道涂，不宜出行。

丁丑：宜祭祀，结婚姻，会亲友，裁衣，修造动土，竖柱上梁[⑧]，安碓硙，牧养。

戊寅：宜上表章，会亲友，修造动土[⑨]，捕捉，不宜移徙。

己卯：宜祭祀，疗病，破屋坏垣，不宜出行。

庚辰：宜祭祀，立券交易，不宜栽种。

辛巳：宜会亲友，疗病，交易，不宜出行。

壬午：宜嫁娶，进人口[⑩]，捕捉，不宜栽种。

癸未：宜结婚姻，会亲友，进人口，移徙，入学[⑪]，纳财，栽种，牧养，不宜动土。

甲申：宜出行，嫁娶[⑫]，沐浴，破土安葬，不宜针刺。

---

① 宜用辰时。
② 宜用午时。
③ 宜用卯时。
④ 宜用卯时。
⑤ 宜用卯时。
⑥ 宜用辰时。
⑦ 宜用辰时。
⑧ 宜用巳时。
⑨ 宜用辰时。
⑩ 宜用午时。
⑪ 宜用卯时。
⑫ 宜用辰时。

乙酉：宜祭祀，出行①，不宜动土移徙。

丙戌：宜祭祀，修造动土②，栽种，不宜出行，针刺。

丁亥：宜开市。

戊子：宜平治道涂，不宜出行移徙。

己丑：宜祭祀，会亲友。

庚寅：宜上表章，上官③，会亲友，捕捉，破土安葬，不宜移徙。

辛卯：宜祭祀，疗病，破屋坏垣，不宜出行移徙。

壬辰：宜结婚姻，出行移徙，安床，立券交易，修造动土④，栽种。

癸巳：宜祭祀，结婚姻，移徙，入学，交易纳财，剃头，疗病，修造动土，竖柱上梁，安碓硙，栽种，牧养。

甲午：宜祭祀，嫁娶，进人口⑤，捕捉，不宜栽种。

乙未：宜祭祀，结婚姻，会亲友，进人口，入学⑥，纳财，牧养。

丙申：宜破土安葬，不宜针刺。

丁酉：宜祭祀，出行⑦，不宜动土。

戊戌：宜栽种，不宜针刺。

己亥：宜出行移徙，裁衣⑧经络，开市，沐浴。

庚子：宜平治道涂，不宜出行。

辛丑：宜结婚姻，会亲友，裁衣⑨，牧养，不宜出行动土。

壬寅：宜上表章，会亲友，出行，修造动土⑩，栽种，牧养，捕捉，破土安葬，不宜移徙。

癸卯：宜疗病，破屋坏垣，不宜出行移徙。

甲辰：宜交易，不宜栽种。

---

① 宜用卯时。
② 宜用寅时。
③ 宜用辰时。
④ 宜用辰时。
⑤ 宜用卯时。
⑥ 宜用卯时。
⑦ 宜用午时。
⑧ 宜用午时。
⑨ 宜用卯时。
⑩ 宜用未时。

乙巳：宜祭祀，交易纳财，疗病，不宜出行。

丙午：宜祭祀，进人口①，捕捉，不宜栽种。

丁未：宜祭祀，结婚姻，会亲友，进人口，入学②，牧养，不宜动土。

戊申：宜沐浴，不宜针刺。

己酉：宜祭祀，出行③，不宜动土。

庚戌：宜祭祀，上官，会亲友，修造动土④，扫舍宇，栽种，不宜针刺。

辛亥：宜会亲友，出行移徙，裁衣⑤，经络，沐浴。

壬子：宜栽种，平治道涂，不宜出行移徙。

癸丑：宜上官，结婚姻，会亲友，入学，移徙，裁衣，纳财，修造动土，竖柱上梁⑥，安碓硙，栽种，牧养，不宜出行。

甲寅：宜上表章，会亲友，捕捉，破土，启攒，不宜移徙。

乙卯：宜祭祀，疗病，破屋坏垣，不宜出行移徙。

丙辰：宜祭祀，结婚姻，安床⑦，立券，交易，纳财，栽种。

丁巳：宜祭祀，结婚姻，入学，交易，纳财，疗病，竖柱上梁⑧，不宜出行。

戊午：宜祭祀，嫁娶，进人口⑨，捕捉，不宜出行移徙，栽种。

己未：宜祭祀，结婚姻，进人口，入学⑩，纳财，牧养，不宜动土。

庚申：宜出行⑪，沐浴，破土安葬，不宜针刺，动土。

辛酉：宜祭祀，出行⑫，不宜移徙动土。

壬戌：宜出行移徙，修造动土⑬，栽种，不宜针刺。

癸亥：不宜出行。

---

① 宜用午时。
② 宜用巳时。
③ 宜用午时。
④ 宜用卯时。
⑤ 宜用午时。
⑥ 宜用巳时。
⑦ 宜用寅时。
⑧ 宜用辰时。
⑨ 宜用卯时。
⑩ 宜用卯时。
⑪ 宜用辰时。
⑫ 宜用午时。
⑬ 宜用辰时。

九月

甲子：宜会亲友，进人口，裁衣①，经络，开市，沐浴，不宜移徙。

乙丑：宜祭祀，平治道涂。

丙寅：宜结婚姻，会亲友，进人口，修造动土②，安碓硙，破土，启欑，不宜出行移徙。

丁卯：宜祭祀，上表章，结婚姻，上官，修造动土③，捕捉，启欑，不宜出行。

戊辰：宜祭祀，不宜出行动土。

己巳：宜结婚姻，进人口，安床④，不宜出行，针刺。

庚午：宜上官，结婚姻，嫁娶，移徙，交易纳财，剃头，疗病，竖柱上梁，修造动土，安碓硙⑤，牧养，安葬。

辛未：宜祭祀，嫁娶⑥，纳财，捕捉。

壬申：宜祭祀，疗病，不宜出行。

癸酉：宜祭祀，沐浴，栽种，破土安葬，不宜针刺。

甲戌：宜祭祀，出行⑦，不宜动土。

乙亥：宜上官，进人口⑧，开市，沐浴疗病，扫舍宇。

丙子：宜会亲友，进人口⑨，开市，沐浴，破土，启欑，经络。

丁丑：宜祭祀，平治道涂，不宜出行。

戊寅：宜结婚姻，会亲友，进人口⑩，不宜出行移徙，栽种。

己卯：宜祭祀，上表章，修造动土⑪，捕捉，不宜移徙。

庚辰：宜祭祀，破屋坏垣，不宜出行。

辛巳：宜会亲友，不宜出行，针刺。

---

① 宜用卯时。
② 宜用未时。
③ 宜用午时。
④ 宜用午时。
⑤ 宜用卯时。
⑥ 宜用卯时。
⑦ 宜用辰时。
⑧ 宜用辰时。
⑨ 宜用卯时。
⑩ 宜用辰时。
⑪ 宜用卯时。

壬午：宜祭祀，上表章，结婚姻，嫁娶，出行，交易纳财，剃头，疗病，修造动土，竖柱上梁[①]，安碓硙，栽种，牧养，破土安葬，不宜移徙。

癸未：宜嫁娶，纳财，栽种，捕捉，不宜出行。

甲申：宜祭祀，上官，出行，进人口，移徙，沐浴疗病，修造动土，竖柱上梁[②]，开渠穿井，安碓硙，栽种，牧养。

乙酉：宜祭祀，沐浴，破土安葬，不宜出行移徙，针刺。

丙戌：宜祭祀，出行[③]，不宜动土。

丁亥：宜祭祀，疗病，开市，不宜动土。

戊子：宜会亲友，进人口，裁衣[④]，经络，开市，沐浴，不宜动土。

己丑：宜祭祀，平治道涂。

庚寅：宜结婚姻，会亲友，进人口，裁衣[⑤]，安碓硙，破土安葬。

辛卯：宜祭祀，上表章，上官，纳财，修造动土，竖柱上梁[⑥]，捕捉，破土，启攒，不宜移徙。

壬辰：宜破屋坏垣，不宜出行。

癸巳：宜结婚姻，嫁娶，进人口，移徙，安床，修造动土[⑦]，栽种，牧养，不宜出行，针刺。

甲午：宜祭祀，结婚姻，交易纳财，剃头，疗病，修造动土，竖柱上梁[⑧]，安碓硙，牧养，破土，启攒。

乙未：宜祭祀，纳财，捕捉。

丙申：宜祭祀，疗病。

丁酉：宜祭祀，沐浴，破土安葬，不宜针刺。

戊戌：不宜动土。

己亥：宜上官，进人口，裁衣[⑨]，开市，沐浴疗病，不宜动土。

---

① 宜用午时。
② 宜用辰时。
③ 宜用寅时。
④ 宜用卯时。
⑤ 宜用辰时。
⑥ 宜用卯时。
⑦ 宜用辰时。
⑧ 宜用卯时。
⑨ 宜用午时。

庚子：宜会亲友，进人口，裁衣[1]，开市，沐浴，启攒，不宜移徙。

辛丑：宜平治道涂。

壬寅：宜结婚姻，会亲友，进人口，裁衣，修造动土[2]，安碓硙，牧养，破土安葬，不宜出行移徙。

癸卯：宜上官，出行移徙，修造动土[3]，栽种，牧养，捕捉，破土，启攒。

甲辰：宜破屋坏垣，不宜出行。

乙巳：宜祭祀，不宜出行，针刺。

丙午：宜祭祀，上官，结婚姻，会亲友，交易纳财，剃头，疗病，修造动土，竖柱上梁[4]，安碓硙，牧养，破土安葬。

丁未：宜祭祀，纳财，捕捉，不宜出行。

戊申：宜祭祀，上官，出行移徙，沐浴疗病，修造动土[5]，开渠穿井，安碓硙，栽种，牧养。

己酉：宜祭祀，沐浴，裁衣[6]，不宜出行移徙，针刺。

庚戌：宜祭祀，出行[7]。

辛亥：宜上官，会亲友，进人口[8]，沐浴疗病，扫舍宇。

壬子：宜会亲友，进人口，裁衣[9]，经络，开市，沐浴，栽种，牧养，启攒。

癸丑：宜平治道涂。

甲寅：宜会亲友，进人口，裁衣[10]，安碓硙，破土，启攒，不宜出行移徙。

乙卯：宜祭祀，上表章，捕捉，破土，启攒，不宜移徙。

丙辰：宜祭祀，破屋坏垣，不宜出行移徙。

丁巳：宜结婚姻，进人口，安床，修造动土[11]，不宜出行，针刺。

---

① 宜用卯时。
② 宜用未时。
③ 宜用卯时。
④ 宜用午时。
⑤ 宜用辰时。
⑥ 宜用午时。
⑦ 宜用辰时。
⑧ 宜用午时。
⑨ 宜用午时。
⑩ 宜用辰时。
⑪ 宜用辰时。

戊午：宜祭祀，嫁娶，裁衣，交易纳财，剃头疗病，修造动土，竖柱上梁①，安碓硙，牧养，不宜移徙。

己未：宜祭祀，纳财，捕捉。

庚申：宜上官，进人口，出行移徙，沐浴疗病，修造动土，竖柱上梁②，开渠穿井，安碓硙，栽种，牧养。

辛酉：宜祭祀，沐浴，破土安葬，不宜出行移徙，针刺。

壬戌：宜出行③，不宜动土。

癸亥：宜祭祀，不宜出行动土。

十月

甲子：宜祭祀，上官，出行移徙，沐浴疗病，修造动土④，扫舍宇，栽种，牧养。

乙丑：宜会亲友，进人口，裁衣⑤经络，开市，牧养，不宜栽种。

丙寅：宜平治道涂。

丁卯：宜祭祀，结婚姻，会亲友，冠带⑥，裁衣，修造动土⑦，安碓硙，破土，启攒。

戊辰：宜祭祀，上表章，结婚姻，会亲友，进人口⑧，纳财，捕捉，不宜动土。

己巳：宜疗病，破屋坏垣，不宜出行。

庚午：宜结婚姻，嫁娶，安床⑨，伐木，畋猎，破土安葬。

辛未：宜祭祀，结婚姻，会亲友，进人口，入学，交易纳财，修造动土，竖柱上梁⑩，开渠穿井，安碓硙，栽种，牧养。

壬申：宜祭祀。

癸酉：宜祭祀，出行，入学，沐浴疗病，修造动土，竖柱上梁⑪，开渠穿井，安碓

---

① 宜用卯时。
② 宜用辰时。
③ 宜用辰时。
④ 宜用卯时。
⑤ 宜用卯时。
⑥ 宜用午时，坐向正南。
⑦ 宜用午时。
⑧ 宜用辰时。
⑨ 宜用卯时。
⑩ 宜用卯时。
⑪ 宜用卯时。

硙，栽种，牧养。

甲戌：宜祭祀，置产室，不宜针刺。

乙亥：宜出行[①]，不宜动土，针刺。

丙子：宜上官，出行[②]，沐浴疗病，扫舍宇。

丁丑：宜会亲友，进人口，裁衣[③]，经络，开市，不宜出行移徙，栽种。

戊寅：宜平治道涂，不宜出行。

己卯：宜祭祀，冠带[④]，结婚姻，会亲友，嫁娶，裁衣，剃头，修造动土[⑤]，安碓硙，不宜移徙。

庚辰：宜祭祀，会亲友，不宜出行动土。

辛巳：宜疗病，破屋坏垣，不宜出行。

壬午：宜祭祀，会亲友，嫁娶，裁衣，安床[⑥]，伐木。

癸未：宜结婚姻，会亲友，进人口，入学，交易纳财，修造动土[⑦]，安碓硙，栽种，牧养。

甲申：宜祭祀，捕捉畋猎。

乙酉：宜祭祀，上表章，上官，出行，入学，纳财，沐浴疗病，修造动土，竖柱上梁[⑧]，开渠穿井，安碓硙，牧养。

丙戌：宜祭祀，不宜栽种，针刺。

丁亥：宜祭祀，不宜动土，栽种，针刺。

戊子：宜上官，出行[⑨]，沐浴疗病，扫舍宇，不宜移徙。

己丑：宜会亲友，经络，开市，不宜出行移徙，栽种。

庚寅：宜嫁娶[⑩]，平治道涂，不宜出行移徙。

---

① 宜用辰时。
② 宜用卯时。
③ 宜用巳时。
④ 宜用卯时，坐向东北。
⑤ 宜用卯时
⑥ 宜用午时。
⑦ 宜用卯时。
⑧ 宜用卯时。
⑨ 宜用卯时。
⑩ 宜用辰时。

辛卯：宜祭祀，结婚姻，会亲友，嫁娶，冠带[①]，裁衣，剃头，修造动土[②]，安碓硙，破土，启攒，不宜出行移徙。

壬辰：宜上表章，结婚姻，嫁娶，进人口，裁衣[③]，捕捉畋猎，不宜动土。

癸巳：宜疗病，破屋坏垣，不宜出行。

甲午：宜祭祀，出行移徙，安床，修造动土[④]，栽种，牧养，伐木，畋猎，破土，启攒。

乙未：宜祭祀，结婚姻，会亲友，进人口，移徙，入学，交易纳财，修造动土，竖柱上梁[⑤]，安碓硙，牧养。

丙申：宜祭祀，不宜出行。

丁酉：宜祭祀，上表章，出行，入学，沐浴疗病，修造动土，竖柱上梁[⑥]，开渠穿井，安碓硙，栽种，牧养。

戊戌：不宜出行，栽种，针刺。

己亥：宜出行[⑦]，不宜动土，针刺。

庚子：宜上表章，上官，出行[⑧]，沐浴，疗病，启攒。

辛丑：宜会亲友，进人口，裁衣[⑨]，经络，开市，不宜栽种。

壬寅：宜嫁娶[⑩]，平治道涂。

癸卯：宜结婚姻，会亲友，嫁娶，冠带[⑪]，裁衣，剃头，修造动土[⑫]，安碓硙，破土，启攒。

甲辰：宜会亲友，不宜出行，动土。

乙巳：宜祭祀，疗病，破屋坏垣，不宜出行。

---

① 宜用卯时，坐向西南。
② 宜用卯时。
③ 宜用辰时。
④ 宜用卯时。
⑤ 宜用卯时。
⑥ 宜用午时。
⑦ 宜用午时。
⑧ 宜用卯时。
⑨ 宜用卯时。
⑩ 宜用未时。
⑪ 宜用卯时，坐向东南。
⑫ 宜用卯时。

丙午：宜祭祀，安床[①]，伐木，畋猎。

丁未：宜祭祀，结婚姻，会亲友，进人口，入学，交易纳财，修造动土，竖柱上梁[②]，安碓硙，栽种，牧养。

戊申：宜祭祀，捕捉畋猎。

己酉：宜祭祀，上表章，冠带，入学，沐浴疗病，修造动土，竖柱上梁[③]，开渠穿井，安碓硙，栽种，牧养，不宜出行。

庚戌：宜祭祀，不宜出行，动土，针刺。

辛亥：宜出行[④]，不宜动土，针刺。

壬子：宜上官，会亲友，出行，裁衣[⑤]，沐浴疗病，扫舍宇，不宜移徙。

癸丑：宜会亲友，进人口，裁衣[⑥]，经络，开市，不宜栽种。

甲寅：宜栽种，平治道涂。

乙卯：宜祭祀，结婚姻，会亲友，冠带[⑦]，裁衣，出行，纳财，修造动土[⑧]，安碓硙，栽种，牧养。

丙辰：宜祭祀，上表章，结婚姻，进人口[⑨]，捕捉畋猎，不宜动土。

丁巳：宜祭祀，破屋坏垣，不宜出行。

戊午：宜祭祀，安床[⑩]，伐木，畋猎，不宜出行。

己未：宜祭祀，结婚姻，会亲友，进人口，入学，交易，修造动土[⑪]，安碓硙，栽种，牧养。

庚申：宜捕捉畋猎。

辛酉：宜祭祀，上表章，出行，入学，沐浴疗病，修造动土，竖柱上梁[⑫]，开渠穿井，安碓硙，栽种，牧养。

---

① 宜用午时。
② 宜用巳时。
③ 宜用午时。
④ 宜用午时。
⑤ 宜用午时。
⑥ 宜用巳时。
⑦ 宜用卯时，坐向西北。
⑧ 宜用卯时。
⑨ 宜用寅时。
⑩ 宜用卯时。
⑪ 宜用卯时。
⑫ 宜用卯时。

壬戌：宜置产室，不宜出行，栽种，针刺。

癸亥：宜祭祀，不宜出行，动土，针刺。

十一月

甲子：宜祭祀，不宜出行移徙，动土。

乙丑：宜祭祀，结婚姻，会亲友，进人口，出行移徙，立券交易，疗病，修造动土[①]，扫舍宇，牧养。

丙寅：宜会亲友，出行[②]，经络，开市立券，交易纳财，破土，启欑，不宜移徙。

丁卯：宜祭祀，平治道涂，不宜出行。

戊辰：宜祭祀，结婚姻，会亲友，进人口，冠带[③]，裁衣，纳财，修造动土，竖柱上梁[④]，安碓硙，牧养。

己巳：宜修造动土[⑤]，不宜出行。

庚午：宜疗病，破屋坏垣，不宜针刺。

辛未：宜祭祀，安床[⑥]，伐木畋猎，不宜动土。

壬申：宜祭祀，疗病，破土安葬。

癸酉：宜祭祀，进人口[⑦]，纳财，栽种，捕捉牧养。

甲戌：宜祭祀，结婚姻，会亲友，移徙，入学，纳财，修造动土，竖柱上梁[⑧]，开渠穿井，安碓硙，牧养。

乙亥：宜沐浴，裁衣[⑨]，牧养，不宜针刺。

丙子：不宜出行移徙，动土。

丁丑：宜祭祀，结婚姻，会亲友，进人口，立券交易，疗病，修造动土[⑩]，扫舍宇。

---

① 宜用卯时。

② 宜用未时。

③ 宜用辰时，坐向东南。

④ 宜用辰时。

⑤ 宜用辰时。

⑥ 宜用卯时。

⑦ 宜用午时。

⑧ 宜用巳时。

⑨ 宜用辰时。

⑩ 宜用巳时。

戊寅：宜会亲友，出行，裁衣，修造动土[①]，经络，开市交易，立券纳财，不宜移徙。

己卯：宜祭祀，剃头，平治道涂，不宜出行移徙。

庚辰：宜祭祀，会亲友，纳财。

辛巳：宜会亲友，不宜出行。

壬午：宜破屋坏垣，不宜移徙，针刺。

癸未：宜裁衣，安床[②]，伐木，不宜栽种。

甲申：宜祭祀，上官，出行移徙，入学[③]，沐浴疗病，牧养，伐木，破土安葬。

乙酉：宜祭祀，进人口[④]，纳财，捕捉畋猎。

丙戌：宜祭祀，上表章，结婚姻，会亲友，入学，修造动土[⑤]，开渠穿井，安碓硙，栽种，牧养。

丁亥：不宜针刺。

戊子：不宜出行移徙，动土。

己丑：宜祭祀，会亲友，立券交易，疗病。

庚寅：宜祭祀，会亲友，出行，裁衣，修造动土[⑥]，开市立券，交易纳财，破土安葬。

辛卯：宜祭祀，剃头，平治道涂，不宜出行移徙。

壬辰：宜上官，结婚姻，会亲友，嫁娶，冠带[⑦]，进人口，裁衣[⑧]，纳财，牧养，不宜动土。

癸巳：宜裁衣[⑨]，置产室，捕捉畋猎。

甲午：宜祭祀，疗病，破屋坏垣。

乙未：宜祭祀，出行，安床，修造动土[⑩]，伐木畋猎。

---

① 宜用辰时。
② 宜用卯时。
③ 宜用辰时。
④ 宜用卯时。
⑤ 宜用寅时。
⑥ 宜用辰时。
⑦ 宜用辰时，坐向正南。
⑧ 宜用辰时。
⑨ 宜用辰时。
⑩ 宜用卯时。

丙申：宜祭祀，疗病，破土安葬。

丁酉：宜祭祀，进人口[①]，纳财，捕捉畋猎，栽种。

戊戌：宜会亲友，不宜出行。

己亥：宜沐浴，裁衣[②]，不宜出行，针刺。

庚子：不宜出行移徙，动土。

辛丑：宜结婚姻，会亲友，进人口，立券交易，疗病，修造动土[③]。

壬寅：宜会亲友[④]经络，开市，立券，交易，纳财，破土安葬，不宜移徙。

癸卯：不宜出行。

甲辰：宜会亲友，纳财。

乙巳：宜祭祀，不宜出行。

丙午：宜破屋坏垣，不宜针刺。

丁未：宜祭祀，安床，修造动土，伐木畋猎，不宜出行。

戊申：宜祭祀，沐浴疗病，入学[⑤]牧养，伐木，不宜动土。

己酉：宜祭祀，进人口[⑥]纳财，栽种，捕捉。

庚戌：宜祭祀，结婚姻，会亲友，入学，修造动土[⑦]，开渠穿井，安碓硙，栽种，牧养，不宜出行。

辛亥：宜沐浴，裁衣[⑧]，不宜针刺。

壬子：不宜出行，移徙，动土。

癸丑：宜结婚姻，会亲友，进人口，裁衣，立券交易，疗病，修造动土[⑨]，扫舍宇。

甲寅：宜会亲友，出行[⑩]经络，开市，立券交易纳财，栽种，牧养，破土，启攒。

乙卯：宜祭祀，剃头，平治道涂，不宜出行移徙。

---

① 宜用午时。
② 宜用午时。
③ 宜用卯时。
④ 宜用未时。
⑤ 宜用辰时。
⑥ 宜用午时。
⑦ 宜用辰时。
⑧ 宜用午时。
⑨ 宜用巳时。
⑩ 宜用辰时。

丙辰：宜祭祀，结婚姻，会亲友，进人口，冠带[①]，裁衣，纳财，修造动土，竖柱上梁[②]安碓硙，牧养。

丁巳：宜祭祀，捕捉畋猎。

戊午：宜祭祀，疗病，破屋坏垣，不宜移徙。

己未：宜祭祀，安床[③]，伐木畋猎，不宜栽种。

庚申：宜沐浴疗病，入学[④]，牧养，伐木，破土安葬。

辛酉：宜祭祀，进人口[⑤]，纳财，捕捉畋猎，不宜移徙动土。

壬戌：宜结婚姻，会亲友，入学，修造动土[⑥]，安碓硙，栽种，牧养，不宜出行。

癸亥：不宜出行，针刺。

十二月

甲子：宜祭祀，立券交易，牧养，不宜移徙动土，针刺。

乙丑：宜祭祀，不宜出行，动土。

丙寅：宜上官，会亲友，嫁娶，进人口，立券交易，疗病[⑦]，修造动土，扫舍宇，破土，启攒。

丁卯：宜会亲友，嫁娶，进人口，裁衣[⑧]，经络，开市立券，交易纳财，牧养，破土，启攒。

戊辰：宜祭祀，不宜动土。

己巳：宜上官，结婚姻，会亲友，进人口，裁衣，修造动土，竖柱上梁[⑨]，安碓硙，牧养。

庚午：宜上官，上表章，剃头，修造动土[⑩]，伐木，捕捉畋猎，破土安葬。

辛未：宜祭祀，破屋坏垣。

---

① 宜用寅时，坐向西南。
② 宜用寅时。
③ 宜用卯时。
④ 宜用辰时。
⑤ 宜用卯时。
⑥ 宜用辰时。
⑦ 宜用未时。
⑧ 宜用午时。
⑨ 宜用辰时。
⑩ 宜用卯时。

壬申：宜开市，破土安葬。

癸酉：宜祭祀，沐浴疗病。

甲戌：宜祭祀，纳财，栽种，捕捉。

乙亥：宜上官，结婚姻，会亲友，进人口，沐浴疗病，修造动土，竖柱上梁①，开渠穿井，安碓硙，牧养。

丙子：宜沐浴，立券交易，启攒，不宜移徙，针刺。

丁丑：宜祭祀，不宜出行。

戊寅：宜上官，会亲友，进人口②，立券，疗病，扫舍宇，不宜出行。

己卯：宜会亲友，嫁娶，进人口③，经络，开市立券，交易纳财，牧养。

庚辰：宜祭祀，平治道涂。

辛巳：宜会亲友，不宜出行，栽种。

壬午：宜祭祀，上表章，上官，剃头，修造动土④，伐木，捕捉，破土安葬，不宜移徙。

癸未：宜破屋坏垣。

甲申：宜上表章，上官，冠带，进人口，出行移徙，开市，沐浴，修造动土⑤，栽种，牧养，伐木，畋猎捕捉，破土安葬。

乙酉：宜祭祀，沐浴疗病，牧养，破土安葬，不宜出行移徙。

丙戌：宜祭祀，纳财，捕捉畋猎。

丁亥：宜祭祀，会亲友，疗病，不宜出行移徙，栽种。

戊子：宜沐浴，裁衣⑥，立券交易，不宜出行移徙，动土，针刺。

己丑：宜祭祀，不宜出行。

庚寅：宜上官，会亲友，嫁娶，进人口，立券交易，疗病，修造动土⑦，扫舍宇，破土安葬。

辛卯：宜会亲友，嫁娶，进人口⑧，经络，开市立券，交易纳财，裁衣，牧养，破

---

① 宜用辰时。
② 宜用辰时。
③ 宜用卯时。
④ 宜用午时。
⑤ 宜用辰时。
⑥ 宜用卯时。
⑦ 宜用辰时。
⑧ 宜用卯时。

土，启欑。

壬辰：宜平治道涂。

癸巳：宜上官，会亲友，结婚姻，进人口，裁衣，修造动土，竖柱上梁[①]，安碓硙，牧养，不宜出行。

甲午：宜祭祀，上表章，上官，出行移徙，剃头，修造动土[②]，栽种，伐木，捕捉畋猎，破土，启欑。

乙未：宜祭祀，破屋坏垣。

丙申：宜开市。

丁酉：宜祭祀，沐浴疗病，破土安葬，不宜出行。

戊戌：宜纳财。

己亥：宜上官，结婚姻，会亲友，进人口，裁衣[③]，沐浴疗病，牧养，不宜出行移徙。

庚子：宜沐浴，立券，启欑，不宜移徙动土，针刺。

辛丑：不宜出行。

壬寅：宜上官，会亲友，进人口[④]，立券交易，疗病，破土安葬。

癸卯：宜会亲友，进人口，开市立券，交易纳财，裁衣[⑤]，经络，牧养，破土，启欑，不宜出行。

甲辰：宜平治道涂。

乙巳：宜祭祀，会亲友，不宜出行，栽种。

丙午：宜祭祀，上表章，上官[⑥]，剃头，伐木，捕捉畋猎，破土安葬，不宜出行。

丁未：宜祭祀，破屋坏垣，不宜出行。

戊申：宜进人口，裁衣，开市，修造动土[⑦]，沐浴，伐木，畋猎。

己酉：宜祭祀，裁衣[⑧]，沐浴疗病，安碓硙，不宜移徙。

庚戌：宜祭祀，纳财，捕捉，不宜出行。

---

① 宜用辰时。
② 宜用卯时。
③ 宜用午时。
④ 宜用未时。
⑤ 宜用卯时。
⑥ 宜用午时。
⑦ 宜用辰时。
⑧ 宜用午时。

辛亥：宜上官，结婚姻，会亲友，进人口，纳财，沐浴疗病，修造动土，竖柱上梁①，开渠穿井，安碓硙，置产室，牧养。

壬子：宜沐浴，立券交易，启攒，不宜移徙，针刺。

癸丑：不宜出行动土。

甲寅：宜上表章，上官，会亲友，进人口，移徙，立券交易，疗病，修造动土②，扫舍宇，栽种，牧养，破土，启攒，不宜出行。

乙卯：宜会亲友，进人口，出行移徙，立券，裁衣③，经络，开市交易，纳财，牧养，破土，启攒。

丙辰：宜祭祀，嫁娶④，平治道涂。

丁巳：宜祭祀，上官，结婚姻，会亲友，进人口⑤，安碓硙，牧养，不宜出行，栽种。

戊午：宜上章，上官，剃头，修造动土，伐木，捕捉畋猎，不宜移徙。

己未：宜祭祀，破屋坏垣。

庚申：宜上官，进人口，沐浴，开市，修造动土⑥，伐木，畋猎捕捉，破土安葬，不宜移徙。

辛酉：宜祭祀，沐浴疗病，修造动土⑦，安碓硙，破土安葬，不宜移徙。

壬戌：宜纳财，捕捉畋猎。

癸亥：宜祭祀，会亲友，疗病，不宜出行移徙。

---

① 宜用午时。
② 宜用辰时。
③ 宜用卯时。
④ 宜用寅时。
⑤ 宜用辰时。
⑥ 宜用辰时。
⑦ 宜用卯时。

卷六　选择总论　选择艺文

选择总论

王充论衡

辨祟篇

世俗信祸祟，以为人之疾病死亡，及更患被罪戮辱欢笑，皆有所犯。起功、移徙、祭祀、丧葬、行作、入官、嫁娶，不择吉日，不避岁月，触鬼逢神，忌时相害，故发病生祸，绖法入罪，至于死亡，殚家灭门，皆不重慎，犯触忌讳之所致也。如实论之，乃妄言也。

凡人在世，不能不作事，作事之后，不能不有吉凶。见吉则指以为前时择日之福，见凶则刺以为往者触忌之祸。多或择日而得祸，触忌而获福。工伎射事者，欲遂其术，见祸忌而不言，闻福匿而不达，积祸以惊不慎，列福以勉畏时。故世人无愚智、贤不肖、人君布衣，皆畏惧信向，不敢抵犯。归之久远，莫不分明，以为天地之书，贤圣之术也。人君惜其官，人民爱其身，相随信之，不复狐疑。故人君兴事，工伎满阖；人民有为，触伤问时。奸书伪文，由此滋生。巧慧生意，作知求利，惊惑愚暗，渔富偷贫，愈非古法度圣人之至意也。

圣人举事，先定于义，义已定立，决以卜筮，示不专己，明举鬼神，同意共指，欲令众下信用不疑。故《书》列七卜，《易》载八卦，从之未必有福，违之未必有祸。然而祸福之至，时也；死生之到，命也。人命悬于天，吉凶存于时。命穷操行善，天不能续；命长操行恶，天不能夺。天，百神主也。道德仁义，天之道也；战栗恐惧，天之心也。废道灭德，贱天之道；嶮隘恣睢，悖天之意。世间不行道德，莫过桀、纣；妄行不轨，莫过幽、厉。桀、纣不早死，幽、厉不夭折。由此言之，逢福获喜，不在择日避时；涉患丽祸，不在触岁犯月，明矣。孔子曰："死生有命，富贵在天。"苟有时日，诚有祸祟，圣人何惜不言？何畏不说？按古图籍，仕者安危，千君万臣，其得失吉凶，官位高下，位禄降升，各有差品；家人治产，贫富息耗，寿命长短，各有远近。非高大尊贵举事以吉日，下小卑贱以凶时也。以此论之，则亦知祸福死生，不在遭逢吉祥、触犯凶忌也。然则人之生也，精气育也；人之死者，命穷绝也。人之生未必得吉逢喜，其死独何为谓之犯凶触忌？以孔子证之，以死生论之，则亦知夫百祸千凶，非动作之所致也。孔子圣人，知府也。死生，大事也。大事，道效也。孔子云："死生有命，富贵在天。"众文微言不能夺，俗人愚夫不能易，明矣。人之于世，祸福有命；人之操行，亦自致之。其居安无为，祸福自至，命也；其作事起功，吉凶至身，人也。人之疾病，希有不由风湿与饮食者，当风卧湿，握钱问祟，饱饭餍食，斋精解祸。而病不治，谓祟不得；命自绝，谓筮不审。俗人之知也。

夫倮虫三百六十，人为之长。人，物也，万物之中有智慧者也。其受命于天，禀气于元，与物无异。鸟有巢栖，兽有窟穴，虫鱼介鳞各有区处，犹人之有室宅楼台也。能行之物，死伤病困，小大相害，或人捕取以给口腹，非作窠穿穴有所触，东西行徙有所犯也。人有死生，物亦有终始；人有起居，物亦有动作。血脉首足，耳目鼻口，与人不别，惟好恶与人不同。故人不晓其音，不见其指耳。及其游于党类，接于同品，其知去就，与人无异。共天同地，并仰日月，而鬼神之祸，独加于人，不加于物，未晓其故也。天地之性，人为贵，岂天祸为贵者作，不为贱者设哉！何其性类同而祸患别也。

刑不上大夫，圣王于贵者阔也，圣王刑贱不罚贵，鬼神祸贵不殃贱，非《易》所谓大人与鬼神合其吉凶也。我有所犯，抵触县官，罗丽刑法，不曰过所致，而曰家有负；居处不慎，饮食过节，不曰失调和，而曰徙触时；死者累属，葬棺至十，不曰气相污，而曰葬日凶。有事归之有犯，无为归之所居。居衰宅耗，蜚凶流尸，集人室居，又祷先祖，寝祸遗殃。疾病不请医，更患不修行，动归于祸，名曰犯触，用知浅略，原事不实，俗人之材也。犹系罪司空作徒，未必到吏日恶，系役时凶也。使杀人者，求吉日出，诣吏劓罪，推善时入狱系，宁能令事解赦令至哉！人不触祸，不被罪，不入狱，一旦令至，解械径出，未必有解除其凶者也；天下千狱，狱中万囚，其举事未必触忌讳也；居位食禄，专城长邑，以千万数，其迁徙日未必逢吉时也；历阳之都，一夕沉而为湖，其民未必皆犯岁月也；高祖始起，丰沛俱复，其民未必皆慎时日也；项羽攻襄安，襄安无噍类未必不祷赛也；赵军为秦所坑于长平之下，四十万众同时俱死，其出家时未必不择时也；辰日不哭，哭有重丧。戊己死者，复尸有随。一家灭门，先死之日，未必辰与戊己也。血忌不杀牲，屠肆不多祸；上朔不会众，沽舍不触殃。涂上之暴尸，未必出以往亡；室中之殡棺，未必还以归忌。由此言之，诸占射祸祟者，皆不可信用。信用之者，皆不可是。

夫使食口十人，居一宅之中，不动锼锤，不更居处，祠祀嫁娶，皆择吉日，从春至冬，不犯忌讳，则夫十人比至百年，能不死乎？占射事者必将复曰：“宅有盛衰，若岁破直符，不知避也。”夫如是，令数问工伎之家，宅盛即留，衰则避之，及岁破直符，辄举家移，比至百年，能不死乎？占射事者必将复曰：“移徙触时，往来不吉。”夫如是，复令辄问工伎之家，可徙则往，可还则来，比至百年，能不死乎？占射事者必将复曰：“洎命寿极。”夫如是，人之死生，竟自有命，非触岁月之所致，无负凶忌之所为也。

选择艺文

折滞论

（唐）卢藏用

藏用常以俗多拘忌，有乖至理，乃著《折滞论》，以畅其事。词曰：客曰：“天道元微，鬼神幽化，圣人所以法象，众庶由其运行。是故太昊造甲子，容城著律历，黄公裁变，元女启谟，八门御时，六神直事。从之者，则家强国富；违之者，则辅弱朝危。有同影响，若合符契，先生亦尝闻之乎？”主人曰：“何为其然也？子所谓曲学所习，儒儒所守，徒识偏方之小说，未究大道之通论。盖《易》曰‘先天不违’，《传》称‘人神之主’，范围不过，三才所以虚中；进退非邪，百王所以无外。故曰：‘国之将兴听于人，将亡听于神。’又曰：‘祸福无门，唯人所召。人无衅焉，妖不自作。’由是观之，得失兴亡，并关人事；吉凶悔吝，无涉天时。且皇天无亲，惟德是辅。为善者，天降之福；不善者，天降之殃。高宗修德，桑谷以变；宋君引过，法星退舍。此天道所以从人者也。古之为政者，刑狱不滥则人寿，赋敛蠲减则人富，法令有恒则国静，赏罚得中则兵强。所以礼者士之所归，赏者士之所死。礼赏不倦，则士争先赴。苟违此途，虽卜时行刑，择日出令，必无成功矣。自季代迁讹，俗多侥幸，竞称怪力，争胜诡言，屈政教而就孤虚，弃信实而从推步。附会前史，变易旧经。依托空文，以为征验。覆军败将者，则隐秘无闻；偶同幸中者，则共相崇饰。岂惟听之增惑，亦乃学人自是。呜呼！时俗讹谬，一至此焉。夫甲子兴师，非成功之日；往亡用事，异制胜之时。苟修其德，何往不济？夫环城自守，接阵重围，无关地形，不乖天道，若兵强将智，粟积城坚，虽复屡转魁罡，频移太岁，坐推白武，行计贪狼，自符鸡斗之祥，多贻蚁附之困。故曰：‘任贤使能，则不时日而事利；法审令正，则不卜筮而事吉；养劳贵功，则不祷祀而得福。’此所谓天时不如地利，地利不如人和。故太公犯雨，逆天时也；韩信背水，乖地利也。并存人事，俱成大业。削树而斩庞涓，举火而屠张郃，未必暗同岁德，冥会日游，俱运三门，并占四杀。社邮齿剑，抑惟计沮；垓下悲歌，实阶刓印。若以并资厌胜，不事良图，则长平尽坑，固须恒济；襄城无噍，亦可常保。是知拘而多忌，终丧大功；百姓与能，必违小数。金鸡树上，方为楚国之殃；高毕枕中，适构淮南之祸。刻符止盗，反更亡身。被发邀神，翻招夷族。吁嗟！威斗厌兵，不禳赤伏之运；筑城断冈，何救素灵之哭？火灾不验，裨灶无力以窥天；超乘阶凶，王孙取监于观德。九征九变，是曰长途；人谋鬼谋，良归有道。此并经史陈迹，圣贤通规，人远乎哉！讵宜滞执？”客乃蹙然避席曰：“鄙人困蒙，不阶至道，请事斯语，归于正途。而今而后，方焚蓍龟，毁律历，废六合，斥五行，浩然清虑，则将奚若？”答曰：“此所谓过犹不及也。夫甲子所以纪日月，律历所以通岁时，金木所以备法象，龟蓍所以前人用。圣人以是神明德行，辅助谋猷。存之则叶赞成功，执之则凝滞于物。消息之理，其在兹乎？”客于是循墙匍匐，帖然无气，口喑心醉，不知所以答矣。

卷七　选择纪事　选择杂录

选择纪事

《吴越春秋》：吴王将伐齐，伍子胥闻之，谏曰："臣闻兴十万之众，奉师千里，百姓之费，国家之出，日数千金。不念士民之死，而争一日之胜，臣以为危国亡身之甚。且与贼居，不知其祸，外复求怨，侥幸他国，犹治救瘑疥而弃心腹之疾，发当死矣。瘑疥，皮肤，皮肤之疾不足患也。今齐陵迟千里之外，更历楚赵之界，齐为疾其疥耳，越之率病乃心腹也。不发则伤，动则有死，愿大王定越而后图齐。臣之言决矣，敢不尽忠。臣今年老耳，目不聪，以狂惑之心，无能益国，窃观《金匮第八》，其可伤也。"吴王曰："何谓也？"子胥曰："今年七月辛亥，平旦，大王以首事辛岁位也，亥阴前之辰也，合壬子岁前合也，利以行武，武决胜矣。然德在合斗击丑。丑，辛之本也。大吉为白虎而临辛，功曹为太常所临亥，大吉得辛为九丑，又与白虎并重。有人若以此首事，前虽小胜，后必大败，天地行殃，祸不久矣。"吴王不听，遂九月使太宰嚭伐齐。

吴王登临高望，见越王及夫人、范蠡坐于马粪之旁，君臣之礼存，夫妇之仪具。王顾谓太宰嚭曰："彼越王者，一节之人，范蠡一介之士，虽在穷厄之地，不失君臣之礼，寡人伤之。"太宰嚭曰："愿大王以圣人之心哀穷孤之士。"吴王曰："为子久赦之。"后三月，乃择吉日而欲赦之，召太宰嚭谋曰："越之于吴同土连域，勾践愚黠，亲欲为贼，寡人承天之神灵，前王之遗德，诛讨越寇，囚之石室，寡人心不忍见而欲赦之，于子奈何？"太宰嚭曰："臣闻无德不复，大王垂仁恩加越，越岂敢不报哉！愿大王卒意。"越王闻之，召范蠡告之曰："孤闻于外，心独喜之，又恐其不卒也。"范蠡曰："大王安心。事将有意，在玉门第一。今年十二月，戊寅之月，时加日出。戊，囚日也。寅，阴后之辰也。合庚辰岁后会也。夫以戊寅日闻喜，不以其罪罚日也。时加卯而贼戊，功曹为螣蛇而临戊，谋利事在青龙，青龙在胜光而临酉，死气也，而克寅。是时克其日，用又助之，所求之事，上下有忧。此其非天网四张，万物尽伤者乎。王何喜焉。”果子胥谏吴王曰：“昔桀囚汤而不诛，纣囚文王而不杀。天道还反，祸转成福。故夏为汤所诛，殷为周所灭。今大王既囚越君而不行诛，臣谓大王惑之深也，得无夏殷之患乎？”吴王遂召越王，久之不见。

吴王许勾践国，子胥入谏曰：“虎之卑势，将有以击也；狸之卑身，将求所取也。雉以眩移，拘于网鱼，以有悦死于饵。且大王初临政，负玉门之第九，诫事之败，无咎矣。今年三月甲戌，时加鸡鸣。甲戌，岁位之会将也。青龙在酉，德在土，刑在金，是日贼其德也。知父将有不顺之子，君有逆节之臣，大王以越王归吴为义，以饮溲食恶为慈，以虚府库为仁，是故为无爱于人，其不可亲。面听貌观，以存其身。今越王入臣于吴，是其谋深也。虚其府库，不见恨色，是欺我王也。下饮王之溲者，是上食王之心也。下尝王之恶者，是上食王之肝也。大哉！越王之崇吴，吴将为所擒也。惟大王留意察之，臣不敢逃死，以负前王。一旦社稷丘墟，宗庙荆棘，其悔可追乎？”吴王曰：“相国置之，勿复言矣。寡人不忍复闻于是。”遂赦越王归国。

越王勾践臣吴至归越，勾践七年也，百姓拜之于道曰：“君王独无苦矣。今王受天之福，复于越国，霸王之迹，自斯而起。”王曰：“寡人不德，天教无德于民，今劳万姓拥于歧路，将何德化以报国人。”顾谓范蠡曰：“今十有二月己巳之日，时加禺中，孤欲以此到国，何如？”蠡曰：“大王且留以臣卜日。”于是范蠡进曰：“异哉！大王之择日也，王当疾趋，车驰人走。”越王策马飞舆，遂复宫阙。吴封地百里于越，东至炭渎，西止周宗，南造于山，北薄于海。

越王召相国范蠡、大夫种、大夫郢，问曰：“孤欲以今日上明堂，临国政，耑恩致令，以抚百姓，何日可矣？惟三圣纪纲维持。”范蠡曰：“今日丙午日。丙，阳将也，是日吉矣。又因良时，臣愚以为可。无始有终，得天下之中。”大夫种曰：“前车已覆，后车必戒，愿王深察。”范蠡曰：“夫子故不一二见也，吾王今以丙午复初临政，解救其本，是一宜。夫金制始而火救其终，是二宜。蓄金之忧转而及水，是三宜。君臣有差，不失其理，是四宜。王相俱起，天下立矣，是五宜。臣愿急升明堂临政。”

勾践已灭吴，范蠡以乘扁舟，出三江，入五湖，莫知其所适。范蠡既去，越王愀然变色，召大夫种曰：“蠡可追乎？”种曰：“不及也。”王曰：“奈何？”种曰：“蠡去时阴画六，阳画三，日前之神，莫能制者。元武天空威行，孰敢止者？度天关，涉天梁，后入天乙。前翳神光，言之者死，视之者狂。臣愿大王勿复追也，蠡终不还矣。”越王乃收其妻子，封百里之地，有敢侵之者，上天所殃。于是越王乃使良工铸金象范蠡之形，置之坐侧，朝夕论政。

《汉书·王莽传》：莽性好时日小数，及事急迫，亶为厌胜，遣使坏渭陵延陵园门罘罳，曰："毋使民复思也。"又以墨污色其周垣，号将军曰："岁宿"，申水为"助将军"，右庚"刻木校尉"，前丙"耀金都尉"。又曰："执大斧，伐枯木。流大水，灭发火"。如此属不可胜记。

《晋书·戴洋传》：元帝将登祚，使洋择日。洋以为宜用三月二十四日景午。太史令陈卓奏用二十二日，言昔越王用甲辰三月反国。范蠡称在阳之前，当主尽出，上下尽空，德将出游，刑入中宫，今与此同。洋曰：越王为吴所囚，虽当时逊媚，实怀怨愤，蠡故用甲辰乘德，而归留刑吴宫。今大王内无含咎，外无怨愤，当承天洪命，纳祚无穷，何为追越王"去国留殃"故事邪？乃从之。祖约表洋为下邑长，时梁国人反逐太守袁晏。梁城峻崄，约欲讨之而未决。洋曰：贼以八月辛酉日反，日辰俱王，率德在南方，酉受自刑，梁在谯北，乘德伐刑，贼必破亡。又甲子日东风而雷西行，谯在东南，雷在军前，为军驱除。昔吴伐关羽，天雷在前，周瑜拜贺，今与往同，故知必克。约从之，果平梁城。

《沮渠蒙逊载记》：太史令张衍言于蒙逊曰："今岁临泽城西，当有破兵。"蒙逊乃遣其世子政德，屯兵若厚坞。蒙逊西至白岸，谓张衍曰："吾今年当有所定，但太岁在申，月又建申，未可西行。且当南巡，要其归会，主而勿客，以顺天心。计在临机，慎勿露也。遂攻浩亹，而蛇盘于帐前。蒙逊笑曰：前一为腾蛇，今盘在吾帐，天意欲吾回师，先定酒泉。"烧攻具而还，次于川岩。闻李士业征兵，欲攻张掖。蒙逊曰："入吾计矣。但恐闻吾回军，不敢前也。兵事尚权。"乃露布西境称，得浩亹，将进军黄谷。士业闻而大悦，进入都渎涧。蒙逊潜军逆之，败士业于坏城，遂进克酒泉。百姓安堵如故，军无私焉。以子茂虔为酒泉太守，士业旧臣皆随才擢叙。

《魏书太祖本纪》：皇始二年九月，贺驎出寇新市。甲子晦，帝进军讨之。太史令晁崇奏曰："不吉。"帝曰："其义云何？"对曰："昔纣以甲子亡，兵家忌之。"帝曰："纣以甲子亡，周武不以甲子胜乎？"崇无以对。冬十月丙寅，帝进军新市，贺驎退阻泒水，依渐洳泽以自固。甲戌，帝临其营，战于义台坞，大破之，斩首九千余级。贺驎单马走西山，遂奔邺，慕容德杀之。

《殷绍传》：绍以艺术为恭宗所知，太安四年上《四序堪舆表》曰：历观时俗，堪舆八会。经世已久，传写谬误。吉凶禁忌，不能备悉。或考良日，而值恶会。举吉用凶，多逢殃咎。臣前奉景穆诏，敕[①]谨审先所见《四序》经文，抄撮要略。当世所须吉凶举动，集成一卷。上至天子，下及庶人，又贵贱阶级，尊卑差别，吉凶所用，罔不毕备。谨以上闻。事若可施，乞即班用。其《四序堪舆》，遂大行于世。

《隋书·庾季才传》：高祖为丞相，尝夜召季才而问曰："吾以庸虚，受兹顾命。天时人事，卿以为何如？"季才曰："天道精微，难可意察。切以人事卜之，符兆以定。季才纵言不可，公岂复得为箕、颍之事乎？"高祖默然久之，因举首曰："吾今譬犹骑兽，诚不得下矣。"因赐杂彩五十匹，绢二百段，曰："愧公此意，宜善为思之。"大定元年正月，季才言曰："今月戊戌平旦，青气如楼阙，见于国城之上。俄而变紫，逆风西行。《气经》云：'天不能无云而雨，皇王不能无气而立。'今王气已见，须即应之。二月日出卯入酉，居天之正位，谓之二八之门。日者，人君之象。人君正位，宜用二月。其月十三日甲子。甲为六甲之始，子为十二辰之初。甲数九，子数又九。九为天数，其日即是惊蛰，阳气壮发之时。昔周武王以二月甲子定天下，享年八百。汉高帝以二月甲午即帝位，享年四百。故知甲子甲午为得天数。今二月甲子，宜应天受命。"上从之。

《唐书·李泌传》：宣政廊坏。太卜言："孟冬魁冈，不可营缮。"帝曰："《春秋》'启塞从时'，何魁冈为？"亟诏葺之。及桑道茂城，奉天事验，始尚时日拘忌。

《宋史·王旦传》：日者上书言宫禁事，坐诛，籍其家，得朝士所与往还占问吉凶之说。帝怒，欲付御史问状，旦曰："此人之常情，且语不及朝廷，不足罪。"真宗怒不解。旦因自取常所占问之书，进曰："臣少贱时，不免为此。必以为罪，愿并臣付狱。"真宗曰："此事已发，何可免？"旦曰："臣为宰相，执国法，岂可自为之？幸于不发而以罪人。"帝意解。旦至中书，悉焚所得书。既而复悔，驰取之，而已焚之矣。由是皆免。

《闻见前录》：康节先生出行，不择日。或告之以不利，则不行。盖曰：人未言则不知，既言则有知，而必行则鬼神敌也。

《续己篇》：诚意公尝过吴门，中夜闻撞木声，以问左右，曰："某人上梁也。"又问其家之贫富及屋之丰俭，曰："贫者数楹屋耳。"公叹曰："择日人术精乃尔。"又曰："惜哉，其不久也。"左右问故，公曰："此日此时上梁最吉，家当大发，然必巨室乃可。若贫家骤富，则必更置此屋。旺气一去，其衰可待也。"后其家生计日裕，不数岁

---

① 点校者注：此处漏"臣撰录，集其要最。仰奉明旨"等11字。

藏镪百万，果撤屋广之。未久，遂贫落如故。

《见闻录》：大兴刘公机，其父卒于任。公时为学官弟子，徒步往护丧归，遂卜葬。族人泥于阴阳家言，各以生年与葬期相值，久不克葬。陆礼部渊之来吊，问故，族人具道所以。公从屏后趋出泣拜曰："愿以某生年所值月葬父。"乃克葬。后公官至南京大司马，赠宫保。则葬日吉凶，何必拘而多疑乎？

《岩栖幽事》：劚竹根以辰日，捕鱼虾以亥日，栽种忌焦枯日。

选择杂录

《史记·太史公自序·论六家之要指》曰：《易大传》："天下一致而百虑，同归而殊涂。"夫阴阳、儒、墨、名、法、道德，此务为治者也，直所从言之异路，有省不省耳。尝窃观阴阳之术，大祥而众忌讳，使人拘而多所畏，然其序四时之大顺，不可失也。

《懒真子》："世言五角六张，此古语也。"尝记开元中，有人献俳文于明皇，其略云："说甚三皇五帝，不如来告三郎。既是千年一遇，且莫五角六张。"三郎谓明皇也。明皇兄弟六人，一人早亡，故明皇为太子时，号五王宅。宁王薛王，明皇兄也。甲王岐王，明皇弟也。故谓之三郎。五角六张谓五日遇角宿，六日遇张宿，此两日作事多不成，然一年之中不过三四日。绍兴癸丑岁只三日，四月五日角，七月二十六日张，十月二十五日角，多不过四日。他皆仿此。

《吹剑录》：避煞之说，不知出于何时。按：唐太常博士李才《百忌历》载"丧煞损害法"，如巳日死者雄煞，四十七日回煞，十三十四岁女雌煞，出南方第三家，煞白色。男子或姓郑潘孙陈，至二十日及二十九日两次回丧家。故俗世相承，至忌期必避之。然旅邸死者，即日出殡，煞回何处？京城乃倾家出避。东山曰："安有执亲之丧，欲全身远害，而扃灵柩于空屋之下？又岂有为人父而害其子者？"乃独卧苫块中，煞夕帖然无事。而俗师又以人死日推算，如子日死则损子午卯酉生人。犯之者，入殓时，虽孝子亦避甚。至妇女皆不敢向前，一切付之老妪家仆。非但枕籍碑极不仔细，而金银珠宝之类，皆为所窃。记曰：凡附于身者，必诚必信，勿之有悔焉耳。盖亡人所随身者，惟柩中物耳，可不身临之？此唯老成经历，平时以此戒其子弟，庶几临时不为俗师所惑。

《王氏谈录》：公云："阴阳忌讳，固不足泥，然亦有不可略者。"尝记丁顾言少卿云：昔游宦蜀中，至官有期。驻舟江浒，游憩山寺。遇老僧问丁公："何为而至？"丁具以之官告。又问："期在何时？"丁又以告。僧曰："是所谓兀日，不可视事。勿避之，君必以事去。"丁笑而不应。既至官月余，竟以事免归。丁深异之。于是复道故处，从僧谒其术。丁屡以语公，临治颇用之。

正、五、九，仕宦者不交印。俗忌牢不可破。初不知为藩镇开府犒劳将佐，宰杀物命设。恐伤物命固然，何独此三月？岂以浮屠氏谓此九十日为斋素月耶？即不经之甚，御笔除擢，无非日下供职，何尝问日辰利不利？或曰：历日上所书黄道，假也。君命到门，真黄道也。

《齐东野语》，俗以每月初五、十四、二十三日为月忌，凡事必避之。其说不经。后见卫道夫云："闻前辈云，说此三日即河图数之中宫、五宫、五数耳。五为君象，故民庶不可用。"此说颇有理。

《容斋随笔》：建除十二辰，《史》、《汉》历书皆不载。《日者·列传》但有"建除家以为不吉"一句。惟《淮南鸿烈解·天文训篇》云：寅为建，卯为除，辰为满，巳为平，主生；午为定，未为执，主陷；申为破，主衡；酉为危，主杓；戌为成，主少德；亥为收，主大德；子为开，主太岁；丑为闭，主太阴。今会元官历，每月遇建平破收，皆不用。以建[①]月阳，破为月对，平收随阴阳月递，互为魁罡也。《酉阳杂俎·梦篇》云："《周礼》以日月星辰各占六梦，谓日有甲乙，月有建破。"今注无此语。《正义》曰："按《堪舆》，黄帝问天老事云'四月阳建于巳，破于亥；阴建于未，破于癸'，是为阳破阴，阴破阳。"今不知何书所载，但又以十干为破，未之前闻也。

《搜采异闻录》：《墨子书·贵义篇》云：子墨子北之齐，遇日者曰："帝以今日杀龙于北方，而先生之色黑，不可以北。"子墨子不听，遂北，至淄水不遂而反。日者曰："我谓先生不可以北。"子墨子曰："南之人不得北，北之人不得南。其色有黑者，有白者，何故皆不遂也？且帝以甲乙杀青龙于东方，以丙丁杀赤龙于南方，以庚辛杀白龙于西方，以壬癸杀黑龙于北方。若子之言，不可用也。"《史记》作《日者传》，盖本于此。徐广曰："古人占候卜筮，通谓之日者。如以五行所直之日，而杀其方龙，不知其旨安在，亦可谓怪矣。"

《蠡海集》：术家取天德之法，至子午卯酉月居于四卦之上，每卦有二支，人怀疑。大抵天德不加于戊己者，天气不亲于土。其子午卯酉之月，只用己亥寅申，不用四墓矣。

又一说：既不用四墓，则五行之中，土气遂绝。土其可绝乎？盖正用四墓尔。春二月木墓未，夏五月火墓戌，秋八月金墓丑，冬十一月水墓辰，乃四行休墓于四季，为德也。是以古今术家兼取用之。况亥月用乙，未月用申，则卯月必用未，不用申，无疑矣。盖生月用阴，墓月用阳，旺月用墓。余仿此。

《暖姝由笔》：大寒前后十日为阳宅乱岁，寒食前后十日为阴宅乱岁。今人不知，

① 点校者注：此处漏一"为"字。

但知腊底二十四夜为乱岁。

《群碎录》：杜子美诗“空留玉帐术，愁杀锦城人。”盖玉帐乃兵家厌胜之方位，主将于其方置军帐，则坚不可犯。其法出黄帝。《遁甲》以月建前三位取之。如正月建寅，则巳为玉帐。

《野客丛谈随笔》云：《齐书》：高洋谋篡魏，其臣宋景业言，宜以仲夏受禅。或曰：“五月不可入官，犯之不终于其位。”景业曰：“王为天下，无复下期，岂得不终其位？”乃知此忌，相承已久。不晓其义。仆观前汉张敞为山阳太守，奏曰：“臣以地节三年五月视事。”其言如是。则知前汉之俗，未尝忌五月也。然张敞在山阳监护骄贺，其责甚难，卒以无事。其后征为胶东相，亦不闻有凶横之说。又观后汉《朔方太守碑》云：“延嘉四年，九月乙酉，诏书迁衙，令五月正月到官。”乃知拘忌之说，起于两汉之后。然又观《独孤及集》，有为《舒州到任表》曰：“九月到州讫。”乃知唐人亦有不忌九月者。因考诸州唐人题名，见不避正、五、九处亦多。

附录一　射覆纪事

《汉书·东方朔传》：朔待诏金马门，稍得亲近。上尝使诸数家射覆，置守宫盂下，射之皆不能中。朔自赞曰："臣尝受《易》，请射之。"乃别蓍布卦而对曰："臣以为龙又无角谓之为蛇，又有足，跂跂脉脉善缘壁，是非守宫即蜥蜴。"上曰："善。"赐帛十匹。复使射他物，连中辄赐帛。时幸倡郭舍人，滑稽不穷，常侍左右，曰："朔狂幸中耳，非至数也。臣愿令朔复射。朔中之，臣榜百。朔不能中，臣赐帛。"乃覆树上寄生，令朔射之。朔曰："是窭数也。"舍人曰："果知朔不能中也。"朔曰："生肉为脍，干肉为脯，树上为寄生，盆下为窭数。"上令倡监榜舍人。

《魏志·管辂传》：馆陶令诸葛原迁新兴太守，辂往祖饯，宾客并会。原自起取燕卵、蜂窠、蜘蛛著器中，使射覆。卦成，辂曰："第一物：含气须变，依乎宇堂，雄雌以形，翅翼舒张，此燕卵也。第二物：家室倒悬，门户众多，藏精育毒，得秋乃化，此蜂窠也。第三物：觳觫长足，吐丝成罗，寻网求食，利在昏夜，此蜘蛛也。"举坐惊喜。平原太守刘邠取印囊及山鸡毛著器中，使筮。辂曰："内外方员，五色成文，含宝守信，出则有章，此印囊也。高岳岩岩，有鸟朱身，羽翼元黄，鸣不失晨，此山鸡毛也。"

清河令徐季龙取十三种物著大箧中，使辂射，云："器中藉藉有十三种物。"先说鸡子，后道蚕蛹，遂一一名之，惟以梳为枇耳。

《辂别传》曰：诸葛原字景春，亦学士，好卜筮数，与辂共射覆，不能穷之。景春与辂有荣辱之分，因辂饯之，景春言："今当远别，后会何期，且复共一射覆。"辂占既皆中，景春大笑："卿为我论此卦意，纾我心怀。"辂为开爻散理，分赋形象，言征辞合，妙不可述。景春及众客莫不言，听后论之美胜于射覆之乐。

故郡将刘邠，字令元，清和有思理，好《易》而不能精，与辂相见，意甚喜欢，欲从辂学射覆。

清河令徐季龙，字开明，有才机，与辂相见，留辂经数日。辂占猎既验，季龙曰："君虽神妙，但不多藏物耳。"于是取十三种物欲以穷之，辂射之皆中。季龙乃叹曰："作者之谓圣，述者之谓明，其此之谓乎！"

辂射覆名物，见术流速，东方朔不过也。往孟荆州为列人典农，常[①]问亡兄，昔东方朔射覆得何卦，正知守宫、蜥蜴二物者。亡兄于此为安卦生象，辞喻交错，微义豪起，变化相推，会于辰巳，分别龙蛇，各使有理。言绝之后，孟荆州长叹息曰：“吾闻君论，精神腾跃，殆欲飞散，何其汪汪乃至于斯耶！”

《吴志·赵达传》：达，河南人也。少从汉侍中单甫受学，用思精密，计飞蝗，射隐伏，无不中效。或难达曰：“飞者固不可校，谁知其然，此殆妄耳。”达使其人取小豆数斗，播之席上，立处其数，验覆，果信。尝过知故，知故为之具食，食毕谓曰：“仓卒乏酒，又无嘉肴，无以叙意，如何？”达因取盘中只箸再三，从横之，乃言：“卿东壁下有美酒一斛，又有鹿肉三斤，何以辞无？”时坐有他宾，内得主人情。主人惭曰：“以卿善射有无，欲相试耳，竟效如此！”遂出酒酣饮。

《海录碎事》：有以茱萸令郭璞射之者，璞曰：“子如赤铃含元珠，按文言之是茱萸。”

梁元帝《洞林序》云：“河东郭生，才能射覆。”按：郭生，郭璞也。

《湖广通志》：蔡铁善卜，为南郡王义宣府史。王镇盛昌，于斋内见一白鼠，缘屋梁上，命左右射得之，内函中，命铁卜之。铁曰：“白色之鼠，背明而户。弯弧射之，绝其左股。腹孕五子，三雄二雌。若不见信，剖腹而知。”王命剖之，皆如铁言，赐钱万贯。

唐张说《梁四公记》：梁天监中有蜀闯、䴔杰、㩉𪄀、仉胥四公谒武帝，帝见之甚悦，因命沈隐侯约作覆，将与百僚共射之。时太史适获一鼠，纳匣而缄之以献。帝筮之，遇蹇之噬嗑。帝占成，群臣受命，献卦者八人，有命待成俱出。帝占[②]，寘诸青蒲，申命闯公揲蓍。对曰：“圣人布卦，依象辨物，何取异之，请从帝命卦。”时八月庚子日巳时，闯公举帝卦撰占，置于青蒲而退。读帝占曰：“先蹇后噬嗑是其时，内艮外坎是其象。坎为盗，其鼠也。居蹇之时，动而见嗑，其拘系矣。噬嗑六爻，四‘无咎’，一‘利艰贞’，非盗之事。上九‘荷校灭耳，凶’，是因盗获戾，必死鼠也。”群臣蹈舞，呼万岁。帝自矜其中，颇有喜色。次读八臣占词，皆无中者。末启闯公占曰：“时日王相，必生鼠矣。且阴阳晦而入文明，从静止而之震动，失其性必就擒矣。金盛之月，制之必金。子为鼠，辰与艮合体。坎为盗，又为隐伏。隐伏为盗，是必生鼠也。金数于四，其鼠必四。离为文明，南方之卦。日中则昃，况阴类乎？晋之繇曰‘死如弃如’，实其事也。日敛必死。”既见生鼠，百僚失色而尤。闯公曰：“占辞有四，今者

① 点校者注：当为“尝”。

② 点校者注：此处漏一“决”字。

惟一，何也？”公曰：“请剖之。”帝性不好杀，自恨不中。至日昃，鼠且死矣。因令剖之，果妊三子。

江盈科《谈言》：北齐高祖尝燕近臣为乐。高祖曰：“我与汝等作谜，可共射之。”卒律葛答，诸人皆射不得。或云：“是髋子箭。”高祖曰：“非也，石。”动筩曰：“臣已射得。”高祖曰：“是何物？”动筩对曰：“是煎饼。”高祖笑。动筩曰：“射著是也。”高祖又曰：“汝等诸人为我作一谜，我为汝射之。”诸人未作，动筩为谜，复云“卒律葛答”。高祖射不得。问曰：“此是何物？”答曰：“是煎饼。”高祖曰：“我始作之，何用更作？”动筩曰：“承大家热铛子，更作一个。”高祖大笑。

《山堂肆考》：丁文杲覆射蜂曰：“花花者华，山中采花。虽无官职，一日两衙。”启之，果蜂也。

太宗取一物，令文杲射。文杲云：“有头有足，不石即玉。欲要琐头，不能入腹。乃压书石龟也。”

《玉壶清话》：赵晋公在中书，闻丁文杲善射覆，召至，函一物令射之。文杲书四句云：“太岁当头坐，诸神列两旁。其中有一物，犹带洞庭香。”发函视之，乃用历日第一幅裹绿橘一枚也。

《唐书·袁天纲传》：天纲子客师，亦传其术，为廪牺令。高宗置一鼠于奁，令术家射，皆曰鼠。客师独曰：“虽实鼠，然入则一，出则四。”发之，鼠生三子。

《龙城录》：明皇识射覆之术，上皇始平祸乱，在宫所与道士冯存澄因射覆得卦，曰合因，又得卦曰斩关，又得卦曰铸印、乘轩，存澄起谢曰：“昔此卦三灵为最善，黄帝胜炎帝而筮得之谓合因、斩关、铸印、乘轩。始当果断，终得嗣天。”上皇掩其口曰：“止矣，默识之矣。”后即位，应其术焉。

《杜阳杂编》：罗浮先生轩辕集善射覆，上遣嫔御取金盆覆白鹊以试之，集方休于所舍，忽起谓中贵人曰：“皇帝安能更令老夫射覆盆乎？”中贵人皆不喻其言，于是上召令速至，而集才及玉阶，谓上曰：“盆下白鹊，宜早放之。”上笑曰：“先生早已知矣。”

《唐书·李景让传》：景让，字后己，大中中进御史大夫蒋伸辅政，景让名素出伸右，而宣宗择宰相，尽书群臣当选者以名内器中，祷宪宗神御前射取之，而景让名不得。

《茅亭客话》崔尊师名无斁，王氏据蜀，由吴江而来，托以聋聩，诚有道之士也。每观人书字而知休咎，能察隐伏逃亡、山藏地秘、生期死限、千里之外、骨肉安否，未尝遗策。时朝贤士庶奉之如神明。龙兴观道士唐洞卿令童子以器盛萝卜送杜天师光庭，值崔在院门坐，遂乞射覆。崔令童子于地上划一个字，童子划一“此”字，崔曰：“萝卜尔。”童子送回，拾一片损梳置于器中。再乞射覆，崔曰：“划一字于地。”童子指前来“此”字，崔曰：“梳尔。”洞卿怪童子来迟，童子具以崔射覆为对。洞卿久知崔有道，令童子握空拳，再指“此”字，崔曰：“空拳尔。”洞卿亲诣崔曰：“一字而射覆者三，皆不同。非有道，讵能及此。”崔曰：“皆是童子先言，非老夫能知尔。‘此’字，象萝卜，亦象梳，亦象空拳，何有道邪?”崔相字托意指事，皆如此类。

《南唐近事》：钟傅镇江西日，客有以射覆之法求谒，傅以历日包一橘致袖中，使射之，客口占一歌以揭之云，“太岁当头立，诸神莫敢当。其中有一物，常带洞庭香。”

《闻奇录》：叶简，剡人，善卜筮。有将橘子合之，令占。曰：“圆似珠，色如丹。倘能劈破同分吃，争不惭愧洞庭山。”又将巾子射覆云：“近来好裹束，各自竞尖新。秤无三五两，因何号一斤?”又将鸡子二个占云：“此物不难知，一雄兼一雌。请将打破看，方明混沌时。”

《金史·麻九畴传》：九畴，字知几。初因经义学《易》，后喜邵尧夫《皇极书》，因学算数，又喜卜筮、射覆之术。

《元史·田忠良传》：忠良，字正卿，通儒家杂家言。世祖召至，指西序第二人，谓忠良曰：“彼手中握何物?”对曰：“鸡卵也。”果然，帝喜。又曰：“朕有事萦心，汝试占之。”对曰：“以臣术推之，当是一名僧病耳。”帝曰：“然。国师也。”至元十一年，帝猎于柳林，御幄殿，侍臣甚众，顾忠良曰：“今拜一大将取江南，朕心已定，果何人耶?”忠良环视左右，目一人对曰：“是伟丈夫可属大事。”帝笑曰：“此伯颜也，为西王旭烈兀使，朕以其才留用之，汝识朕心。”赐钞五百贯，衣一袭。八月，帝出猎驻辇，召忠良曰：“朕有所遗，汝知何物，还可复得否?”对曰：“其数珠乎，明日二十里外，人当有得而来献者。”已而果然，帝喜，赐以貂裘。

附录二　挂影纪事　挂影杂录

挂影纪事

《东坡志林》：至和二年，成都人有费孝先者，始来眉山，云：近游青城山，访老人村，坏其一竹床，孝先谢不敏，且欲偿其直。老人笑曰：“子视其下字，云此床以某年月日造，至某年月日为费孝先所坏。成坏自有数，子何以偿为?”孝先知其异，乃留师事之，老人授以《易》轨革挂影之术，前此未知有此学者。后五六年，孝先以致富，今死矣。然四方治其学者，所在而有皆自托于孝先，真伪不可知也。聊复记之，使后人知挂影之所自也。

《东轩笔录》：唐坰知谏院，成都人费孝先为作挂影，画一人，衣金紫，持弓箭射落一鸡。坰语人曰：“持弓者，我也。王丞相生于辛酉，即鸡也，必因我射而去位，则我亦从而贵矣。”翌日，抗疏以弹荆公，又乞留班，颇諠于殿陛。主上怒，降坰为太常寺大祝监广州军资库，以是年八月被责。坰叹曰：“射落之鸡，乃我也。”

李璋尝令费孝先作挂影，画凤立于双剑上，又画一凤据厅所，又画一凤于城门，又画一凤立重屋上，其末画一人紫绶偃卧，四孝服卧于傍。及璋死，其事皆验。剑上双凤者，璋为凤宁军节度使也。厅所者，尝知凤翔府，末年谪官郢州。召还，卒于襄州凤台驿，襄州有凤林关也。两子侍行，璋既病久，复有二子解官省疾。至襄之次日，璋薨，四子衰服之应也。

自至和、嘉祐已来，费孝先以术名天下，士大夫无不作挂影，而应者甚多，独王平甫不喜之，尝语人曰：“占卜本欲前知，而挂影验于事后，何足问耶?”

《墨客挥犀》：李璋太尉罢郢州，入朝，至襄阳疾病，止驿舍两月余。璋尝命蜀人费孝先作挂影，先画一凤止于林下，有关焉。又画一凤立于台，又画衣紫而哭者五人。盖襄州南数里有凤林关，传舍名凤台驿。始璋止二子侍，三子守官于外，闻璋病甚，悉来奔视。至之翌日，璋乃卒，果临其丧者五人。

《渑水燕谈录》：术士李某，忘其姓名，亦传管辂轨革法，画挂影颇有验。今丞相顷尝问之挂影，画水边一月，中有口，未几除知湖州。又卢龙图秉使占挂影，亦同，乃除知渭州。字虽不同，而其影皆同。

《可谈》：余幼时随母氏在常州，时见钱秀才开图书，知人三世姓。男子知妇姓，女子知夫姓，无不验。吾家三姊，长适吴氏，次适沈氏。钱阅书皆言夫姓吴，时怪其差谬。后数年，沈姊离婚归宗，嫁吴宽夫。不知图书，何为而亿中乃尔？生齿浩繁，岂此数帙文字所能该括！

挂影杂录

《闻见后录》：今世俗谓挂影者，亦《易》之象学也。如“见豕负涂，载鬼一车”，非象而何？未易以义理训也。予见王庆曾言，蚤日，羁穷尝从一头陀占卦象，其词云：“须逢庚午方亨快，半是春来半是秋。”头陀云：“岂君运行庚午春秋之间少快邪?”久之无验。晚用秦相君荐至参知政事。相君庚午生，半春半秋，秦字也。其异如此。

《老学庵笔记》：蔡元长当国时，士大夫问轨革，往往画一人戴革而祭。辄指之曰：“此蔡字也。必由其门而进。”及童贯用事，又有画地上奏乐者，曰：“土上有音，童字也。”其言亦往往有验。及二人者废，则亦无复占得此卦。绍兴中，秦桧之专国柄，又多画三人，各持禾一束。则又指之曰：“秦字也。”其言亦颇验及秦氏。既废，亦无复占得此卦矣。若以为妄，则绍兴中如黑象辈畜书数百册，对人检之，予亲见其有三人持禾者在其间，亦未易测也。

《拊掌录》：熙宁间。蜀中日者费孝先筮《易》，以丹青寓吉凶，谓之挂影。其后转相祖述，画人物不常，鸟或四足，兽或两翼，人或儒冠而僧衣，故为怪以见象。米芾好怪，常戴俗帽，衣深衣而摄朝靴，绀缘，朋从目为活挂影。

附录三　拆字汇考一

拆字数

序

夫先天者，已露之机；后天者，未成之兆也。先天则有事始占一事之吉凶，后天则有所未知而出仓卒之顷，而休咎验焉。故先天为易测，后天为难测也。先天则有执蓍而成卦，后天触物即有卦，此全在人心神之所用也。其能推测之精，所用之活，则无一事一物，莫逃之数矣。我居者为中，现于前者为离，现于后者为坎，出于左者为震，出于右者为兑，在我左角者为艮，在我右角者为乾，在乾左角者为坤，此八卦位。八方而定吉凶，立八卦而定克应，取时日而定吉凶，观变爻而定体用。故我坐则其祸福应于二卦成数之间，我立则其祸福应于中分二卦之间。大抵坐则静，行则动，立则半动半静。静则应迟，动则应速。凡有触于我而有意以为我之吉凶，则吉凶在我，应验在人意者，何如？盖八卦之画既定，六爻之断既明，仍参以生克之理，究以刑冲之蕴，万无一失矣。近取诸身，远取诸物，仍当以心求，不可以迹求，不可拘泥物员为天卦，物方为地卦。是为《序》。

指迷赋

尝闻相字乃前贤妙术，古今秘文，为后学之成规，辨吉凶之易见。相人不如相字，即相其人。变化如神，精微入圣。自古结绳为政，如今花押成数。言，心声也，字，心画也。心形如笔，笔画一成，分八卦之休囚，定五行之贵贱，决平生之祸福，知目前之吉凶。富贵贫贱，荣枯得失，皆于笔画见之。或指吉为凶，或指凶为吉。先问人之五行，次看人之笔画。相生相旺则吉，相克相泄则凶。如此观之，万无一失。为官则笔满金鱼，致富则笔如宝库。一生孤独，见于字画之欹斜。半世贫穷，乃是笔端之愚浊，非夭即贱。三山削出，皆非显达之人。四大其亡，尽是寂寥之辈。父母俱庆，乾坤笔肥；母早亡兮，坤笔乃破；父先逝兮，乾笔乃亏。坎是田园并祖宅，稳重加官。

艮为男女及兄弟，不宜损折。兑上主妻宫之巧拙，离宫主官禄之荣枯。震为长男，巽为驿马。乾离囚走，壬主竞争。震若勾尖，常招是非，妻定须离。若是员净，禄官亦要清明。离位昏蒙，乃是剥官之杀。兑宫破碎，宜婚硬命之妻。金命相逢火，笔克陷妻儿。木命亦怕逢金，破财常有。水命不宜土笔，不见男儿。火命若见水笔，定生口舌。土命若见木笔，祖产自消。相生相旺皆吉，相克相刑定凶。举一隅自反，凭五行而相之。略说根源，以示后学。

元黄克应歌

元者，天也。黄者，地也。应者，克应之期也。天地，造化克应之谓也。歌曰：

凡是挥毫落楮时，便将凶吉此中推。
忽听傍语如何说，便把斯言究隐微。
倘是欢言多吉庆，若闻愁语见伤悲。
听得鹊声云有喜，偶逢鸦叫祸无移。
带花带酒忧还退，遇醢逢醯事转迷。
更看来人何服色，五行深处说根基。
有人抱得婴儿至，好把阴阳两字推。
男人抱子占儿女，妇人抱子问熊罴。
一女一子成好事，群阴相挽是仍非。
若见女人携女子，阴私连累主官非。
忽然写字宽衣带，诸事从今可解围。
跛子瞽人持杖至，所谋蹇滞不能为。
竹杖麻鞋防孝服，权衡柄印主操持。
见果断之能结果，逢衣须说问良医。
若见丹青神鬼像，断他神鬼事相随。
若画翎毛花果类，必然妆点事须知。
有时击磬敲椎响，定有佳音早晚期。
寺观铃铙钟鼓类，要知仙佛与禳祈。
倘是携来鱼雁物，友朋音信写相思。
逢梅可说娣媒动，见李公私理不亏。
见肉定须忧骨肉，见梨怕主有分离。
仕宦官员俄顷至，贵人相遇不移时。

出笔拔毫通远信，笔头落地事皆迟。
墨断须防田土散，财空写砚忽干池。
犬吠如号忧哭泣，猫呼哀绝有人欺，
贼盗将临休见鼠，喜人摧动爱闻鸡，
马嘶必定行人至，鹊噪还应远客归。
字是朱书忧血疾，不然火厄有忧危。
楼上不宜书火字，木边书古有枯枝。
朱书更向炉边写，荧惑为灾信有之。
破器偶来添砚水，切忧财耗物空虚。
笔下忽然来蟢子，分明吉庆喜无疑，
若在右边须弄瓦，左边必定产男儿。
叶上写来多怨望，花间书字色情迷。
果树边傍能结果，竹间阻节事迟疑。
晴宜书日雨宜水，夏火秋金总是时。
更审事情分向背，元黄克应细详推。

元黄叙

龟图未判，此为太古之淳风。鸟迹既分，爰识当时之制字。虽具存于简牍，当深究其源流。成其始者，信不徒然。即其终之，岂无奥义？同田曰富，分贝为贫。两木相并以成林，每水归东是为海。虽纷纷而莫述，即一一而可知。不惟徒羡于简笺，亦可预占乎休咎。春蛇秋蚓，无非归笔下之功。白虎青龙，皆不离毫端之运。今生好癖，博学博文。少年与笔砚相亲，半世与诗书为侣。识鱼鲁之舛，穷亥豕之讹。别贤愚之字，昭然于毫端。察祸福之机，了然于心目。鲜而当理，敢学说字之荆公。挟以动人，未逊后来之谢石。得失何劳于龟卜，依违须决于狐疑。岂徒笔下以推尊，亦至梦中而讲究。刀悬梁上，后操刺史之权。松出腹间，果至三公之位。皆前人之已验，非后学之私言。洞察其阴阳，深明爻象，则吉凶之悔吝可知已矣。

元黄歌

大抵画乃由心出，以诚剖决要分明。
出笔发毫逢定位，笔头若出干无成。
墨断定知田土散，纸破须防不正人。

犬吠一声防哭泣，鼠来又忌贼来侵。
赤朱写字血光动，叶上书来有怨盟。
忽见鸡鸣知可喜，人惊梦觉事通灵。
马嘶必有行人至，猫过须防不正人。
船上不宜书火字，楼头亦忌有官刑。
有时戏在炉中写，遇火焚烧忽不宁。
破器莫教添砚水，定知财散更伶仃。
笔下偶然蝇蟢至，分明六甲动阴人。
在左定生男子兆，右至当为添女人。
曾见人家轻薄辈，口中含饭问灾迍。
直饶目下千般喜，也问刑徒法里寻。
花下写来为色欲，女人情意喜相亲。
花开花落寻灾福，刻应之时勿自盲。
麒麟凤凰为吉兆，猪羊牛马是凡形。
此际真搜元妙理，其中然后有分明。
应验只须勤记取，灾祥议论觉风生。

花押赋

夫押字者，人之心印也。古人以结绳为证，今人以押字为名。大凡穷通之理，皆与阴阳相应。先观五行之衰旺，次察六神之强胜。五行者，立木、卧土、勾金、点火、曲水之象。六神者，青龙、朱雀、螣蛇、元武、勾陈、白虎之形。上大阔方，火乃发用。坚瘦有力，木乃生荣。金要方而水要圆，土要肥而木要正。故曰：炎炎火旺，玉堂拜相。洋洋水秀，金阙朝元。木盛兮仁全义广，金旺兮性急心刚。土薄而离巢破祖，土厚而福禄绵长。故曰：木少水多，根根折挫。金少火多，两窟三窝。金斜而定然子少，木曲而中不财丰。盖画长兮，象天居上。土卧厚兮，象地居下。内木停兮，象人在于中央。三才全兮，如身居其大厦。无天有地兮，父早刑。有天无地兮，母先化。有木孤兮，昆弟难倚。夫天失兮，故基已罢。内实外虚兮，虽才高而无成。外实内虚兮，终富厚而显赫。龙蟠古字，必有将相之权。不正偏斜，定是孤穷之客。螣蛇缠体，飘流万里。元武克身，妨妻害子。身之土透天，常违父母之言，而有失兄弟之礼。只将正印按五行，仔细推详。大小吉凶搜六神，而无不验矣。

探元赋

且夫天字者，乃乾健也，君子体之。地字者，乃坤顺也，庶人宜之。君子书天，得其理也。庶人书地，亦合宜也。夏木春花，此乃敷荣之日。冬梅秋菊，正是开发之时。一有背违，宁无困顿。日字要看停午，月来须问上弦。假如风雨，要逢长旺之时。若是雪霜，莫写炎蒸之候。牡丹芍药，只是虚花。野杏山桃，皆为结实。森森松柏，终为梁栋之材。郁郁蓬蒿，不过园篱之物。书来风竹，判以清虚。写到桑蚕，归于饱暖。锣鸣炮响，可言声势之家。波滚船行，俱作飘流之士。鱼龙上达，犬豕下流。泉石烟霞，自是清贫之士。轩窗台榭，难言暗昧之徒。河海江山，所为广大。涧溪沼沚，作事卑微。灯烛书在夜间，自然耀彩月星。写于日午，定是埋光。椒桂芝兰，岂出常之人口？桑麻禾麦，决非上达之人。黄白绿青红，许以相逢艳冶。宫商角徵羽，言他会遇知音。剑戟戈予，终归武士。琴书笔砚，乃是文人。问贱与贫，因见自谦之德。书富乃贵，已萌妄想之心。金玉珠珍，不过守财之辈。荣华显达，欲寻及第之方。恩情欢爱，既出笔端；淫荡痴迷，常眠花下。酒浆脍炙，哺啜者不常书之。福寿康宁，老大者多应写此。且如龙蟠虎踞，宁无变化之时？凤翥鸾翔，终有飞腾之日。体如鹭立，孤贫之士无疑。势如鸦飞，饶舌之徒可测。惊蛇失道，只寻入穴之谋。舞鹤离巢，自有冲霄之志。急如鹊跳，是子轻浮。缓似鹅行，斯人稳重。如篁蓊郁，休言豁达心怀。似水飘流，未免萧条家道。或若炎炎之火，或如点点之云，一生喜怒无常，终身成败不保。风摇嫩竹，早年卓立难成。雨洗桃花，晚岁羁栖无倚。为人潇洒，乃如千树之江梅。赋性温柔，何异数株之岩柳，烟萝系树，卓立全倚于他人。霜叶辞柯，飘零不由于自己。画似棱棱之枯禾，孤苦伶仃。形如泛泛之浮萍，贫穷漂泊。无异巉岩之怪石，巇崄营生。有如耸拔之奇峰，孤高处世。金绳铁索，此非岩谷之幽人。玉树瑶琴，定是邦家之良佐。乱丝缠结，定知公事牵连。利刃交加，即是私家格角。撇如罗带，际遇阴人。捺似拖钩，刑伤及己。勾似锦靴，遭逢官贵。画成横枕，疾病临身。切忌横冲，半断不保。荣身仍嫌直落，中枯难言高寿。剔成新月，出门便见光辉。点作星飞，守旧宁无晦滞？至若挥毫带煞，秉生死之重权。落纸无成，作奔趋之贱役。起腾腾之秀气，主有文章。生凛凛之寒光，宁无声价？半浓半淡，作事多乖。倚东倚西，撑持不暇。字短则沉沦不显，字长则潦倒无成。拾后拈前，所为险阻。忘前顿后，举动趑趄。且如偃仰，遇庶人则成号泣，君子飞腾。若是拘挛，逢君子乃是刑囚，庶人必能勤苦。造其理也，即此推之。余向遇异人，曾授《元黄》诸篇。今遇异翁，授此赋毕，遂问曰："愿得公之姓名。"公不答而去。

齐景至理论

天下之妙，无过一理。理既能明，在乎明学。学者穷究，莫难乎性。性既明达，其理昭然。且苍颉始制之时，观迹成象，以之运用，应变随机。且释老梵经，王勃佛记，迨今飞轮宝藏之内，既深且密，非高士莫得而闻，何由睹之。其汉高有荥阳之围，以木生火，终不能灭。有人梦腹上生松丝悬山下，后为幽州刺史。十八为三公，不十为卒。《春秋》说，十四心为德。《国志》云，口在天上为吴。《晋书》，黄头小人为恭，以人负吉为造。八女之解安禄山，两角女子绿衣裳。端坐太行邀君王，一正之月能灭亡。正月也。郭璞云：永昌有昌之象，其后昌隆。罗，四维也，其偶如此。且人禀阴阳造化，凭五行妙思，一言一语一动一静，然后挥毫落楮。点画勾拔，岂不从于善恶？得之于心，悬之于手。心正则笔正，心乱则笔乱。笔正则万物咸安，笔乱则千灾竟起。由是考之，其来有自。达者以理晓，昧者以字拘。难莫难于立意，贵于言辞。立意须在一门，言词务在必中。余幼亲师友，温故知新，志在取进场屋，为祖宗之光。遂乃屈身假道，每以诗酒自娱。渡江乘兴，偶信宿于岩谷，观溪山之清流，闻禽鸟之好音，殆非人世。忽见一人，道貌古怪，披头跣足，踞坐磻石之上。余由是坐之于侧良久，交谈之际，询余曰："子非齐景乎？"予惊讶豫知姓名，疑其必异人所授，答之曰："然。"异人曰："混沌判肇苍颉制字者，余也。自传书契天下，天下大定，后登天为东华帝。君今居于此，乃东华洞天。余曾有奇篇昔付谢石，今当付汝。今子之来，可熟记速去，不然，尘世更矣。"于是拜而受之，退而密观奥妙，乃元黄妙诀，神机解字之文。得其方妙，如谷之应声。善恶悉见，祸福显然。定生死于先知，决狐疑于豫见。后之学者，幸珍重之。

字画经验

敷字　昔在任宰，清拆之。云：此字十日内放笔。果以十日罢任。

家字　凡人书之，家宅不宁。空字头，豕应在亥月者也。

荆字　甘而刑，不利小人，大宜君子。

砚字　有一字夫，出之乱尔，见名之兆。

典字　曲折多，四十日内有兴进之兆，贵人必加官进禄，雅宜便。四十日内有进纳之喜。

果字　凡事善果披剃，盖口中无才。又云：进小口。

馬字　昔有马雅官，写马字无点，马无足不可动。

來字　来带两人之才[1]，皆未见信。行人未应。三人同来，财午未年发。

葵字　逢春发生，又占名利，逢癸可发。占病不宜。二十日有惊恐之兆。

但字　如日初升，常人主孤。凡事未如意，十日身坦然。

謙字　故人嫌，盖无廉耻。目下有事，多是非。

亨字　高未高，了未了，须防小人不足，及外孝。不祥。

逹字　二十日未达，即日并不顺，少喜多忧。

奇字　占婚奇偶未偕，应十一日。难为兄弟，字不全。

俊字　一住一利，交友难为。父兄反覆，文书干连。变易，凶。

常字　占病堂上人灾，有异姓异母。上有堂字头，下有哭字头。

每字　昔曹石遣人相此字：异日必为人母。后果然。

城字　逢丁戊日，六神动忌；丁戊日，田土不足，进力成功。

池字　凡事拖延有日，逢蛇必利。盖添虫为蛇。

春字　高宗写此，时秦桧用事。石云：秦头太重，压日无光。桧闻名，召而遣之。

一字　土字，一字王也。

益字　有吏人书益字，二十八日有血光之厄。至期果然。

田字　有人出此，相言：直看是王，横看是王，必主大贵。

字体诗诀

天字及二人，作事必有因。一天能庇盖，初主好安身。

地字如多理，从此出他乡。心如蛇口毒，去就尽无妨。

人字无凶祸，文书有入来。主人自卓立，凡事保和谐。

金字得人力，屋下有多财。小人多不足，凡事要安排。

木字人未到，初生六害临。未年财禄好，切莫要休心。

水字可求望，中防有是非。文书中有救，出入总相宜。

火字小人相，中人大发财。灾忧须见过，日下有人来。

土字日下旺，田财尽见之。穿心多不足，骨肉主分离。

東字正好动，凡事早求人。牵连须有事，财禄自交欣。

西字宜迁改，为事忌恶人。心情虽洒落，百事懒栖身。

南字穿心重，还教骨肉轻。凡事却有幸，田土不安宁。

---

① 点校者注：当为“木”字。据《增广校正梅花易数》改正。

北字本比和，不宜分彼此。欲休尚未休，问病必见死。
身字主己事，侧伴更添弓。常藉人举荐，仍欣财禄丰。
心字无非火，秋初阴小灾。小人多不足，夏见必灾来。
頭来须鄙衰，发可却近贵。要过丑丑前，凡事皆顺利。
病来如何疾，木命最非宜。过了丙丁日，方知定不危。
言字如何拆，人来有信音。平生多计较，喜吉事应临。
行字问出入，须知未可行。不如姑少待，方免有灾惊。
到字若来推，出入尚颠倒。虽然吉未成，却于财上好。
得来问日下，宁免带勾陈。凡事未分付，行人信不真。
開字无分付，营谋尚未安。欲开开不得，进退两皆难。
附字问行人，行人犹在路。为事却无凶，更喜有分付。
事字事难了，更又带勾陈。手脚仍多犯，月中方可人。
卜字求测事，停笔好消详。上下俱不足，所为宜不祥。
望字逢寅日，所谋应可成。主须不正当，却喜有功名。
福字来求测，须防不足来。相连祸逼迫，一口又兴灾。
禄字无祖产，当知有五成。小人生不足，小口有灾惊。
貴字多近贵，六六发田财。出入须无阻，宜防失落灾。
用字主财用，有事必经州。谁识阴人事，姓王并姓周。
康字未康泰，要防阴小灾。所为多不逮，财禄亦难来。
寧字占家宅，家和人口增。财于中主发，目下尚伶仃。
吉字来占问，反教吉又凶。因缘犹未就，作事每无终。
宜字事且且，须知在目前。官非便了当，家下亦安然。
似字众人事，所为应不成。独嫌人力短，从众则堪行。
多字宜迁动，死中还得生。事成人侈靡，两日过方明。
古字多还吉，难逃刑克灾。虽然似喜吉，口舌却终来。
洪宜人共活，火命根基别。事还牵制多，应是离祖业。
香字忌暗箭，木上是非来。十八二十八，好看音信回。
清字贵人顺，财来蓄积盈。阴人是非事，不净更多年。
虚惟头似虎，未免有虚惊。凡事亦可虑，仍防家不宁。
遠字事多达，行人有信音。为事既皆遂，喜吉又来临。
同字如难测，商量亦未然。两旬事方足，尚恐不周员。

众字人共事，亦多生是非。所为应不敛，小口有灾危。

飛字须可喜，反覆亦非多。意有飞腾象，求名事即宜。

秀字多不实，无事亦孤刑。五五加一岁，还生事不宁。

風字事无宁，逢秋愈不吉。疾多风癖攻，更防辰戌日。

天字已成夭，亦多吞噬心。事皆蒙庇盖，行主二人临。

元字二十日，所为应有成。平生刑克重，兀兀不安宁。

秋字秋方吉，小人多是非。须知和气散，目下不为宜。

申字是非长，道理亦有破。终然屈不伸，谋事难有祸。

甲字利姓黄，求名黄甲宜。只愁田土上，还惹是和非。

川字如来问，当知有重灾。仍防三十日，不足事还来。

墟字若问事，虎头蛇尾惊。有人为遮盖，田土不安宁。

辰字如写成，主有变化象。进退虽两难，功名却可望。

青字事未顺，须知不静多。贵人仍不足，日久始安和。

三字多迁改，为事亦无主。当知二生三，本由一生二。

八如来问测，分字亦安让。凡事多费解，仍防公挠忧。

字须有学识，初主似空虚。家下不了事，名因女子中。

士为大夫体，未免犯穿心。拮据是非散，番多吉事临。

四季水笔

春水昏浊，夏水枯涸，秋水澄清，冬水凝结。

水为财，忌居乾、兑、坎。乛乙丂勹点不为杀，必为贵人。

画有阴阳

长中有短，为阳中阴。短中有长，为阴中阳。粗细轻重，以此为例。阳中有阴则佳，阴中有阳反凶。壬字头画，是阳中有阴。任字头，是阴中有阳。水笔不流，流则不佳。戴流珠，名�星，小人囚系。取福下至上一三，取祸上至下一三。

八卦断

乾宫笔法如鸡脚，父母初年早见伤。
若不早年离侍下，也须抱疾及为凶。
坤宫属母看荣华，切忌勾陈杀带斜。
一点定分荣禄位，一生富贵最堪夸。
艮位排来兄弟宫，勾陈位笔性他凶。
纵然不克并州破，也主参商吴楚中。
巽宫带口子难逢，见子须知有克刑。
侥君五个与三个，未免难为一个成。
震位东方一位间，要他笔正莫凋残。
若逢枯断须沾疾，腰脚交他不得安。
离是南方火位居，看他一点定荣枯。
若还员净荣官禄，燥火炎炎定不愚。
坎为财帛定卦位，水星笔横占他方。
若见笔尖无大小，根基至老主荣昌。
兑位西方太白间，只宜正直莫凋残。
若然坑陷并尖缺，妻子骄奢保守难。

附录四　拆字汇考二

新订指明心法[①]

相字心易

凡写两字，止看一字。盖字多必乱。若谋事之类，亦必移时，方可再看。

辨字式

富人字，多稳重无枯淡。贵人字，多清奇长画肥大。贫人字，多枯淡无精神。贱人字，多散乱带空亡。百工字多挑趯，商字多远迩。男子字多开阔，妇人字多逼侧。余皆以浓淡、肥瘦、斜正、分明之类断之。

笔法筌蹄

凡书字法，有浓淡、肥瘦、长短、阔狭、反覆、顺逆、曲直、高低、小大、软硬、开合、清浊、虚实、凹凸、平正、斜侧、圆满、直率、明白、轻快、稳重、挑趯、勾挽、破碎、枯槁、尖削、倒乱、鹘突、孤露、交加、肥满、尖瘦、刚健、精神、艳冶、气势、衰弱、小巧、软满、老硬、骨棱、草率、开阖之分，各有一体，难以尽述，学者变化知几其神。歌曰：

笔画稳重，衣食丰隆。笔画平直，丰衣足食。
笔画端正，衣禄铁定。笔画分明，决定前程。
笔画圆静，富贵无并。笔画肥浓，富贵无穷。
笔画洁净，功名可决。笔画轻快，诸事通泰。
笔画刚健，力量识见。笔画精神，必有声名。

---

① 上

笔画光发，荣显通达。笔画气势，慷慨意志。

笔画宽洪，逞英逞雄。笔画尖小，其人必了。

笔画如线，有识有见。笔画似绳，一世平宁。

笔画挑剔，奸巧衣食。笔画乌梅，面相恢恢。

笔画懒淡，兄弟离散。笔画分扫，破荡家早。

笔画弯曲，奸巧百出。笔势迭荡，一生浮浪。

笔画枯槁，财物虚耗。笔画糊涂，憨蠢无谋。

笔画粘带，是非招怪。笔画大小，有歉有好。

笔画高低，说是说非。笔画淡薄，疮痍克剥。

笔画反覆，心常不足。笔画破碎，家事常退。

笔画攲斜，飘泊生涯。笔画愚浊，无知无学。

笔画如蛇，常不在宅。笔画偏侧，衣食断隔。

笔似鼓槌，至老寒微。笔势如针，此人毒心。

笔画勾丫，官事交加。笔画如钩，害人不休。

笔画散乱，财谷绝断。笔格常奇，诀以别之。

奴婢

恰似霜天一叶飞，画如木担两头垂。画轻点重君须记，定是前趋后拥儿。

阴人

阴人下笔意何如，只为多羞胆气虚。起处恰如针背样，却来下笔定徐徐。

隔手

隔手书来仔细详，见他纸墨字光芒。更看体骨苏黄格，淡有精神是贵郎。

视势

每遇人写来，必别是何字。如天字，乃是夫字及失字基址。女人写妨夫，男子写有失。

象人

凡见必别是何人写，亦象人而言。如天字。秀才问科第，今年尚未，当勉力读书，来年有名望及第。官员求官，亦未宜，勉力政事，主来年得人举荐受恩。若庶人占之，病未安，用巫方愈。讼者，未了，主费力，必被官劾断之。

“天”加直成“未”，再加点成“来”，“来”“力”成其“剌”。

有所喜

如问财，见金宝偏傍及禾斗之类，决好。

有所忌

如问病见土木，及问讼见血井字，皆凶。

有所闻

如问病，忌闻哭泣声。占财，不宜破碎声。

有所见

如立字，见雨下或水声则成泣字。又如言字，见犬成狱字。问病、讼皆忌之。

以时而言

如草木字，春夏则生旺有财，秋冬则衰替多灾。风云气候之类，亦然。

以卦而断

如震字，春则得时，冬则无气。皆以其卦言之。

以禽善而断

如牛字则劳苦，为人春夏劳苦，秋冬安逸。

取类而言

如楼字，笔画多不可分解。以楼取义，乃重屋也。重屋拆开，乃千里尸至。问字人必有人死在外，尸至。

以次而言

如字先写笔画，喜则言吉，次则言凶，又次则言半凶半吉，以此加减，亦察人之气也。

当添亦添

且如官员写“尹”字，乃君字首，断其人必在上位，定不禄而还，以君无口故也，如书“君”字，乃是郡旁，其人当得郡。

当减亦减

如樹字中有吉字，写得好者则减去两边，只是言吉。

笔画长短

如吉字上作士字，终作士人。如作土字，乃口在下，问病必死。若身命属木，自身无妨，屋下木土生，不过十日必亡。

如“常”字，上作小字，只是主家内小口灾略，不为大害。若上草作“小”，如此写，乃是灾字头，中是“门”字，下是“吊”字，主其人大灾患临头，吊客入门，大凶。然亦须仔细，仍观人之气色。象人而言，如土人气色黑恶，其人必退。若土命者，必死。俱不过十日。

偏旁侵客

如“宀”字，乃家头。如“宀”写，乃是破家宅，无其家，必退。如此“山”，写必兴门户。乃是山字形。如山有缺笔，乃是悬针之山，必大凶也。

字画指迷

如人字，正人作贵相，睡人作病疾，立人傍托人，双人傍作动人，其人逆多顺少。从作两人相从，众作群党生事。坐人作阻隔，更作闲作人。如申字作破田煞，常人不辨破田之说，用事重成之义也。

如田字，藏器待时，头足有所争，争而有所私忌，田产不宁。如彐字，作横山，取之衣禄渐明矣。又作日间防破。如黄字，作廿一后方得萌芽，又作廿一用可喜也。又云：上有一堆草，中有一条梁，撑杀由八郎。如言字，有谋有信，取之如草之作木，取之心不定也。如心字，三点连珠，一钩新月，皆清奇之象。或竖心性情，作小人之状。近身作十字，作穿心六害，取凡百孤独。如寸字，亦心也。一寸乃十分，为人有十分之望，谋望有分付也。又作一十取之。如辛字，乃六七日内见，立用干求。远作六十一日。或云有宰相成也。

问婚姻

凡事写得相粘者，可成。又字画直落成双者，可成。字中间阔而不粘，及直横成双者，偏旁长短者，不成。

凡写字得脚匀齐者，皆就。字四齐者，尤吉。字上短下长者，日久方成。字乾上有破，父不从。坤宫破，母不从。左边长者，男家顺，女家不肯。右边长者，女家顺，男家未然。

官事

或见文字，或字脚一丿一㇏破碎，断有杖责。或见牛字，有牢狱之忧，主人大失。或木笔开口者，亦有杖责。字画散乱者易了，或有丿㇏长者耸者，亦有杖刑。或见杖竹之类，亦有打兆。

火命人写木字来问，必有官灾。或字有草头者说草头姓，得力之类。

疾病

金笔多心肺痰脏腑疾，西方金神为祸。

木笔多心气疾手足灾，木神林坛为祟。

水笔多泻痢吐呕之证，水鬼为凶。

火笔多潮热伤寒，时行火鬼为怪。又云：四肢疼时气病疾，火笔多者病不死。

土笔多脾胃兼疮疾，客亡伏尸作祟鬼，疼痛之疾。土笔多者病死。凡有丧字虎字头或两口字者，皆难救。

六甲

字凡有喜字、吉字体者，皆吉。字凡带白虎笔，难产，子必死。写得粘者，易产。字画纤断者，主有惊险。字有螣蛇笔者，主虚惊。字画直落成双者，阴喜。成单者，男喜。

求谋

凡字写得中间阔者，所谋无成。谋字写得相粘者，二十四五前成。盖有隔字体故也。求字来问者，木命人吉，土火不利。

行人远信

如行字写得脚短一般齐者，人便至。字脚或不齐，行人皆不至。字画直落点多者，其人必陷身。字画少者，人便至。乃详字体格范。

官贵

凡字有二数，一点当先者，无阻，事济。所写之字相粘，伶俐者贵人，顺。点多者，事不成。

失物

凡字有“失”字体及字中，皆难觅。朱雀动，有口舌，日久难寻。金笔多艮，上有破五金之物，宜速寻。土笔多坎，上有破碎，其物在北，上古井或窑边，及坑坎之所，瓦器覆藏，五日败。坤上有一钩者，乃奴婢偷去，不可取得。兑上不足，乃妻妾为脚，带金人将去。离上一画不完者，乃南方火命人将去见官方，失物仍在。

问寿

字画写得长而瘦者，寿耐久；如肥壮者，耐老；若短促者，无寿。

功名

字要贵人头者，有功名；字金笔多端正，及木笔轻而长者，皆贵。

行人

人字潦倒，未动。写得人字起者，已动。人以來字问者，未至。行字问者，且待。凡字中有言字者，有信至，人未至也。

反体

喜字来问者，未可言喜，有舌字脚。有以慶字来问者，未可言慶，有憂字脚。星字来问者，日在上，星辰不见，问病必凶。

大凡文人不可写武字，武人不可写文字，阴人不可写阳字，阳人不可写阴字，皆反常故也。

六神笔法

乀，青龙木。乂，朱雀火。勹，勾陈土。，螣蛇无正位。几，白虎金。厶，元武水。

蚕头燕颔是青龙，两笔交加朱雀凶。
元武怕他枯笔断，勾陈回笔怕乾宫。
螣蛇草笔重重带，白虎原来坤位逢。
此是六神真数诀，前将断语未流通。

六神主事

青龙主喜事，白虎主丧灾。朱雀主官司，勾陈主留连。螣蛇主妖怪，元武主盗贼。

六神都静，万事咸安。若交一动之时，家长须忧不测。若非人亡财散，必主刑囚狱讼。

青龙形式

乀丿　青龙要停匀，百事皆吉。

青龙笔动喜还生，谋用营求事事通。
人口增添财禄厚，主人目下尽亨通。

朱雀形式

乂　朱雀临身文书动，主失财，有口舌，生横事。忌惹人，有忧惊之事。

朱雀交加口舌多，令人家内不安和。若逢水命方无怪，他命逢时有怨痾。

勾陈形式

勹　勾陈主惊忧之事，迟滞忌土田，是非未决，并惹闲非。

勾陈逢者事交加，谋事中间件件差。田宅官司多挠括，是非门内有喧哗。

螣蛇形式

㔾 蛇主忧虑，梦不祥，作事多阻，有喧争。惹旧愁，宜守静。

螣蛇遇者主虚惊，家宅逢之尽不宁。出入官谋宜慎取，免教仆马有灾形。

白虎形式

凡白虎主有不祥之招，产病、有孝服及官鬼。惹口舌，在囚狱。

白虎逢之灾孝来，出门凡事不和谐。更防失脱家财损，足疾忧人百事乖。

元武形式

厶 元武贵人华盖，主盗财，亦难寻。

元武动时主失脱，家宅流离慎方活。更防阴小有灾危，又主小人生恬括。

笔画犯煞

卌风鳞，丅断伏，口活法，彐用煞，丑连[1]，曰隔伏，厂倚伏，𠃌冲伏，丁悬针，◎冲伏，丁流金，乁活金，乙曲伏，㇉曲伏，口死金，丁活火，㇙死火，㇋螣蛇，一死土，国活土，☑隔伏。

元黄笔法歌

厂反　反旁无一好，十个十重灾。傍里推详看，临机数上排。

廴走　走绕字如何，须防失脱多。若还来问病，死兆不安和。

孑糸　糸绞同丝绊，干事主留连。却喜财公问，傍看日数言。

阝卩　附邑傍边事，当从在右推。兑宫知事定，震位事重为。

灬二　四点皆为火，逢寅过午通。若还书一画，百事尽成空。

亻彳　卓立人傍字，谋为倚傍成。若还来问病，死去又逢生。

之之　之绕身必动，看其内必凶。问病也须忌，其余却少通。

弓弓　弓伴休乾用，反处口难凭。先自无弦了，如何得箭行。

山宀　宀下灾祸字，占家更问官。更推从来用，凶吉就中看。

---

① 图带

冫氵　两点傍边字，还知凝滞攒。要问端的处，傍取吉凶看。
吕叩　双口相排立，因知恸哭声。各逢于戈日，亦主泪如倾。
户尸　户下尸不动，休来占病看。其余皆是吉，即断作平安。
阝阜　阜邑傍边字，当为仔细推。兑宫知事息，震位又重为。
衣礼　礼字傍边拆，必定见生财。疋字如逢见，须从人正来。
月骨　骨傍人有祸，囚狱一重来。门内生荆棘，施设不和谐。
身自　自家身傍限，分明身不全。有谋难得遂，即日是多煎。
反定　定绕自来看，身必有所动。吉凶意如何，相里临时用。
山山　山下灾祥字，占家宜用官。更推从西用，凶吉数中安。
人欠　欠字从西体，须知望用难。吹嘘无首尾，不用滞眉看。
禾禾　禾边刀则利，春季则为殃。夏日宜更改，人中好举扬。
耳耳　耳畔虽有纪，轻则是虚声。旺事宜重用，取谋合有成。

五行体格式

水笔式　〇水图多性巧，凵浊者定昏迷，◎水泛为不定，乁水走必东西。
火笔式　㇁火重性不常，厶火燥见灾殃，彡火多攻心腹，㇉火轻足衣粮。
土笔式　一土重根基好，一土轻离祖居，乛土滞破田宅，⺄土定无虚图。
金笔式　口金方利身主，亻金重性多刚，㇇金走为神动，已慷慨及门墙。
木笔式　丨木长性聪明，丨木短定功名，‖木多才学敏，彡木斜废支撑。

时辰断

看字先须看时辰，时辰克应不相亲。时辰若遇生其用，作事何忧不称心。此字中第一要紧用也。

起六神卦诀

甲乙起青龙，丙丁起朱雀。戊日起勾陈，巳日起螣蛇。庚辛起白虎，壬癸起元武。

附例①

	六爻	五爻	四爻	三爻	二爻	初爻
甲乙日例	元武	白虎	螣蛇	勾陈	朱雀	青龙
丙丁日例	青龙	元武	白虎	螣蛇	勾陈	朱雀

辨别五行歌

横画连勾作土称，一挑一捺俱为金。撇长撇短皆为火，横直交加土最深。有直不斜方是木，学者先明正五行。

一点悬空土迸尘，三直相连化水名。孤直无依为冷水，腹中横短作囊金。点边得撇为炎火，五行变化在其中。

三横二短若无钩，乃为湿木水中流。两点如挑金在水，八字相须火可求。空云独作寒金断，好把心钩比木舟。

无勾之画土稍寒，直非端正木休参。围中横满无源水，口小金方英错谈。四匡无风全五事，用心辨别莫疑难。

穿心撇捺火陶金，走之平稳水溶溶。直中一捺金伤木，踢起无尖不是金。数点笔连休作火，奇奇偶偶水源清。

无直无钩独有横，水因土化复何云。点挑撇捺同相聚，共总将来化土音。四点不连真化火，孤行一笔五行同。

辨别六神歌

蚕头燕额是青龙，尖短交加朱雀神。弯弓斜月勾陈象，螣蛇长曲势如行。尾尖口阔为白虎，体态方尖元武行。此即六神真妙诀，断事详占要认真。

五形歌并式

木瘦金方水主肥，土形敦厚背如龟。上尖下阔名为火，字像人形一样推。

---

① 今以甲乙丙丁日附载为式，余仿此。

木式

有直不斜方是木，即此是也。凡字有木，不偏不倚始为木。若无倚靠上下左右者，此系冷木。故云：直无依为冷木，另作别看。

三　此乃湿木也。歌曰：三横两短右无钩，乃为湿木水中流。此土化水也。如聿字下三横，春字上三横，皆为湿木。凡有钩之横，及三横不分短长者，皆非木也。

乙　此舟船木也，象如勾陈属土。邵子云：好把心钩比木舟。故借作舟船木用。如占在水面上行等事，即作舟船木用；如占别用，论勾陈仍作土看。在占者临时变化，切不可执一而论也。

乂　此木被金伤也，一样属金。故云，直中一捺金伤木。凡占得此木为用伤者，皆主不得其力也。

干支辨

直长为甲亦为寅，细短均为乙卯身。孤直心钩兼湿木，干支无位不须论。

車　假如车字中央一直彻上彻下，强健无损，则属阳，所以为甲木、寅木。余皆仿此。

幸　如幸字上一直下一直，皆短弱，属阴，所以作乙木、卯木论也。凡一直细弱不健，即长如车之直，亦作乙卯木看，其心钩舟船木，并三横两短木，一概不在干支论，因其不正故也。

火式

丿　撇长撇短皆为火，此式是也。

丷　点边得撇为炎火，此即是也。要一点紧紧相连始合式，如不联属，点仍属水火，非炎火看也。

八　八字相须火，可求此余火也。如八字捺长，则一撇为火，一捺另作金看。

灬　四点不连真化火，此真火也。如四点笔法牵连不断，则属水，非火论也。

干支辨

撇长丙巳短为丁，午火同居短撇中。八字螣蛇兼四点，天干不合地支冲。

庐　假如庐字撇长，则取为丙火、巳火用。丙巳属阳，故用撇长者当之。余仿此。

從　如从字撇多皆短，则取为丁火、午火用。丁午属阴，故用短弱者当之。邵子之作，皆有深理存焉。余仿此。如八字四点之类，皆火之余，俱不入干支论。

土式

一　此横画连勾，作土称是也。如用画无勾，直无撇捺相辅，此为寒土化水用，故“无直无勾独有横，土寒化水复何云”也。如二字、旦字、竺字之类也。如血字、土字与直相连，仍作土看。

十　歌云：横直交加土最深。即此是也。凡横画有一直在内为木，非深厚之土不能培木，所以云土最深也。余仿此。

丶　歌云：一点悬空土迸尘。此乃沙尘土也。凡求字、戈字末后一点皆是。如文字、章字当头一点属水，不在此论。凉字、臧字起头一点亦属水，不在此论。

一　此无勾之画，为寒土。解见前。

丫 く　此点挑撇捺同相聚，共总将来化土音。作土看。

干支辨

横中有直戊居中，画短横轻作己身。未点勾陈皆丑未，长而粗者戊辰同。

聿　假如聿字之类，第二画长，末后一画长，余画皆短，即长者为阳土用，短者为阴土用，必取横中有直者为准。如无直者及无依辅者，另看轻细，虽长亦作阴土。

求　假如求点可作己土丑未用，其挑撇点捺，同相聚无名之土，不入于干支之论也。

金式

㇀　歌云：一挑一捺俱为金。即此是也。挑起定要有锋尖，始为金。如踢起无尖，又非金看也。

㇏　捺要下垂始为金。如走之平平，又变水看矣。学者辨之要明。

口　口小金方，即此是也，如因字、国字、匡字，四匡大者皆非。

目　歌曰：腹中横短是囊金。假如目字中两横短，而作囊内之金看，如两横长满者，乃围中横满无源水，又不作金用也。如目中用两点非横者，亦是水，非金也。余仿此。

氵　此两点加挑，“金在水云金”，乃水中之金也。

几　此“空云独作寒金断”，乃寒金也。

乂　“穿心撇捺火陶金”，此金在火中也。

干支辨

口字为庚亦作申，挑从酉用捺从辛。空头顽钝囊金妙，不在干支数内寻。

喜　假如喜字上下两口皆属阳，取其方止故也。俱为庚金申令用。

扒　假如扒字挑才，一挑取为酉用，八字一捺取为辛用，因其偏隘，故作阴金用。余仿此。

水式

丶　此一点当头作水称，乃雨露水也。歌出邵子旧本。又云，有点笔清皆作水。云有点属水也。又一点悬空土，迸尘点在末，后一点化水，解见前；四点相连，又化作火，亦见于前解也。

川　此三直相连化水，名川字之义也。

日　此字中央一满画，乃无源之水也。如画短不满者，不是水，另作别看。

辶　此走之平稳，水溶溶捺不下垂，故作水看也。

灬　此数点相连，野水也；即四点笔迹不断，亦作水看。

一　此土寒化水也，凡有依附者即非，仍作土看也。

干支辨

点在当头作癸称，腹中为子要分明。点足为人腰在亥，余皆野水不同群。

文　假如文字一点，即为癸水，癸水乃雨露之源，因其在上故也。余仿此。

月　假如月字腹中之点，即为子水，因其在内故也。凡勺字、自字等字皆同用。

景　如景字中央一点乃亥水，下二点为壬水，故点足为壬腰作亥，取江河在下义也。余仿此。

五行全备

一点一画五行全，试看首尾秘为占。点画若无疵笔露，功名发达享高年。

丶　如一点端正，无破绽、鸦嘴等形，则是五行全；如不合式，仍属水。

一　亦五行全，此象乃庖羲氏画卦之初，而混元一气之数也。

○　此太极未分时，亦五行全天之象也。

□　歌云：四匡无风全五行。是亦五行全也，如国字、园字之类，四匡紧紧不透风，乃是。如笔稀者，不是。口小者属金，亦不是此地之象也。

六神形式

青龙　丿　乀

蚕头燕额是青龙。凡撇捺长而有头角之样，即作青龙。如撇短则不足。如成青龙之式，不拘撇捺皆化木。如无须角，虽长亦非青龙。

朱雀　乂　丿

尖短交加朱雀神。撇短而有尖嘴之形，则为朱雀，主文书事，原属火，无化。

螣蛇　乙　乞　**孔**　叉

螣蛇长曲势如行。其样如蛇，皆化火看。亦主文书，及惊怪等。

勾陈　勹　乚　乁

湾弓斜月勾陈象。凡带长者是也。属土，无化。主羁滞。

白虎　兄　几　玊

尾尖口阔方为虎。口不开者，非虎也。化作金用。主疾病。凶之兆也。

元武　厶　么　幺　云

体态方尖元武形。化水。主盗贼事。又主波浪险阻等事。

八卦辨

口形为兑捺为乾，三画无伤乾亦然，
三点同来方是坎，撇如双见作离占，
土山居上名为艮，居下为坤不必言，
蛇形孤撇皆从巽，云首龙头震占先，
详明八卦知凶事，学者参求理自全。

贵神：

中　上　贝　日　月　大　人

喜神：

士　口　言　鳥

福星：

不　田[1]

文星：

二　乂　曰　子

印星：

巳　卩　口　子

马星：

丁　灬　辶　走

禄神：

甲禄在寅，乙禄在卯，丙戊禄在巳，丁己禄在午，庚禄在申，辛禄在酉，壬禄在亥，癸禄在子。

俱以占者年庚本命干求之笔画为准，如甲命人即以字中长直为禄。余仿此。

会神：

田　日　云　禺

生神：

一　元　甲　子　初

盖一者，数之始；元者，洪濛之初；甲子者，乃干支之首，故皆为生神之用也。

亡神：

十　千　百　万　貞　亥　癸

十、千、百、万皆数之终，贞乃元之尽，亥、癸是干支之末，故为亡神。

家神：

宀乇火[2]、土[3]、堂[4]、水[5]。

官符：

宀　付　目

文书：

二　乂　丿　乙　朱雀、螣蛇皆是。

---

① 凡子孙动者，亦作福星看。

② 灶神以四点同。

③ 土者奥神是也。

④ 堂者香火神也。

⑤ 水者井神等三点亦同用。

灾煞[①]：

巛　宀　火　广　丙　矢

字中见旧太岁，亦为病符星。

天狗煞：

字中见太岁，前年干支是也。如子年见戌，甲年见壬皆是。

科名星：

禾　斗　以本人年甲所属是科名，如甲乙以一直，丙壬以一撇，皆科名也。余仿此。

丧门：

白　亦　IR　兄

空亡：

即六甲空亡，“甲子旬中空戌亥”之类是也。假如甲子旬中占，即以腰间一点为亥空，以长画为戌空。余皆仿此。

宜神：

子为财之宜神，鬼为父之宜神，兄为子之宜神，财为鬼之宜神，父为兄之宜神是也。

忌神：

子为鬼之忌神，鬼为兄之忌神，兄为财之忌神，财为父之忌神，父为子之忌神是也。

主神：

眼前小事日干寻，代友占亲看纳音。疾病官非详本命，字中末笔主终身。

假如占眼前出行、求财等事，俱以日干生克字中笔画为主。如替人问事，以本日纳音为主。如疾病、官非，又以本人年干为主。如占自己终身，俱以末后一笔为主。看生克衰旺而详占之。

用神

官鬼父母才兄子，据事参详要仔细。认定一笔作用神，此为相字真消息。

假如占功名，用官鬼。占生意，用财爻。据事而取用神，只以一笔为主，详其旺

① 即病符。

相休囚，以定吉凶。

七言作用歌：

用神加值五行真，谋望营为百事成。

疾病官非兼口舌，总逢凶处不成凶。

凡金、木、水、火、土，真字皆宜用，乃五行真也，诸事皆利。

午干所属是科名，未斗皆为首占星。

有此求名方遂意，如无考试定成空。

凡占功名，必要科名，入数再兼官鬼文书，动而旺相功名可成，如无科名莫许。

求名之数禄神临，始断今科考事兴。

若遭科名同在数，自然高荐遂生平。

禄神，即甲禄在寅是也。

有田有日会神兴，见客逢人不必寻。

马星原是弯弓脚，四点原来用亦同。

凡谒贵寻人，俱要会神行人，俱要马星妙。

士头口体喜神俱，嫁娶婚姻百事宜。

只怕重重见火土，许多克伐反非奇。

士属土怕木，口属金怕火，所以见木土反，非奇也。

笔清墨秀琢磨深，方正无偏必缙绅。

疾走龙蛇心志远，行藏慷慨位三公。

又：

字兼骨格有精神，窗下工夫用得深。

笔踪丰肥金见火，诗书队里久陶熔。

又：

金木重重见贵神，笔挥清楚主聪明。

耸直一行冲宝盖，富贵荣华日日新。

又：

方圆端正笔无尘，年少登科入翰林。

只恐弱木逢金克，缠身疾病不明萌。

又：

木形之字有精神，可云发达耀门庭。
火多年少心多燥，水盛为人智必清。
又：
一直居中勇更明，少年黾勉得功名。
末笔再逢金土厚，为官享禄更廉明。
又：
笔端势小事无成，粗俗须知业不精。
起头落尾如莺嘴，心里奸谋刻薄人。
又：
土形之字活而圆，用神清楚是英贤。
笔底到头无间断，一家荣耀有余钱。
又：
字贬无神笔更联，公门吏卒度余年。
勉强操觚无实学，欺人长者被人嫌。
又：
战兢惕厉若临渊，静里修持反有年。
写毕果然无俗气，终须榜上有名填。
又：
日月当头笔迹强，精神骨格字无伤。
国家梁柱何消息，更有奇衷佐圣疆。
又：
衣食身傍黑带浓，最嫌软弱与无神。
字中人口如枯暗，莫待长年主恶终。
又：
下笔头高志必雄，落头不是正经人。
尖头秃尾人无智，老死冲门不得名。
又：
一字忙忙写未全，有头无尾不须言。
作事率然多失错，琢磨早失在当年。

又：

字无骨格少精神，一生多耗病沉沉。

问名带草索连就，满腹文章亦落空。

又：

草写香花定主贫，弱软干枯受苦辛。

于中若是为官客，几口新鲜一旦倾。

比例歌

斗日来占事不差，无心书鬼状元家。

功名第二推为政，死字登科作探花。

二

辰时执笔若书才，大振声名事必来。

正午书言真是许，水傍写半见黉开。

三

逢三书八士能成，照例推之理便通。

申卓不乱推联捷，数逢三一始为真。

四

二人同到独书余，一定其间事必徐。

问失执金知是铁，始为一举反三隅。

此例之类不过详其理也，暂录四首为后学之门，余仿此。

西江月

要见卦爻衰旺，端详其内章图。欲知事物识天机，细把元黄篇记。

临占观形察物，叶音即义断之。若逢王者世为奇，君免猜疑直示。

易理元微

昔李淳风见赤黑二马入河，人问二马何先起，有人演得离卦云：离为火，火赤色，赤马先起。李曰：火未然，烟先发，黑马先起。果然。

断扇占

昔有一妇，其夫久客不归，因诣李淳风先生处求断易数。适值他出。问其子，其子见妇手中携一扇，其扇面忽然落地，因断曰：骨肉分离，不得相见矣。妇泣而回，恰路遇李淳风先生，妇诉其故。李断曰：穿衣见父，脱衣见夫。不妨，尔夫今日必到。将晚，果然至家。可见各解不同，其断精微若此。

买香占

酉年八月二十五日午时，有杨客卖香。康节曰："此香非沉。"客曰："此香真不可及。"康节曰："火中有水，水泽之木，非沉香也。恐是久阴之木，用汤药煮之。"客怒而去。半月后，有宾朋至，云："是清尾人家做道场，沉香伪而不香。"康节曰："香是何人带来？但问其故，我已先知之矣。"伯温令人去问，果是杨客。康节曰："前日到门首，因观之。未问之前，先失手，其香坠地。故取年月日时占之，得睽之噬嗑。睽下卦属兑，兑为泽。噬嗑下卦属震，震为木。乃西泽之木，即非沉香。睽卦上互得坎，坎为水。下互得离，离为火。上有水即汤。噬嗑卦上互见坎，坎为水。下互见艮，艮为山。中有水，亦泽之象。此乃西泽久损污湿之木，以汤煮之。"此理可晓，从此大小事，不可不校其时也。

新订指明心法下

断富贵贫贱要诀

凡字写得健壮，其人必发大财，有田土好产。二画一点者，多贵为官食禄，不然亦近贵人。字中或多了一画①，亦主横发财禄，多遇异贵，得成名利；或少了一画②，其人破荡弃祖，自立成败。

如名目字写得如法正当，无一缺折者，其人有名分。

笔多清贵虚名。

---

① 一丿一乁。
② 一丿一乁。

土笔多富而贵。

字中有画当短而长，其人慷慨，会使钱，近贵。

字画直长而短，其人鄙吝，一钱不使。

字有悬针或直落尖，皆刑六亲，伤害妻子。

横画两头尖者，伤妻。

直落两头尖者，伤子。

字掠画少者，孤掠。画不沾者，亦孤为僧或九流。

如见十字两头尖者，穿心六害，刑妻子兄弟，骨肉皆空。

字中点多者，主人淫滥漂荡，贪花好色，居止不定。

十字下面脚不失者，晚得子力。

如见上一画重者，平头杀，亦难为六亲。轻者，初年不足，中末如意。或点重者，为商旅发财，离乡失井，出外卓立。

若水命金命，见点画轻者，或早年有水灾，掠者无安身之地。作事成败，主恶死，不善终。

直落多者，聪明机巧，为手艺之人白手求趁。

画多者，必有心胁脾胃之疾，木多有心气之疾，晚年见之。

写口字或四围有口开者，有口舌，旬日见之，或破财不足。

發字头见者，未主发财。

一字分作三截，上中下三主断之。

士头文脚，主有文学。

金笔灵或见千干戈字脚者，必是用武之士。

凡妇人写来写画不正者，必是偏室；或带三点，必有动意，如三之类。

凡写字之人，偶然出了笔头，此事破而无成；或近火边写字，必心下不宁。

或写字用破器添砚水，家破人亡。

或写字时，犬来左右吠，不吉。

或取纸来写，破碎者，主有口舌。

或写字时猫叫，此人有添丁之喜。

或在楼上写来问，者有主重叠之事。

或在船上写来，主有虚惊。

或扇上写来，问夏吉冬不吉。

如本命属金，金笔多者贵，土笔多者富，五行生克亦然。皆仿此。

五行四季旺相休囚例

	春	夏	秋	冬	四季之月
旺	木	火	金	水	土
相	火	土	水	木	金
休	水	木	土	金	火
囚	土	金	木	火	水

五行相生地支

木生在亥，火生于寅，金生在巳，水土长生居申。

天干地支所属五行

甲乙寅卯属木，丙丁巳午属火，戊己辰戌丑未属土，庚申辛酉属金，壬癸亥子属水。

论八卦性情

乾健也，坤顺也，震起也，艮止也，
坎陷也，离丽也，兑说也，巽入也。

八卦取象

乾为天，坤为地，震为雷，巽为风，
坎为水，离为火，艮为山，兑为泽。

六十甲子歌

甲子乙丑海中金，丙寅丁卯炉中火。
戊辰己巳大林木，庚午辛未路傍土。
壬申癸酉剑锋金，甲戌乙亥山头火。
丙子丁丑涧下水，戊寅己卯城头土。

庚辰辛巳白腊金，壬午癸未杨柳木。
甲申乙酉井泉水，丙戌丁亥屋上土。
戊子己丑霹雳火，庚寅辛卯松柏木。
壬辰癸巳长流水，甲午乙未沙中金。
丙申丁酉山下火，戊戌己亥平地木。
庚子辛丑壁上土，壬寅癸卯金箔金。
甲辰乙巳覆灯火，丙午丁未天河水。
戊申己酉大驿土，庚戌辛亥钗钏金。
壬子癸丑桑柘木，甲寅乙卯大溪水。
丙辰丁巳沙中土，戊午己未天上火。
庚申辛酉石榴木，壬戌癸亥大海水。

六十四卦次第歌

乾坤屯蒙需讼师，比小畜兮履泰否。
同人大有谦豫随，蛊临观兮噬嗑贲。
剥复无妄大畜颐，大过坎离三十备。
咸恒遁兮及大壮，晋与明夷家人睽。
蹇解损益夬姤萃，升困井革鼎震继。
艮渐归妹丰旅巽，兑涣节兮中孚至。
小过既济兼未济，是为下经三十四。

系辞八卦类象歌

乾为君兮首与马，卦属老阳体至刚。
坎虽为耳又为豕，艮为手狗男之详。
震卦但为龙与足，三卦皆名曰少阳。
阳刚终极资阴济，造化因知不易量。
坤为臣兮腹与牛，卦属老阴体至柔。
离虽为目又为雉，兑为口羊女之流。
巽卦但为鸡与股，少阴三卦皆相侔。
阴柔终极资阳济，万象搜罗靡不周。

浑天甲子定局

乾　壬戌土，壬申金，壬午火。上卦

甲辰土，甲寅木，甲子水。下卦

坎　戊子水，戊戌土，戊申金。上卦

戊午火，戊辰土，戊寅木。下卦

艮　丙寅木，丙子水，丙戌土。上卦

丙申金，丙午火，丙辰土。下卦

震　庚戌土，庚申金，庚午火。上卦

庚辰土，庚寅木，庚子水。下卦

以上四宫属阳，皆从顺数。

巽　辛卯木，辛巳火，辛未土。上卦

辛酉金，辛亥水，辛丑土。下卦

离　己巳火，己未土，己酉金。上卦

己亥水，己丑土，己卯木。下卦

坤　癸酉金，癸亥水，癸丑土。上卦

乙卯木，乙巳火，乙未土。下卦

兑　丁未土，丁酉金，丁亥水。上卦

丁丑土，丁卯木，丁巳火。下卦

以上四宫属阴，皆从逆数。

右诀从下念上，一如点画卦爻法。学者皆宜熟读。

后天时方[①]

子日子罡起，灭迹四位中。五败七破位，十祸日习同。

	甲子	乙丑	丙寅	丁卯	戊辰	己巳
子	罡	吉	苦孤	灭	灭	吉
丑	墓	罡	吉	孤	孤	吉
寅	吉	败	罡	祸	祸	凶
卯	灭	吉	亡凶败	罡	罡	孤
辰	败	祸	祸	凶	凶	罡
巳	吉	败	灭	吉	吉	罡
午	破	吉	败破	祸	祸	吉
未	绝	碎破	吉	败	败	凶
申	吉	败凶	破	凶	凶	灭
酉	祸	吉	祸败	破	破	败
戌	苦孤	灭	空灭	空	空	凶
亥	亡空	空	孤空	吉	吉	破吉

① 子阳，辰、丑阳，戊、己下皆吉。

	子	丑	寅	卯	辰	巳	午	未	申	酉	戌	亥
庚午	破	吉	吉	吉	灭	吉	罡	吉	凶	吉	空	败
辛未	凶	破	吉	吉	祸	凶	吉	罡	吉	吉	灭	空
壬申	吉	墓	破	凶	吉	祸	吉	罡	吉	吉	灭	空
癸酉	祸	墓	吉	破	吉	吉	灭	孤	吉	孤	空	
甲戌	败	灭	败	害	破	吉	凶	害	空	空	罡	
乙亥	吉	凶	祸	破	孤	破	吉	败	害		孤	罡
丙子	凶	吉	败	祸	害	破	凶	吉	空	破	孤	凶

丁丑　子孤丑罡寅吉卯害辰害巳败午凶未破申
空酉杀戌灭亥孤

戊寅　子孤丑破寅罡卯吉辰凶巳灭午败未凶申
破酉空戌凶亥

己卯　子灭丑孤寅吉卯罡辰吉巳凶午祸未败申
杀酉破戌害亥凶

庚辰　子丑祸寅孤卯凶辰罡巳凶午吉未灭申
败酉凶戌破亥凶

辛巳　子凶丑墓寅灭卯孤辰吉巳罡午凶未凶申
害酉败戌吉亥破

壬午　子破丑孤寅吉卯害辰凶巳吉午罡未凶申
空酉灭戌散亥散

癸未　子吉丑破寅吉卯吉辰祸巳孤午吉未罡申
空酉吉戌灭亥散

甲申 子败 丑吉 寅败 卯吉 辰吉 巳祸 午孤 未空 申罡 酉败 戌吉 亥灭

乙酉 子祸 丑散 寅吉 卯破 辰凶 巳吉 午灭 未空 申吉 酉罡 戌凶 亥吉

丙戌 子吉 丑灭 寅败 卯吉 辰破 巳吉 午空 未祸 申孤 酉吉 戌罡 亥吉

丁亥 子败 丑吉 寅祸 卯败 辰吉 巳破 午空 未散 申灭 酉孤 戌吉 亥罡

戊子 子罡 丑 寅吉 卯灭 辰败 巳吉 午破 未空 申吉 酉害 戌孤 亥吉

巳丑 子吉 丑罡 寅吉 卯凶 辰孤 巳败 午空 未败 申吉 酉凶 戌灭 亥孤

庚寅 子吉 丑凶 寅罡 卯吉 辰祸 巳灭 午罡 未空 申破 酉害 戌灾 亥孤

辛卯　子祸丑败寅孤卯罡辰吉巳孤凶午灭未败申　害酉败戌凶亥吉

壬辰　子凶丑害寅孤卯害辰罡巳吉午空未灭申　破酉凶戌破亥吉

癸巳　子吉丑寅灭卯孤辰破巳罡午亡未散申　害酉空戌害亥破

甲午　子破丑凶寅吉卯祸辰孤巳空午罡未吉申　害酉灭戌败亥吉

乙未　子吉丑破寅凶卯吉辰灭巳孤午吉未罡申　败酉吉戌害亥败

丙申　子败丑吉寅破卯凶辰空巳祸午孤未吉申　罡酉败戌孤亥灭

丁酉　子丑败寅凶卯破辰罡巳祸午孤未吉申　罡酉罡戌凶亥吉

戊戌
子凶丑败寅散卯吉辰伐巳空午凶未败申
孤酉吉戌罡亥祸

己亥
子吉丑凶寅祸卯败辰空巳破午吉未凶申
酉害戌孤亥罡

庚子
子罡丑吉寅吉卯灭辰败巳罡午破未吉申
吉酉祸戌孤亥吉

辛丑
子吉丑罡寅吉卯吉辰败巳败午吉未破申
吉酉吉戌灭亥孤

壬寅
子孤丑凶寅罡卯凶辰凶巳灭午败未吉申
破酉凶戌吉亥凶

癸卯
子灭丑孤寅卯罡辰空巳败午伐未败申
吉酉败戌吉亥吉

甲辰
子凶丑祸寅孤卯祸辰罡巳吉午凶未灭申
败酉散戌破亥吉

乙巳	子吉丑凶寅灭卯刑辰凶巳空午吉未散申	害酉败戌凶亥破
丙午	子破丑吉寅亡卯害辰孤巳凶午罡未吉申	凶酉灭戌败亥凶
丁未	子死炁丑破寅空卯散辰灭巳孤午祸未罡申	吉酉凶戌害亥败
戊申	子败丑凶寅破卯吉辰祸巳福午孤未凶申	罡酉吉戌墓亥灭
己酉	子祸丑败寅空卯败辰墓巳凶午灭未孤申	吉酉罡戌凶亥凶
庚戌	子吉丑灭寅败卯空辰破巳凶午吉未祸申	孤酉凶戌凶亥散

辛亥	子福	丑墓	寅空	卯灭	辰败	巳凶	午凶	未墓	申祸	酉孤	戌吉	亥罡
壬子	子罡	丑墓	寅空	卯灭	辰败	巳凶	午破	未	申吉	酉祸	戌	亥散
癸丑	子吉	丑罡	寅空	卯散	辰灭	巳败	午吉	未破	申凶	酉凶	戌害	亥孤
甲寅	子孤	丑空	寅罡	卯吉	辰墓	巳破	午败	未吉	申破	酉墓	戌吉	亥祸
乙卯	子凶	丑空	寅吉	卯罡	辰墓	巳吉	午败	未灭	申吉	酉破	戌灭	亥吉
丙辰	子空	丑祸	寅孤	卯吉	辰罡	巳吉	午吉	未灭	申败	酉吉	戌破	亥吉
丁巳	子空	丑散	寅灭	卯孤	辰吉	巳罡	午凶	未吉	申祸	酉败	戌吉	亥破

戊午	子败丑空寅吉卯祸辰孤巳吉午罡未吉申	吉酉灭戌败亥吉
己未	子空丑空寅破卯祸辰灭巳孤午吉未罡申	吉酉凶戌祸亥败
庚申	子败丑空寅破卯吉辰凶巳祸午孤未凶申	罡酉吉戌凶亥灭
辛酉	子害丑吉寅凶卯败辰吉巳凶午灭未孤申	罡酉凶戌吉亥凶
壬戌	子空丑凶寅散卯凶辰破巳吉午凶未凶申	孤酉凶戌罡亥吉
癸亥	子空丑夫寅害卯败辰死巳破午吉未凶申	灭酉孤戌墓亥吉

八反格

问喜何曾喜，问忧未必忧。问乐何曾乐，问愁何曾愁。问死何曾死，[①] 问生不曾生。问官官不谐，见财财不成。

四言独步

看字之法，毫不可差。下笔是我，其余是他。
子孙父母，官鬼要财。兄弟之类，次序安排。
详占一事，先看用神。或强或弱，详断吉凶。
用神健旺，事所必宜。用神衰弱，必失其机。
字无用神，始推末笔。末笔参差，诸事不立。
上头中贝，日月大人。字中有像，便是贵人。
贵人在爻，祸事必消。逢险可救，财利必招。
左右有人，功名可许。笔法轩昂，上人荐举。
求财取债，金忌火多。再逢夏月，本利消磨。
五行俱全，人事宜然。用神清楚，妙不可言。
相争词讼，字详结尾。两笔分明，胜负立剖。
字可平分，讼不成凶。人居圈内，缧绁之中。
青龙在数，求谋不误。若无水来，反为无助。
元武自来，水上生财。白虎同至，惹祸招灾。
朱雀临头，文书已动。事在公门，不与人共。
朱勾叠叠，口舌重重。若无救助，毕竟成凶。
水冷金寒，亲戚无缘。求谋未遂，作事迁延。
五行正旺，财利可求。吉神相助，万事无忧，
土内埋金，功名未遂。或者水多，前行可贵。
人病在床，木被金伤。六神不动，毕竟无妨。
字不出头，蹭蹬乖蹇。五行有救，渐渐可展。
字无勾踢，人必平安。凶神乱动，好处成难。
末后一笔，一身之原。如无破绽，福寿绵绵。

① 心怀死，必活。

一字联络，骨肉同门。孤悬一点，游子飘蓬。
金得炉锤，方成器皿。木无金制，可曰愚农。
木从土出，要人培植。水中浮木，波浪成风。
落笔小心，作事斟酌。小心太过，为人刻薄。
写来粗草，放荡之人。笔端熟溜，书记佣工。
字法龙蛇，仕途已往。秀而不俗，文章自广。
风流笔法，好逞聪明。写来透古，腹内不空。
墨迹滞涩，学问难夸。一笔无停，定是大家。
灯前窗下，岁月蹉跎。禾麻菽麦，俱已发科。
字无倚靠，不利六亲。字无筋节，事可让人。
直伸两足，奔波劳碌。摆尾摇头，心满意足。
字问日期，切勿妄许。有丁有日，类可说与。
山曰[①]草木，咸不宜冬。星辰日月，乃怕朦胧。
真正五行，不怕相克。如直用神，求谋易得。
笔法未全，作事多难。行人不至，音信杳然。
水火多源，木枯无枝。子孙宗派，于此可思。
终身事业，我即用神。生我者吉，克我者凶。
字只两笔，寿年不一。有撇七三，无撇六一。
字如三笔，亦各有数。常为十六，变为念五。
无勾为变，有勾为常。依斯立法，仔细推详。
字不出头，寿增五岁。当头一点，须减三年。
字若无钩，添九可求。字如无直，寿当增十。
笔画过半，须知减点。一点三年，岁数可免。
耳畔成三，口头除四。明彻斯传，始精相字，
妙诀无多，功非一日。仔细详占，万无一失。

五言作用歌

断事不可泥，变通方是道。细细察根源，始识先贤奥。
十人写一字，笔法各不同。一字占十事，情理自然别。

---

① 点校者注：当为“川”字。见《增广校正梅花易数》。

六神无变乱，五行有假真。草木看时节，日月察晦明。

字中有子孙，子孙必不少。详其盛与衰，便知贤不肖。

我克不宜多，多必妻重娶。克我一般多，谐老又可许。

青龙值用神，万事皆无阻。若是无水泽，犹为受用苦。

白虎值用神，吉事反成凶。官事必受害，疾病重沉沉。

用神见朱雀，利于公门中。君子功名吉，小人口舌凶。

用神见螣蛇，俱是文书动。功名眼下宜，富贵如春梦。

末笔是青龙，万事不成凶。名利皆如意，行人在路中。

末笔是朱雀，公事有着落。只恐闺门中，有病无良药。

末笔是勾陈，淹留费苦心。行人音信杳，官讼混如尘。

末笔是螣蛇，远客即来家。忧疑终不免，官讼苦嗟呀。

末笔是白虎，疾病须忧苦。狱讼必牵缠，出往多拦阻。

末笔是元武，盗贼须提防。水土行人利，家中六畜康。

末笔明五行，所用看六神。先定吉凶主，然后字中寻。

别理论

字义浑论，辨别之篇须下学。理研变化，至诚之道可前知。字同事不同，不宜此而宜彼。事同字亦同，倏变吉而变凶。设若“中”也者，天下之大本。问终身与昆仲，无缘信乎哉！人间之最要，欲要之于朋友。更切再如地天为泰，不遇阳间犹是否。雷火为丰，如逢阴极可云临。既虚矣，复反而为盈。既危矣，复还而为安。时盛必衰，天地不逾其数。治极而乱，圣人能预其防。先则看其笔端，然后察其字义。须知字来古怪，学问不深。笔走龙蛇，峥嵘已过。“龙”身草草，非正途显达之官。“豹”字昂昂，是执殳荷戈之职。“志”无心，定是飘蓬下士。“斌”不乱，始称文武全才。“贝”边“月”下定归期，“足”畔“口”头人必促。团团宝盖，多生富贵之家。济济冠裳，定是风云之客。无事生非因“北”字，有钱不享是“亨”来。“合”则婚事难成，“力”乃功名未妥。以他人问子，男女皆空。书“本姓”求官，声名远播。书“先”觅物终须失，写“望”追人定是亡。“马”字偏斜，惟恐落人之局。“口”头阔大，定招闲事之非。“青”字有人求作主，事可全于月抄。“妙”字一女欲于归，少亦可出闺门。“天”字相联，一对良缘先注定。“好”字相属，百年美眷预生成。“丁”“寸”等字，皆才不足之形。“占”“吉”之类，乃告不成之象。“香”开晨昏扬誉远，“花”占百事一番新。“小”为本分之人，“大”是虚名之士。赤子依亲，是每一例可推。大人盖小，因“余”仿斯可断。“贝”左一生多享福，“空”头半世受孤寒。东西南北，欲就其方。左右中前，乃择其地。一“人”傍立，求名是佐贰之官。一“直”居中，占身乃正途之士。草木逢春旺，鱼龙得水舒。“远”字走长人未到，“动”傍撇短去犹迟。赤子儿曹之类，必利见大人。公祖父师之称，则相逢贵客。“干”则立身无寸地，“永”如立志有衣冠。“操”为一品之才，“饫”定大人之食。“之”非出往必求财，“者”不呼卢定六畜。“奇”欲立而不可，“用”非走而不通。“口”居中，俨然一颗方印。“元”落后，前程可定魁名。体用昂昂，功名之客。性情亟亟，荼苦之儒。朔邦还未入朝廊，田里多应在乡党。活泼泼鸢鱼是飞腾之象，乐滔滔凫雁为流荡之徒。川上皆圣贤游乐之余，周行是仕宦经由之道。崔巍远人犹在望，平安近事不能成。“日”小见天长，“心”粗知胆大。归则归兮归则止，笑如笑兮笑成悲。“国”字谓何？一口操戈在内。“尔”来何故？五人合伙同居。“火”字乃人在水中，一遇羊头为尽美。“天”字是人居土内，出头一日始逢春。以“余”字问必曰有，以“有”字问反无。龙虽在天在田，看笔迹如何布摆。师既容民畜众，察精神始识兴衰。盖载有人，终享皇家福。伞带全备，定是极品官。有撇断为兄弟，无点莫问儿孙。“工”欲善其事而成艺，“何”不见其人而亦可？“女”“子”并肩生意好，“色”“系”同处病将亡。字犯岁君之名，灾殃不小。书童问卜之日，财利可兴。理中变化深长，此乃规矩方圆之至。字理机关悠远，须认精粗为造化之原。

六言剖断歌

事从天地之义，字乃圣贤之心。
静里工夫细阅，其中奥理无穷。
圆融莫测其变，来去无阻其通。
笔法先详衰旺，得意始定吉凶。
干枯软小为衰，清秀坚昂为旺。
详其用神何如，吉凶自然的当。
寿夭定于笔画，取其多寡为占。
字如十年以上，一笔管之六年。
字如十笔以下，一笔定其九岁。
若在五笔之间，一笔管十六年。
笔画过之十五，两笔折作一笔。
带草一笔相联，问寿只在目前。

笔迹清而拘束，必然游庠在学。
笔端浊而放荡，功名必无著落。
写来笔法圆活，为人处世谦和。
笔底停而又写，为人性慢心多。
举笔茫无所措，胸中学问不大。
若无写罢复描，行事可为斟酌。
富贵出于精神，英雄定于骨格。
末后一笔丰隆，到老人称有德。
占妻先看其妻，占子先看其子。
妻子察其旺衰，据理定其生死。
父兄官灾狱讼，父兄要值空亡。
如若父兄在数，父兄反见灾殃。
一切谋望营求，字要察其虚实。
有声无物为虚，有物可见是实。
书出眼前之物，察其司重司轻。
司重断为有用，司轻大事无成。
纳采于归等事，更要加意推详。
笔画计其单双，字义察其阴阳。
假如子字求子，须防日建逢女。
子日如书女字，婚姻百事皆许。
一字笔画未全，万事不必开言。
字中若有余笔，必须用意详占。
先用五行工夫，后穷增减字理。
影响毫发无差，谬则难寻千里。
学者变化细推，断事无不灵应。

格物章

物格而后知致，本末须详。事来必先见诚，始终可断。细而长者，以一尺为百年，计寸分而知寿算。方而圆者，以千金比一两，度轻重以定荣枯。落手银圈，放荡一生终不改。出囊珠石，峥嵘半世尚丰盈。石上不逢时，谓之无用。木金全失气，枉自徒劳。执墨问功名，研求之苦，日见不足。端鼎比身命，近贵之体，一世非轻。腰下佩鱺，所求皆遂。道傍弃核，百事无成。取草问营谋，逢春须茂盛。将银问财帛，有本恐消磨。素纨无诗，当推结识疏。牙签托人，毕竟不顾我。数珠团圆到底，夫妻儿女皆宜。木鱼振作不常，父母兄弟难合。刀下行人来得快，笔占远处有施为。求子息，圆者不宜空。占买卖，长者终须折。衣衫则包藏骨肉，葬祭之事宜然。绦带必系执扇躯，牵缠之事未免。舟车骡马，用之则行。婢仆鸡鹅，呼之便至。金扇之类，收有复展之期。烹调之物，死无再生之理。瓜果问事，破不重圆。棋子求占，散而又聚。荡尘理乱，无逾金篦牙签。释罪沈冤，俱是何章刀笔。壶是主人之礼，觞则空而满，满而复空。销为君子之防，匙则去而来，来而复去。文章书籍，非小人用之宜。筐筥犁钯，岂君子用之惯？执鞭所忻慕焉，富而必可求也。弹琴复长啸尔，乐亦在其中乎。误指悬匏，功名少待。折来垂柳，意兴多狂。竹杖龙头，节义一生无愧怍。木锥莺嘴，钻谋万物有刚强。手不释正业经书，自知道德修诸己。问不离九流艺术，意在干戈省厥躬。指庭前向日之花，倏忽坐间移影。点槛外敲风之竹，晨昏静里闻音。君子执笙簧，陶陶其乐，舌鼓终须不免。女人拈针线，刺刺不休，心牵毕竟难触。出匣图书行欲方，眼下可分玉石。执来宝剑心从利，手中立剖疑难。羽扇纶巾，须知人自山中去。奇珍异宝，可断人从海上来。百草俱可活人，不识者不可妄用。六经皆能裨世，未精者焉敢施为？指盂中之水，久不耗而则倾。顾冶内之金，须知积而复用。事非容易，一首词两下奇逢。学识渊源，几句话三生有幸。执金学道，借服为聚物之囊。割爱延师，重身如无价之宝。明心受业，既行束上之修。寄柬传言，莫废师尊之礼。斯其人也，斯其义也，可以为之。非其重焉，非其道焉，孰轻与尔！

物理论

三才始判，八卦攸分。万物不离于五行，群生皆囿于二气。羲皇为文字之祖，苍颉肇书篆之端。鸟迹成章，不过象形会意。云龙结篆，传来竹简漆书。秦汉而返，篆隶迭易。锺王既出，楷草出名。其文则见于今，其义犹法于古人。备万物之一数，物物相通。字泄诸人之寸灵，人人各异。欲穷吉凶之朕兆，先格物以致知。且云天为极大，能望而不能亲，毕竟虚空为体。海是最深，可观而不可测，由来消长有时。移山拔树莫如风，片纸遮窗可避变。谷迁陵惟是水，尺筒无底难充。小弹大盘，日之远近。不辩白衣苍狗，云之变化非常。雨本滋长禾苗，不及时，民皆额蹙。雪能冻压草木，如适中，人喜丰年。月行急疾映千江，莫向水中捞捉。星布循环周八极，谁从天上推移。露可比恩，压浥行人多畏。霞虽似锦，膏肓隐士方宜。皓皓秋阳，炎火再逢为亢害。涓涓冬月，寒冰重见愈凄凉。顽金不惧洪炉，潦水须当堤岸。雾气空濛推障碍，电光倏忽喻浮生。月下美人来，只恐到头成梦。雪中寻客去，犹防中道而归。白露可以寄思，迅雷闻而必变。履霜为忧虞之渐，当慎始焉。临渊有战惕之心，保厥终矣。蝃蝀莫指，闺闱之事不宜。霖雨既零，稼穑之家有望。阳春白雪，只属孤音。流水高山，难逢知己。至于岩岩山石，生民具瞻。滚滚源泉，圣贤所乐。瀑布奔冲难收拾，溪流湍激不平宁。风水可以行舟，水涌风狂舟必破。雨露虽能长物，雨霪露结物遭伤。社稷自有人求，关津诚为客阻。烟雾迷林终有见，江河出峡去无回。桃夭取妇之宜，未利于买僮置畜。杨柳送行可折，尤喜于赴试求名。松柏堪问寿年，拟声名则飘香挺秀。丝罗可结姻好，比人品则倚势扳援。荷方出水，渐见舒张。梅可调羹，未免酸涩。李有道傍之苦，榄余齿末之甘。笔墨驱使，时日不长。盆盂装载，团圆难久。绠短汲深求未得，戈长力弱荷难成。屠刀割肉利为官，若问六亲多刑损。利刃剖瓜休作事，如占六甲即生男。无人棺椁必添丁，有印书函终见拆。厘戥则骨贮匣中，纵有出时还须入。算盘则子盈目下，任凭拨乱却成行。瓦只虑其难全，杯亦防其有缺。席可卷舒，终归人下。伞能开合，定出人头。钓乃小去大来，樵则任重道远。素珠团聚，可串而成。蜡烛风流，不能久固。针线若还缝即合，锹锄如用必然翻。凿则损而为材，亦当有斗。锯乃断而成器，岂谓无长。又若飞走之声沈，亦关人事之休咎。猢狲被系还家，终是无期。鹦鹉在囚受用，只因长舌。鸽乃随人资饮喙，纵之仍入樊笼。马虽无胆可驱驰，用之不离缰锁。鲤失江湖准变化，燕来堂屋转疑难。诉理伸冤，逢鸦不白。占身问寿，遇鹤修龄。万物纷纭，理则难尽。诸人愿欲，志各不同。若执一端以断人。是犹胶柱鼓瑟。能反三隅而悟理，方称活法圆机。心同金鉴之悬空，妍媸自别。智若玉川之入海，活泼自如。鬼谷子曰：人动我静，人言我听。旨哉斯语！胡可忽诸？

五行六神辨别篇

先以五行为主，次向字中详祸福；继将六神作用，方观笔迹察原因。生克不容情，莫以字音称独美。宜忌须著意，休将文义恃能言。勿取吉字言吉，当认吉中多忌煞。漫将凶字言凶，须详凶处有元神。假如青龙与白虎同行，求功名大得其宜。如庶人得之，反不免相争之咎。父母与妻子聚面，问赴选难从其志。若游子占之，又可触思远之忧。勾陈最忌小金连，惟恐事无间断。朱雀若逢傍水克，须防祸有牵缠。水在木中流，替人濯垢。木从水中出，脱体犹难。五行全不犯凶神，问自身德建名立。六神动再加吉将，若求官体贵身荣。旧事重新，朱媵双发动。倾家复创，金土两重临。微火熔金，难成器皿。弱金克木，反自损伤。求济于人，要看水火会合。干谋于众，还祈土木齐登。金多子多，非土不得。土厚财厚，无火不生。水冷木孤，弟兄难靠。金寒土薄，祖业漂零。元武形青龙得水，连登两榜。白虎尾朱雀衔金，位列三公。元武临渊，时中之雨化。青龙捧日，阙下之云腾。水非白而无源，金不秋而失气。有勾陈难结案头文，见朱雀忖量堂上语。田下土深，思还故里。月边水盛，意在归湖。元武居中，出外不宜行陆路。勾陈定位，居官虽在受皇恩。白虎重重，不敢保今年无事。青龙两两，定不是此日燕居。字中见母母无忧，笔下从兄兄定在。水土形青龙翘首，何忧不得功名？木相金白虎当头，毕竟难逃灾害。重重金火，不逢时百事徒劳。叠叠青黄，非见日几番隆替。贵头招土木，万福皆隆。方体隐龙蛇，千祥并集。朱勾相合，主唇口干戈之事。龙虎同行，风云际会之荣。元武不遇火，阴中不美。螣蛇无水渡，郊外生悲。纯土自能生官，福从天至。寒金不但无禄，灾自幽来。天贵专权，问功名必登黄甲。文书不动，赴场闱定值空亡。问子须求子在爻，占妻定要妻入数。笔迹孤寒金带水，六亲一个难招。字形丰满土生金，百岁百年易盛。看五行之旺弱，切记卜词讼以官鬼为先。察六将之机微，须知占家宅以本命为主。五行俱有，凡谋皆遂。六神不动，万事咸宁。细玩辞占，影响无差毫发。密搜奥义，规绳不爽纤微。

金声章

混沌未开，一元含于太极。无形之始，乾坤既判，万物成于文章著见之中。故未有其事而先有象，可预得其体而兆其来。所以苍颉制字，按云霞蝌蚪之文。至圣著书，采随宜义理而用。一字之善，千古流传。半点之疵，万年不泯。君子哉，非挥毫而莫辨。小人焉，一执笔而即知。是以消长盛衰，因极而知变。吉凶祸福，与诚而见神。写来江汉秋阳，皓皓乎不可尚已。意在螽斯诜羽，绳绳兮与其宜焉。惟存好利喜衰则，落然终须各别心。欲脱尘离俗，而开手自是不同。若夫烟雾云霞，则聚散去来神变化。风雷日月，其盈虚消息妙裁成。鹦鹉等禽，人皆云其舌巧。虎豹之类，孰不惧其张威。生息蕃盛者，乃稼穑禾苗。与物浮沉者，是江河湖海。渊中鱼跃，水向东流何日止。天上鸢飞，日从西没四时同。群兽俱胎脾之生，独报麟祥之喜。诸禽皆飞腾之物，只言凤德之衰。禽之鸣也噪也，有形小体大之分。兽之利也钝也，有轻清重浊之辨。香花灯烛，偏宜于朔望之时。铃铎鼓钟，独可于晨昏之际。点点滴滴，万里征衫游子泪。叠叠层层，九行密线老人心。至于犬豕牛羊，叱之即便去。鸡鱼鹅鸭，欲用则不生。狐貉羔裘，无济于夏。红炉兽炭，偏喜于冬。幽林深圃夜无人，情不诬也。楼阁厅堂时有位，理之必然。琴剑书箱，可断儒生负笈。轻裘肥马，当推志士同袍。墨有渐减之虞，笔恐久坚而弱。书成笔架，几上愁山。写到砚池，寓中闷海。如在其上，秋到一天皆皎月。如在其下，春临遍地产黄金。挥出琵琶，到底是写怨之具。描来箫管，终须为耗气之精。假如云雨雾皆能蔽日之光，天正阴时犹是吉。又若精气神本是扶身之主，人来问病反为凶。水急流清，意偕游鱼涉涉。烟飞篆渺，心从云树茫茫。农家落笔，草盛田禾实不足。商者书笺，丝多交易乱如麻。紫绶金章，无者必不写出。蜗名蝇利，有者即便书成。锁钥金汤，必任国家之重寄。羽毛干戚，是祈海甸以清宁。挂锦扬幡，风顺之方必利。舒衾洒帐，雨到之候成欢。礼、乐、射、御、书、数，如求一艺可执。孝、友、睦、姻、任、恤，定其六事皆宜。草木雨时生而旺，要详春秋气候。轿马行际近而远，亦揆寒暑光阴。试看画饼望梅，何止饥渴。镜花水月，竟是空虚。欲造字相之微，请明章中之理。

附录五　拆字纪事

《新订指明心法》：裴晋公征吴，元济掘地得一石，有字，云："鸡未肥，酒未熟。"相字者解曰："鸡未肥，无肉也，为己；酒未熟，无水也，酒去水为酉。破贼在己酉乎？"果然。

唐僖宗改为广明元年，相字者曰："昔有一人，自崖下出来，姓黄氏，左足踏日，右足踏月，自此天下被扰也。"是年，黄巢在长安乱天下。

《北梦琐言》：王蜀先主时，有道士李暠，亦唐之宗室，生于徐州而游于三蜀。词辩敏捷，初有文章。因栖阳平，化，为妖人扶持。上有紫气，乃聚众，将举而败，妖辈星散，而暠罹其祸焉。先是，暠有书召玉局化杨德辉赴斋，有老道士崔无斁自言患聋，有道而托算术，往往预知吉凶。德辉问曰："将欲北行，何如？"崔令画地作字，弘农乃书"北千"两字，崔公以"千"插"北"成"乖"字，去即乖耳。杨生不果去，而李暠斋日就擒。道士多罹其祸。杨之幸免，由崔之力也。

《新订指明心法》：宋太宗改元太平兴国，相字者曰："太平二字，乃一人六十，寿止此矣。"太宗果享年六十。而周尚幹年终将换桃符，制十数联皆不惬意。周梅坡扶箕，降紫姑仙，得两句，云："门无公事往来少，家有阴功子孙多。"甚喜，大书于门。相字者曰："每句用上三字，其兆不祥。"上句云"门无公"，是年尚幹卒于官。乃父致政，亦卒。乃兄卒。俱无子。"门无公"、"家有阴"，兆于先矣。

《挥麈余话》：蔡元长，元符末闲居钱塘无憀，中春时往霅州游郊外慈感寺。寺僧新建一堂，颇伟胜。元长即拈笔题云："超覽堂。"适有一客在坐，自云能相字，起贺云："以字占之，走召入见，而臣字旁观，如月四字居中，当在初夏。"已而果然。

《蓼花洲闲录》：谢石润夫，成都人，宣和间至京师，以相字言人祸福。求相者但随意书一字，即就其字离拆而言，无不奇中者，名闻九重。上皇因书一"朝"字，令中贵人持往试之。石见字，即端视中贵人曰："此非观察所书也。然谢石贱术，据字而言，今日遭遇即因此字，黥配远行亦此字也。但未敢遽言之耳。"中贵人愕然，且谓之曰："但有所据，尽言无惧也。"石以手加额曰："朝字离之为十月十日字，非此月此日所生之天人，当谁书也。"一座尽惊，中贵驰奏。翌日，召至后苑，令左右及宫嫔书字示之，皆据字论说祸福，俱有精理，锡赉甚厚，并与补承信郎。缘此，四方求相者，其门如市。有朝士，其室怀妊过月，手书一“也”字，令其夫持问石。是日座客甚众，石详视字，谓朝士曰：“此阃中所书否?”曰：“何以言之?”石曰：“谓语助者，焉、哉、乎、也，固知是公内助所书，尊阃盛年三十一否?”曰：“是也。”“以也字上为三十，下为一字也。然吾官寄此，当力谋迁动而不可得否?”曰：“正以此为挠耳。”“盖也字著水则为池，有马则为驰。今池运则无水，陆驰则无马，是安可动也。又尊阃父母、兄弟、近身亲人，当皆无一存者，以也字著人则是他字，今独见也字而不见人故也。又尊阃其家物产亦当荡尽否?以也字著土则为地字，今又不见土也。二者俱足否?”曰：“诚如所言也。”朝士即谓之曰：“此皆非所问者。但贱室以怀妊过月，方窃忧之，所以问耳。”石曰：“是必十三个月也。以也字中有十字，并两旁二竖下一画为十三也。”石熟视朝士曰：“有一事似涉奇怪，固欲不言，则吾官所问正决此事，可尽言否?”朝士因请其说。石曰：“也字著虫为虵字。今尊阃所妊，殆蛇妖也。然不见虫蛊，则不能为害。谢石亦有薄术，可为吾官以药下验之，无苦也。”朝士大异其说，因请至家，以药投之，果百数小蛇而体平。都人益共神之，而不知其竟挟何术也。

《浙江通志》：谢石，蜀人，绍兴八年来临安，占验奇异。有樊将仕书“失”字，卜妻所亡珠冠安在。石曰：“从朱求，可得也。”曰：“此吾内兄，安有此?”曰：“在占宜然。”归，询诸家，朱尝假帽，不用而返。启视之，冠果在帽下。又一选人病，书“申”字以问，而下有燥笔，石曰：“丹田既燥，必死矣。期当在明日申时。”果然。石初入京师，徽宗书“問”字，命一隶持往，石缄封之，戒其到家方发。隶归奏，上启，读乃曰：“左为君，右为君，圣人万岁。”遂补承信郎。有道士亦以“問”字占，石曰：“门虽大，只有一口。盖所住无他，黄冠也。”犹复以“器”字占，曰：“人口空多，皆在户外。”始大服。

《权子》：宋季有谢石者，善测字，高宗微行遇之，书一“問”字，令测。石思曰：“左看似君，右看似君，殆非凡人耶。”疑信间，请再书一字。高宗以杖即地画一字，石曰：“土上加一，王也，是吾君王乎?”遂拜伏。高宗既归，招而官之。后秦桧当国时，高宗书一“春”字，命测之。其上半体墨重。石奏曰：“秦头太重，压日无光。”桧闻而衔之，中以危法，编管远州。道遇一老人于山下，亦善测字，石就之书一“謝”字求测，老人曰：“子于寸言中立身，术士也。”举掌令更书以卜所终，石书一“石”字，老人曰：“凶哉！石遇皮必破，遇卒必碎矣。”时押石之卒在傍，而书字在掌中，故云。石大款服，请老人作字，测为何人。老人曰：“即以我为字可也。”石曰：“夫人而立山傍，子殆仙哉。”乃下拜，愿执弟子礼。请益曰：“吾术似无减先生，乃先生居然仙矣，而吾兹不免尘网，何也?”老人曰：“子以字为字，吾以身为字也。”

《瑞桂堂暇录》：绍兴中，张九万以拆字说吉凶。秦桧一日独坐书阁，召九万至，以扇柄就地画一字，问曰："如何？"九万贺曰："相公当加官爵。"桧曰："我位为丞相，爵为国公，复何所加？"九万曰："土上一画，非王而何？当享真王之贵。"其后竟封郡王，又封申王。

《浙江通志》：元张德元，不知何许人。至正间，尝为诸暨州吏目，避乱居山阴，善相字。一子名槐，忽谓友人："是儿必死。槐字木傍鬼，非死兆耶？"儿果卒。其友病，以"豐"字示之，德元曰："死矣。"明日讣至。或问其故，德元曰："丰字，山墓所也，两丰封树也。豆，祭器也，墓既成矣，尚欲生乎。"或以"命"字揖德元，使占人病。德元曰："已死，君持命字以揖，垂命之兆也。"已而果然。徐总制書字问德元，德元曰："据字今夕君当纳宠。"徐归，其夫人呼一妇人出拜，乃乳媪也。尝饮刘彦昭家，曰："今夕复有客。"已而客至。问之，德元曰："吾闻涤器声故耳。"

《霏雪录》：近世拆字言吉凶者，无如张乘槎。按字画成卦，即云不为钩距。余一日坐槎肆中，有二僮持一字来，乘槎曰："是为吏缘同曹讼之，当送刑部笞四十即回。"二僮相视默默，既而曰："皆如先生言，余欲诉通政司求免，可乎？"槎曰："此行不可，逾旦矧欲已耶？余谓笞四十未可知。"僮曰："准律当然耳。"槎又曰："今夕非附军器，船即官艖船也。"僮曰："果官艖船也。"

洪武初，参知政事刘公某、王公某莅浙江日，改拱北楼为"來遠"。榜揭，槎往视之，曰："三日内主哀丧之事。"如期，王公母夫人病卒，刘公以历日纸边坐法。王公延槎问故，槎曰："來者丧字形，遠者哀字形也，旁之二点相续者，泪点也。"公命槎易之，乃名为镇海云。

《新订指明心法》：张乘槎善相字，参知政事刘公某尝心有所欲占，延槎而不言其事，但令射之，以验其术，槎曰："书一字方可占。"适有小学生在傍习字，正写千字文至"德建名立"一句，刘就指"德"字令占之，槎曰："子欲占行人耳。"刘曰："然，何时当至？"槎曰："自今十四日必来。"刘曰："恐事不了，不肯来。"槎曰："一心要行，悉如所占。"刘问故，槎曰："德字双立人，乃行人也，故知占行人。傍有十四字头，故云十四日。其下又有一心字形，所以云一心要来。"

《太平府志》：何中立，采石镇人，善占卜，知休祥。明祖初度江，遇诸涂，问曰："天下纷纷，究将谁属？"中立曰："愿书字占之。"帝掣刀画"一"字于地。中立俯伏拜曰："土上一画，非王而何？"亦如谢石答宋高宗意，后定鼎金陵，诏同刘基定皇城址向，授五官保章。

《杭州府志》：何有，一名复有，见康节《梅花数》，悦之，玩月余，忽觉有悟。四明桂茂之，馆于周美家督学，使者业行檄试宁波矣。桂书“去”字，令有占之，曰：“字虽云去，而画直下笔俱有钩搭，勿去也。”桂不之信，又书“壬”字，曰：“督学去任矣，三日即有徵，必丁艰也。”至三日，果然。叩其故，曰：“壬上一撇，是撇却士子去也。士字三画，故三日督学任。甫一年，不可升政，声甚美未可罢，故知丁艰。”此断以理也。邵继稷之姻弟某者，以录考，指柱间三字占之。有曰：“幸甚一等二名。首名故旧廪也，即受饩矣。”已而果然。问之，曰：“三字上画浓而正，下二画淡而轻，是一之二也。首画方严，故知上一名旧知名士也。”陆文宰应试请卜，书“當”字，曰：“高等首食廪矣。”当字上绝为“赏”头，下为“田”字，诸生以廪为田也。诸决事率皆类此。

周易书斋精品书目

书　　名	作　者	定　价	版别
影印涵芬楼本正统道藏 [典藏宣纸版;全 512 函 1120 册]	[明]张宇初编	480000.00	九州
影印涵芬楼本正统道藏 [再造善本;全 512 函 1120 册]	[明]张宇初编	280000.00	九州
重刊术藏[全 6 箱,精装 100 册]	谢路军郑同主编	68000.00	九州
续修术藏[全 6 箱,精装 100 册]	谢路军郑同主编	68000.00	九州
易藏[全 6 箱,精装 60 册]	谢路军郑同主编	48000.00	九州
道藏[全 6 箱,精装 60 册]	谢路军郑同主编	48000.00	九州
焦循文集[全精装 18 册]	[清]焦循撰	9800.00	九州
邵子全书[全精装 15 册]	[宋]邵雍撰	9600.00	九州
重刻故宫藏百二汉镜斋秘书四种(一):火珠林	宣纸线装 1 函 1 册	300.00	华龄
重刻故宫藏百二汉镜斋秘书四种(二):灵棋经	宣纸线装 1 函 1 册	300.00	华龄
重刻故宫藏百二汉镜斋秘书四种(三):滴天髓	宣纸线装 1 函 1 册	300.00	华龄
重刻故宫藏百二汉镜斋秘书四种(四):测字秘牒	宣纸线装 1 函 1 册	300.00	华龄
中外戏法图说:鹅幻汇编鹅幻余编合刊	宣纸线装 1 函 3 册	780.00	华龄
连山[宣纸线装一函一册]	[清]马国翰辑	280.00	华龄
归藏[宣纸线装一函一册]	[清]马国翰辑	280.00	华龄
周易虞氏义笺订[宣纸线装一函六册]	[清]李翊灼订	1180.00	华龄
周易参同契通真义	宣纸线装 1 函 2 册	480.00	华龄
御制周易[宣纸线装一函三册]	武英殿影宋本	680.00	华龄
宋刻周易本义[宣纸线装一函四册]	[宋]朱熹撰	980.00	华龄
易学启蒙[宣纸线装一函二册]	[宋]朱熹撰	480.00	华龄
易余[宣纸线装一函二册]	[明]方以智撰	480.00	九州
奇门鸣法[宣纸线装一函二册]	[清]龙伏山人撰	680.00	华龄
奇门衍象[宣纸线装一函二册]	[清]龙伏山人撰	480.00	华龄
奇门枢要[宣纸线装一函二册]	[清]龙伏山人撰	480.00	华龄
奇门仙机[宣纸线装一函三册]	王力军校订	298.00	华龄
奇门心法秘纂[宣纸线装一函三册]	王力军校订	298.00	华龄
御定奇门秘诀[宣纸线装一函三册]	[清]湖海居士辑	680.00	华龄
宫藏奇门大全[线装五函二十五册]	[清]湖海居士辑	6800.00	影印
遁甲奇门秘传要旨大全[线装二函十册]	[清]范阳耐寒子辑	6200.00	影印
增广神相全编[线装一函四册]	[明]袁珙订正	980.00	影印
龙伏山人存世文稿[宣纸线装五函十册]	[清]矫子阳撰	2800.00	九州
奇门遁甲鸣法[宣纸线装一函二册]	[清]矫子阳撰	680.00	九州
奇门遁甲衍象[宣纸线装一函二册]	[清]矫子阳撰	480.00	九州
奇门遁甲枢要[宣纸线装一函二册]	[清]矫子阳撰	480.00	九州
遯甲括囊集[宣纸线装一函三册]	[清]矫子阳撰	980.00	九州
增注蒋公古镜歌[宣纸线装一函一册]	[清]矫子阳撰	180.00	九州
明抄真本梅花易数[宣纸线装一函三册]	[宋]邵雍撰	480.00	九州

书　　名	作　者	定　价	版别
古本皇极经世书[宣纸线装一函三册]	[宋]邵雍撰	980.00	九州
订正六壬金口诀[宣纸线装一函六册]	[清]巫国匡辑	1280.00	华龄
六壬神课金口诀[宣纸线装一函三册]	[明]适适子撰	298.00	华龄
改良三命通会[宣纸线装一函四册,第二版]	[明]万民英撰	980.00	华龄
增补选择通书玉匣记[宣纸线装一函二册]	[晋]许逊撰	480.00	华龄
阳宅三要	宣纸线装 1 函 3 册	298.00	华龄
绘图全本鲁班经匠家镜	宣纸线装 1 函 4 册	680.00	华龄
青囊海角经	宣纸线装 1 函 4 册	680.00	华龄
菊逸山房天函:地理点穴撼龙经	宣纸线装 1 函 3 册	680.00	华龄
菊逸山房地函:秘藏疑龙经大全	宣纸线装 1 函 1 册	280.00	华龄
菊逸山房人函:杨公秘本山法备收	宣纸线装 1 函 1 册	280.00	华龄
珍本 1:校正全本地学答问	宣纸线装 1 函 3 册	680.00	华龄
珍本 2:赖仙原本催官经	宣纸线装 1 函 1 册	280.00	华龄
珍本 3:赖仙催官篇注	宣纸线装 1 函 1 册	280.00	华龄
珍本 4:尹注赖仙催官篇	宣纸线装 1 函 1 册	280.00	华龄
珍本 5:赖仙心印	宣纸线装 1 函 1 册	280.00	华龄
珍本 6:新刻赖太素天星催官解	宣纸线装 1 函 2 册	480.00	华龄
珍本 7:天机秘传青囊内传	宣纸线装 1 函 1 册	280.00	华龄
珍本 8:阳宅斗首连篇秘授	宣纸线装 1 函 1 册	280.00	华龄
珍本 9:精刻编集阳宅真传秘诀	宣纸线装 1 函 2 册	480.00	华龄
珍本 10:秘传全本六壬玉连环	宣纸线装 1 函 2 册	480.00	华龄
珍本 11:秘传仙授奇门	宣纸线装 1 函 2 册	480.00	华龄
珍本 12:祝由科诸符秘卷祝由科诸符秘旨合刊	宣纸线装 1 函 2 册	480.00	华龄
珍本 13:校正古本入地眼图说	宣纸线装 1 函 2 册	480.00	华龄
珍本 14:校正全本钻地眼图说	宣纸线装 1 函 2 册	480.00	华龄
珍本 15:赖公七十二葬法	宣纸线装 1 函 2 册	480.00	华龄
珍本 16:新刻杨筠松秘传开门放水阴阳捷径	宣纸线装 1 函 2 册	480.00	华龄
珍本 17:校正古本地理五诀	宣纸线装 1 函 2 册	480.00	华龄
珍本 18:重校古本地理雪心赋	宣纸线装 1 函 2 册	480.00	华龄
珍本 19:宋国师吴景鸾先天后天理气心印补注	宣纸线装 1 函 1 册	280.00	华龄
珍本 20:新刊宋国师吴景鸾秘传夹竹梅花院纂	宣纸线装 1 函 2 册	480.00	华龄
珍本 21:影印原本任铁樵注滴天髓阐微	宣纸线装 1 函 4 册	1080.00	华龄
珍本 22:地理真宝一粒粟	宣纸线装 1 函 1 册	280.00	华龄
珍本 23:聚珍全本天机一贯	宣纸线装 1 函 2 册	480.00	华龄
珍本 24:阴宅造福秘诀	宣纸线装 1 函 1 册	280.00	华龄
珍本 25:增补诹吉宝镜图	宣纸线装 1 函 2 册	480.00	华龄
珍本 26:诹吉便览宝镜图	宣纸线装 1 函 1 册	280.00	华龄
珍本 27:诹吉便览八卦图	宣纸线装 1 函 1 册	280.00	华龄
珍本 28:甲遁真授秘集	宣纸线装 1 函 3 册	680.00	华龄
珍本 29:太上祝由科	宣纸线装 1 函 2 册	480.00	华龄
珍本 30:邵康节先生心易梅花数	宣纸线装 1 函 1 册	280.00	华龄

书　　名	作　者	定　价	版别
子部珍本备要(共 360 种 18 万元)		以下分函价	九州
001 峋嵝神书	宣纸线装 1 函 1 册	280.00	九州
002 地理啖蔗録	宣纸线装 1 函 4 册	880.00	九州
003 地理玄珠精选	宣纸线装 1 函 4 册	880.00	九州
004 地理琢玉斧峦头歌括	宣纸线装 1 函 4 册	880.00	九州
005 金氏地学粹编	宣纸线装 3 函 8 册	1840.00	九州
006 风水一书	宣纸线装 1 函 4 册	880.00	九州
007 风水二书	宣纸线装 1 函 4 册	880.00	九州
008 增注周易神应六亲百章海底眼	宣纸线装 1 函 1 册	280.00	九州
009 卜易指南	宣纸线装 1 函 1 册	280.00	九州
010 大六壬占验	宣纸线装 1 函 1 册	280.00	九州
011 真本六壬神课金口诀	宣纸线装 1 函 3 册	680.00	九州
012 太乙指津	宣纸线装 1 函 2 册	480.00	九州
013 太乙金钥匙 太乙金钥匙续集	宣纸线装 1 函 1 册	280.00	九州
014 奇门遁甲占验天时	宣纸线装 1 函 2 册	480.00	九州
015 南阳掌珍遁甲	宣纸线装 1 函 1 册	280.00	九州
016 达摩易筋经 易筋经外经图说 八段锦	宣纸线装 1 函 1 册	280.00	九州
017 钦天监彩绘真本推背图	宣纸线装 1 函 2 册	680.00	九州
018 清抄全本玉函通秘	宣纸线装 1 函 3 册	680.00	九州
019 灵棋经	宣纸线装 1 函 1 册	280.00	九州
020 道藏灵符秘法	宣纸线装 4 函 9 册	2100.00	九州
021 地理青囊玉尺度金针集	宣纸线装 1 函 6 册	1280.00	九州
022 奇门秘传九宫纂要	宣纸线装 1 函 1 册	280.00	九州
023 影印清抄耕寸集一真本子平真诠	宣纸线装 1 函 2 册	480.00	九州
024 新刊合并官板音义评注渊海子平	宣纸线装 1 函 2 册	480.00	九州
025 影抄宋本五行精纪	宣纸线装 1 函 6 册	1080.00	九州
026 影印明刻阴阳五要奇书 1一郭氏阴阳元经	宣纸线装 1 函 2 册	480.00	九州
027 影印明刻阴阳五要奇书 2一克择璇玑括要	宣纸线装 1 函 1 册	280.00	九州
028 影印明刻阴阳五要奇书 3一阳明按索图	宣纸线装 1 函 2 册	480.00	九州
029 影印明刻阴阳五要奇书 4一佐玄直指	宣纸线装 1 函 2 册	480.00	九州
030 影印明刻阴阳五要奇书 5一三白宝海钩玄	宣纸线装 1 函 1 册	280.00	九州
031 相命图诀许负相法十六篇合刊	宣纸线装 1 函 1 册	280.00	九州
032 玉掌神相神相铁关刀合刊	宣纸线装 1 函 1 册	280.00	九州
033 古本太乙淘金歌	宣纸线装 1 函 1 册	280.00	九州
034 重刊地理葬埋黑通书	宣纸线装 1 函 2 册	480.00	九州
035 壬归	宣纸线装 1 函 2 册	480.00	九州
036 大六壬苗公鬼撮脚二种合刊	宣纸线装 1 函 1 册	280.00	九州
037 大六壬鬼撮脚射覆	宣纸线装 1 函 2 册	480.00	九州
038 大六壬金柜经	宣纸线装 1 函 1 册	280.00	九州
039 纪氏奇门秘书仕学备余	宣纸线装 1 函 1 册	280.00	九州

书　　名	作　者	定　价	版别
040 八门九星阴阳二遁全本奇门断	宣纸线装 2 函 18 册	3680.00	九州
041 李卫公奇门心法	宣纸线装 1 函 1 册	280.00	九州
042 武侯行兵遁甲金函玉镜海底眼	宣纸线装 1 函 1 册	280.00	九州
043 诸葛武侯奇门千金诀	宣纸线装 1 函 1 册	280.00	九州
044 隔夜神算	宣纸线装 1 函 1 册	280.00	九州
045 地理五种秘笈合刊	宣纸线装 1 函 1 册	280.00	九州
046 地理雪心赋句解	宣纸线装 1 函 2 册	480.00	九州
047 九天玄女青囊经	宣纸线装 1 函 1 册	280.00	九州
048 考定撼龙经	宣纸线装 1 函 1 册	280.00	九州
049 刘江东家藏善本葬书	宣纸线装 1 函 1 册	280.00	九州
050 杨公六段玄机赋杨筠松安门楼玉辇经合刊	宣纸线装 1 函 1 册	280.00	九州
051 风水金鉴	宣纸线装 1 函 1 册	280.00	九州
052 新镌碎玉剖秘地理不求人	宣纸线装 1 函 2 册	480.00	九州
053 阳宅八门金光斗临经	宣纸线装 1 函 1 册	280.00	九州
054 新镌徐氏家藏罗经顶门针	宣纸线装 1 函 2 册	480.00	九州
055 影印乾隆丙午刻本地理五诀	宣纸线装 1 函 4 册	880.00	九州
056 地理诀要雪心赋	宣纸线装 1 函 2 册	480.00	九州
057 蒋氏平阶家藏善本插泥剑	宣纸线装 1 函 1 册	280.00	九州
058 蒋大鸿家传地理归厚录	宣纸线装 1 函 1 册	280.00	九州
059 蒋大鸿家传三元地理秘书	宣纸线装 1 函 1 册	280.00	九州
060 蒋大鸿家传天星选择秘旨	宣纸线装 1 函 1 册	280.00	九州
061 撼龙经批注校补	宣纸线装 1 函 4 册	880.00	九州
062 疑龙经批注校补一全	宣纸线装 1 函 1 册	280.00	九州
063 种筠书屋较订山法诸书	宣纸线装 1 函 2 册	480.00	九州
064 堪舆倒杖诀 拨砂经遗篇 合刊	宣纸线装 1 函 1 册	280.00	九州
065 认龙天宝经	宣纸线装 1 函 1 册	280.00	九州
066 天机望龙经刘氏心法 杨公骑龙穴诗合刊	宣纸线装 1 函 1 册	280.00	九州
067 风水一夜仙秘传三种合刊	宣纸线装 1 函 1 册	280.00	九州
068 新镌地理八窍	宣纸线装 1 函 2 册	480.00	九州
069 地理解醒	宣纸线装 1 函 1 册	280.00	九州
070 峦头指迷	宣纸线装 1 函 3 册	680.00	九州
071 茅山上清灵符	宣纸线装 1 函 2 册	480.00	九州
072 茅山上清镇禳摄制秘法	宣纸线装 1 函 1 册	280.00	九州
073 天医祝由科秘抄	宣纸线装 1 函 2 册	480.00	九州
074 千镇百镇桃花镇	宣纸线装 1 函 2 册	480.00	九州
075 轩辕碑记医学祝由十三科治病奇书合刊	宣纸线装 1 函 1 册	280.00	九州
076 清抄真本祝由科秘诀全书	宣纸线装 1 函 3 册	680.00	九州
077 增补秘传万法归宗	宣纸线装 1 函 2 册	480.00	九州
078 祝由科诸符秘卷祝由科诸符秘旨合刊	宣纸线装 1 函 1 册	280.00	九州
079 辰州符咒大全	宣纸线装 1 函 4 册	880.00	九州

书　　名	作　者	定　价	版别
080 万历初刻三命通会	宣纸线装 2 函 12 册	2480.00	九州
081 新编三车一览子平渊源注解	宣纸线装 1 函 3 册	680.00	九州
082 命理用神精华	宣纸线装 1 函 3 册	680.00	九州
083 命学探骊集	宣纸线装 1 函 1 册	280.00	九州
084 相诀摘要	宣纸线装 1 函 2 册	480.00	九州
085 相法秘传	宣纸线装 1 函 1 册	280.00	九州
086 新编相法五总龟	宣纸线装 1 函 1 册	280.00	九州
087 相学统宗心易秘传	宣纸线装 1 函 2 册	480.00	九州
088 秘本大清相法	宣纸线装 1 函 2 册	480.00	九州
089 相法易知	宣纸线装 1 函 1 册	280.00	九州
090 星命风水秘传	宣纸线装 1 函 1 册	280.00	九州
091 大六壬隔山照	宣纸线装 1 函 2 册	480.00	九州
092 大六壬考正	宣纸线装 1 函 1 册	280.00	九州
093 大六壬类阐	宣纸线装 1 函 2 册	480.00	九州
094 六壬心镜集注	宣纸线装 1 函 1 册	280.00	九州
095 遁甲吾学编	宣纸线装 1 函 2 册	480.00	九州
096 刘明江家藏善本奇门衍象	宣纸线装 1 函 1 册	280.00	九州
097 遁甲天书秘文	宣纸线装 1 函 2 册	480.00	九州
098 金枢符应秘文	宣纸线装 1 函 2 册	480.00	九州
099 秘传金函奇门隐遁丁甲法书	宣纸线装 1 函 2 册	480.00	九州
100 六壬行军指南	宣纸线装 2 函 10 册	2080.00	九州
101 家藏阴阳二宅秘诀线法	宣纸线装 1 函 2 册	480.00	九州
102 阳宅一书阴宅一书合刊	宣纸线装 1 函 1 册	280.00	九州
103 地理法门全书	宣纸线装 1 函 1 册	280.00	九州
104 四真全书玉钥匙	宣纸线装 1 函 1 册	280.00	九州
105 重刊官板玉髓真经	宣纸线装 1 函 4 册	880.00	九州
106 明刊阳宅真诀	宣纸线装 1 函 2 册	480.00	九州
107 阳宅指南	宣纸线装 1 函 1 册	280.00	九州
108 阳宅秘传三书	宣纸线装 1 函 1 册	280.00	九州
109 阳宅都天滚盘珠	宣纸线装 1 函 1 册	280.00	九州
110 纪氏地理水法要诀	宣纸线装 1 函 1 册	280.00	九州
111 李默斋先生地理辟径集	宣纸线装 1 函 2 册	480.00	九州
112 李默斋先生辟径集续篇 地理秘缺	宣纸线装 1 函 2 册	480.00	九州
113 地理辨正自解	宣纸线装 1 函 1 册	280.00	九州
114 形家五要全编	宣纸线装 1 函 4 册	880.00	九州
115 地理辨正抉要	宣纸线装 1 函 1 册	280.00	九州
116 地理辨正揭隐	宣纸线装 1 函 1 册	280.00	九州
117 地学铁骨秘	宣纸线装 1 函 1 册	280.00	九州
118 地理辨正发秘初稿	宣纸线装 1 函 1 册	280.00	九州
119 三元宅墓图	宣纸线装 1 函 1 册	280.00	九州

书　　名	作　者	定　价	版别
120 参赞玄机地理仙婆集	宣纸线装2函8册	1680.00	九州
121 幕讲禅师玄空秘旨浅注外七种	宣纸线装1函1册	280.00	九州
122 玄空挨星图诀	宣纸线装1函1册	280.00	九州
123 影印稿本玄空地理筌蹄	宣纸线装1函1册	280.00	九州
124 玄空古义四种通释	宣纸线装1函2册	480.00	九州
125 地理疑义答问	宣纸线装1函1册	280.00	九州
126 王元极地理辨正冒禁录	宣纸线装1函1册	280.00	九州
127 王元极校补天元选择辨正	宣纸线装1函3册	680.00	九州
128 王元极选择辨真全书	宣纸线装1函1册	280.00	九州
129 王元极增批地理冰海原本地理冰海合刊	宣纸线装1函1册	280.00	九州
130 王元极三元阳宅萃篇	宣纸线装1函2册	480.00	九州
131 尹一勺先生地理精语	宣纸线装1函1册	280.00	九州
132 古本地理元真	宣纸线装1函2册	480.00	九州
133 杨公秘本搜地灵	宣纸线装1函1册	280.00	九州
134 秘藏千里眼	宣纸线装1函1册	280.00	九州
135 道光刊本地理或问	宣纸线装1函1册	280.00	九州
136 影印稿本地理秘诀	宣纸线装1函2册	480.00	九州
137 地理秘诀隔山照 地理括要 合刊	宣纸线装1函1册	280.00	九州
138 地理前后五十段	宣纸线装1函2册	480.00	九州
139 心耕书屋藏本地经图说	宣纸线装1函1册	280.00	九州
140 地理古本道法双谭	宣纸线装1函1册	280.00	九州
141 奇门遁甲元灵经	宣纸线装1函1册	280.00	九州
142 黄帝遁甲归藏大意 白猿真经 合刊	宣纸线装1函1册	280.00	九州
143 遁甲符应经	宣纸线装1函2册	480.00	九州
144 遁甲通明钤	宣纸线装1函1册	280.00	九州
145 景祐奇门秘纂	宣纸线装1函2册	480.00	九州
146 奇门先天要论	宣纸线装1函2册	480.00	九州
147 御定奇门古本	宣纸线装1函2册	480.00	九州
148 奇门吉凶格解	宣纸线装1函1册	280.00	九州
149 御定奇门宝鉴	宣纸线装1函3册	680.00	九州
150 奇门阐易	宣纸线装1函2册	480.00	九州
151 六壬总论	宣纸线装1函1册	280.00	九州
152 稿抄本大六壬翠羽歌	宣纸线装1函1册	280.00	九州
153 都天六壬神课	宣纸线装1函1册	280.00	九州
154 大六壬易简	宣纸线装1函2册	480.00	九州
155 太上六壬明鉴符阴经	宣纸线装1函1册	280.00	九州
156 增补关煞袖里金百中经	宣纸线装1函1册	280.00	九州
157 演禽三世相法	宣纸线装1函2册	480.00	九州
158 合婚便览 和合婚姻咒 合刊	宣纸线装1函1册	280.00	九州
159 神数十种	宣纸线装1函1册	280.00	九州

书　　名	作　者	定　价	版别
160 神机灵数一掌经金钱课合刊	宣纸线装 1 函 1 册	280.00	九州
161 阴阳二宅易知录	宣纸线装 1 函 2 册	480.00	九州
162 阴宅镜	宣纸线装 1 函 2 册	480.00	九州
163 阳宅镜	宣纸线装 1 函 1 册	280.00	九州
164 清精抄本六圃地学	宣纸线装 1 函 1 册	280.00	九州
165 形峦神断书	宣纸线装 1 函 1 册	280.00	九州
166 堪舆三昧	宣纸线装 1 函 1 册	280.00	九州
167 遁甲奇门捷要	宣纸线装 1 函 1 册	280.00	九州
168 奇门遁甲备览	宣纸线装 1 函 1 册	280.00	九州
169 原传真本石室藏本圆光真传秘诀合刊	宣纸线装 1 函 1 册	280.00	九州
170 明抄全本壬归	宣纸线装 1 函 4 册	880.00	九州
171 董德彰水法秘诀水法断诀合刊	宣纸线装 1 函 1 册	280.00	九州
172 董德彰先生水法图说	宣纸线装 1 函 1 册	280.00	九州
173 董德彰先生泄天机纂要	宣纸线装 1 函 2 册	480.00	九州
174 李默斋先生地理秘传	宣纸线装 1 函 2 册	480.00	九州
175 新锓希夷陈先生紫微斗数全书	宣纸线装 1 函 3 册	680.00	九州
176 海源阁藏明刊麻衣相法全编	宣纸线装 1 函 2 册	480.00	九州
177 袁忠彻先生相法秘传	宣纸线装 1 函 3 册	680.00	九州
178 火珠林要旨 筮杙	宣纸线装 1 函 2 册	480.00	九州
179 火珠林占法秘传 续筮杙	宣纸线装 1 函 1 册	280.00	九州
180 六壬类聚	宣纸线装 1 函 4 册	880.00	九州
181 新刻麻衣相神异赋	宣纸线装 1 函 1 册	280.00	九州
182 诸葛武侯奇门遁甲全书	宣纸线装 1 函 2 册	480.00	九州
183 张九仪传地理偶摘	宣纸线装 1 函 1 册	280.00	九州
184 张九仪传地理偶注	宣纸线装 1 函 1 册	280.00	九州
185 阳宅玄珠	宣纸线装 1 函 1 册	280.00	九州
186 阴宅总论	宣纸线装 1 函 1 册	280.00	九州
187 新刻杨救贫秘传阴阳二宅便用统宗	宣纸线装 1 函 1 册	280.00	九州
188 增补理气图说	宣纸线装 1 函 2 册	480.00	九州
189 增补罗经图说	宣纸线装 1 函 1 册	280.00	九州
190 重镌官板阳宅大全	宣纸线装 1 函 4 册	880.00	九州
191 景祐太乙福应经	宣纸线装 1 函 1 册	280.00	九州
192 景祐遁甲符应经	宣纸线装 1 函 1 册	280.00	九州
193 景祐六壬神定经	宣纸线装 1 函 1 册	280.00	九州
194 御制禽遁符应经	宣纸线装 1 函 2 册	480.00	九州
195 秘传匠家鲁班经符法	宣纸线装 1 函 3 册	680.00	九州
196 哈佛藏本太史黄际飞注天玉经	宣纸线装 1 函 1 册	280.00	九州
197 李三素先生红囊经解	宣纸线装 1 函 1 册	280.00	九州
198 杨曾青囊天玉通义	宣纸线装 1 函 1 册	280.00	九州
199 重编大清钦天监焦秉贞彩绘历代推背图解	宣纸线装 1 函 2 册	680.00	九州

书　　名	作　者	定　价	版别
200 道光初刻相理衡真	宣纸线装 1 函 4 册	880.00	九州
201 新刻袁柳庄先生秘传相法	宣纸线装 1 函 3 册	680.00	九州
202 袁忠彻相法古今识鉴	宣纸线装 1 函 2 册	480.00	九州
203 袁天纲五星三命指南	宣纸线装 1 函 2 册	480.00	九州
204 新刻五星玉镜	宣纸线装 1 函 3 册	680.00	九州
205 游艺录:筮遁壬行年斗数相宅	宣纸线装 1 函 1 册	280.00	九州
206 新订王氏罗经透解	宣纸线装 1 函 2 册	480.00	九州
207 堪舆真诠	宣纸线装 1 函 3 册	680.00	九州
208 青囊天机奥旨二种	宣纸线装 1 函 1 册	280.00	九州
209 张九仪传地理偶录	宣纸线装 1 函 1 册	280.00	九州
210 地学形势集	宣纸线装 1 函 8 册	1680.00	九州
211 神相水镜集	宣纸线装 1 函 4 册	880.00	九州
212 稀见相学秘笈四种合刊	宣纸线装 1 函 2 册	480.00	九州
213 神相金较剪	宣纸线装 1 函 1 册	280.00	九州
214 神相证验百条	宣纸线装 1 函 2 册	480.00	九州
215 全本神相全编	宣纸线装 1 函 3 册	680.00	九州
216 神相全编正义	宣纸线装 1 函 3 册	680.00	九州
217 八宅明镜	宣纸线装 1 函 2 册	480.00	九州
218 阳宅卜居秘髓	宣纸线装 1 函 3 册	680.00	九州
219 地理乾坤法窍	宣纸线装 1 函 3 册	680.00	九州
220 秘传廖公画筴拨砂经	宣纸线装 1 函 4 册	880.00	九州
221 地理囊金集注	宣纸线装 1 函 1 册	280.00	九州
222 赤松子罗经要旨	宣纸线装 1 函 1 册	280.00	九州
223 萧仙地理心法堪舆经	宣纸线装 1 函 2 册	480.00	九州
224 新刻地理搜龙奥语	宣纸线装 1 函 2 册	480.00	九州
225 新刻风水珠神真经	宣纸线装 1 函 2 册	480.00	九州
226 寻龙点穴地理索隐	宣纸线装 1 函 1 册	280.00	九州
227 杨公撼龙经考注	宣纸线装 1 函 2 册	480.00	九州
228 李德贞秘授三元秘诀	宣纸线装 1 函 1 册	280.00	九州
229 地理支陇乘气论	宣纸线装 1 函 2 册	480.00	九州
230 道光刻全本相山撮要	宣纸线装 2 函 6 册	1500.00	九州
231 药王真传祝由科全编	宣纸线装 1 函 1 册	280.00	九州
232 梵音斗科符箓秘书	宣纸线装 1 函 2 册	580.00	九州
233 御定奇门灵占	宣纸线装 1 函 4 册	880.00	九州
234 御定奇门宝镜图	宣纸线装 1 函 2 册	480.00	九州
235 汇纂大六壬玉钥匙心诀	宣纸线装 1 函 1 册	280.00	九州
236 补完直解六壬五变中黄经	宣纸线装 1 函 2 册	480.00	九州
237 六壬节要直讲	宣纸线装 1 函 2 册	480.00	九州
238 六壬神课捷要占验	宣纸线装 1 函 1 册	280.00	九州
239 六壬袖传神课捷要	宣纸线装 1 函 1 册	280.00	九州
240 秘藏大六壬大全善本	宣纸线装 2 函 8 册	1800.00	九州

书　　名	作　者	定　价	版别
增补四库青乌辑要[宣纸线装全 18 函 59 册]	郑同校	11680.00	九州
第 1 种:宅经[宣纸线装 1 册]	[署]黄帝撰	180.00	九州
第 2 种:葬书[宣纸线装 1 册]	[晋]郭璞撰	220.00	九州
第 3 种:青囊序青囊奥语天玉经[宣纸线装 1 册]	[唐]杨筠松撰	220.00	九州
第 4 种:黄囊经[宣纸线装 1 册]	[唐]杨筠松撰	220.00	九州
第 5 种:黑囊经[宣纸线装 2 册]	[唐]杨筠松撰	380.00	九州
第 6 种:锦囊经[宣纸线装 1 册]	[晋]郭璞撰	200.00	九州
第 7 种:天机贯旨红囊经[宣纸线装 2 册]	[清]李三素撰	380.00	九州
第 8 种:玉函天机素书/至宝经[宣纸线装 1 册]	[明]董德彰撰	200.00	九州
第 9 种:天机一贯[宣纸线装 2 册]	[清]李三素撰辑	380.00	九州
第 10 种:撼龙经[宣纸线装 1 册]	[唐]杨筠松撰	200.00	九州
第 11 种:疑龙经葬法倒杖[宣纸线装 1 册]	[唐]杨筠松撰	220.00	九州
第 12 种:疑龙经辨正[宣纸线装 1 册]	[唐]杨筠松撰	200.00	九州
第 13 种:寻龙记太华经[宣纸线装 1 册]	[唐]曾文辿撰	220.00	九州
第 14 种:宅谱要典[宣纸线装 2 册]	[清]铣溪野人校	380.00	九州
第 15 种:阳宅必用[宣纸线装 2 册]	心灯大师校订	380.00	九州
第 16 种:阳宅撮要[宣纸线装 2 册]	[清]吴鼒撰	380.00	九州
第 17 种:阳宅正宗[宣纸线装 1 册]	[清]姚承舆撰	200.00	九州
第 18 种:阳宅指掌[宣纸线装 2 册]	[清]黄海山人撰	380.00	九州
第 19 种:相宅新编[宣纸线装 1 册]	[清]焦循校刊	240.00	九州
第 20 种:阳宅井明[宣纸线装 2 册]	[清]邓颖出撰	380.00	九州
第 21 种:阴宅井明[宣纸线装 1 册]	[清]邓颖出撰	220.00	九州
第 22 种:灵城精义[宣纸线装 2 册]	[南唐]何溥撰	380.00	九州
第 23 种:龙穴砂水说[宣纸线装 1 册]	清抄秘本	180.00	九州
第 24 种:三元水法秘诀[宣纸线装 2 册]	清抄秘本	380.00	九州
第 25 种:罗经秘传[宣纸线装 2 册]	[清]傅禹辑	380.00	九州
第 26 种:穿山透地真传[宣纸线装 2 册]	[清]张九仪撰	380.00	九州
第 27 种:催官篇发微论[宣纸线装 2 册]	[宋]赖文俊撰	380.00	九州
第 28 种:入地眼神断要诀[宣纸线装 2 册]	清抄秘本	380.00	九州
第 29 种:玄空大卦秘断[宣纸线装 1 册]	清抄秘本	200.00	九州
第 30 种:玄空大五行真传口诀[宣纸线装 1 册]	[明]蒋大鸿等撰	220.00	九州
第 31 种:杨曾九宫颠倒打劫图说[宣纸线装 1 册]	[唐]杨筠松撰	200.00	九州
第 32 种:乌兔经奇验经[宣纸线装 1 册]	[唐]杨筠松撰	180.00	九州
第 33 种:挨星考注[宣纸线装 1 册]	[清]汪董缘订定	260.00	九州
第 34 种:地理挨星说汇要[宣纸线装 1 册]	[明]蒋大鸿撰辑	220.00	九州
第 35 种:地理捷诀[宣纸线装 1 册]	[清]傅禹辑	200.00	九州
第 36 种:地理三仙秘旨[宣纸线装 1 册]	清抄秘本	200.00	九州
第 37 种:地理三字经[宣纸线装 3 册]	[清]程思乐撰	580.00	九州
第 38 种:地理雪心赋注解[宣纸线装 2 册]	[唐]卜则嵬撰	380.00	九州
第 39 种:蒋公天元余义[宣纸线装 1 册]	[明]蒋大鸿等撰	220.00	九州
第 40 种:地理真传秘旨[宣纸线装 3 册]	[唐]杨筠松撰	580.00	九州

书　　名	作　者	定　价	版别
增补四库未收方术汇刊第一辑(全 28 函)	线装影印本	11800.00	九州
第一辑 01 函:火珠林·卜筮正宗	[宋]麻衣道者著	340.00	九州
第一辑 02 函:全本增删卜易·增删卜易真诠	[清]野鹤老人撰	720.00	九州
第一辑 03 函:渊海子平音义评注·子平真诠·命理易知	[明]杨淙增校	360.00	九州
第一辑 04 函:滴天髓:附滴天秘诀·穷通宝鉴:附月谈赋	[宋]京图撰	360.00	九州
第一辑 05 函:参星秘要诹吉便览·玉函斗首三台通书·精校三元总录	[清]俞荣宽撰	460.00	九州
第一辑 06 函:陈子性藏书	[清]陈应选撰	580.00	九州
第一辑 07 函:崇正辟谬永吉通书·选择求真	[清]李奉来辑	500.00	九州
第一辑 08 函:增补选择通书玉匣记·永宁通书	[晋]许逊撰	400.00	九州
第一辑 09 函:新增阳宅爱众篇	[清]张觉正撰	480.00	九州
第一辑 10 函:地理四弹子·地理铅弹子砂水要诀	[清]张九仪注	340.00	九州
第一辑 11 函:地理五诀	[清]赵九峰著	200.00	九州
第一辑 12 函:地理直指原真	[清]释如玉撰	280.00	九州
第一辑 13 函:宫藏真本人地眼全书	[宋]释静道著	680.00	九州
第一辑 14 函:罗经顶门针·罗经解定·罗经透解	[明]徐之镆撰	360.00	九州
第一辑 15 函:校正详图青囊经·平砂玉尺经·地理辨正疏	[清]王宗臣著	300.00	九州
第一辑 16 函:一贯堪舆	[明]唐世友辑	240.00	九州
第一辑 17 函:阳宅大全·阳宅十书	[明]一壑居士集	600.00	九州
第一辑 18 函:阳宅大成五种	[清]魏青江撰	600.00	九州
第一辑 19 函:奇门五总龟·奇门遁甲统宗大全·奇门遁甲元灵经	[明]池纪撰	500.00	九州
第一辑 20 函:奇门遁甲秘笈全书	[明]刘伯温辑	280.00	九州
第一辑 21 函:奇门庐中阐秘	[汉]诸葛武侯撰	600.00	九州
第一辑 22 函:奇门遁甲元机·太乙秘书·六壬大占	[宋]岳珂纂辑	360.00	九州
第一辑 23 函:性命圭旨	[明]尹真人撰	480.00	九州
第一辑 24 函:紫微斗数全书	[宋]陈抟撰	200.00	九州
第一辑 25 函:千镇百镇桃花镇	[清]云石道人校	220.00	九州
第一辑 26 函:清抄真本祝由科秘诀全书·轩辕碑记医学祝由十三科	[上古]黄帝传	800.00	九州
第一辑 27 函:增补秘传万法归宗	[唐]李淳风撰	160.00	九州
第一辑 28 函:神机灵数一掌经金钱课·牙牌神数七种·珍本演禽三世相法	[清]诚文信校	440.00	九州
增补四库未收方术汇刊第二辑(全 36 函)	线装影印本	13800.00	九州
第二辑第 1 函:六爻断易一撮金·卜易秘诀海底眼	[宋]邵雍撰	200.00	九州
第二辑第 2 函:秘传子平渊源	燕山郑同校辑	280.00	九州
第二辑第 3 函:命理探原	[清]袁树珊撰	280.00	九州
第二辑第 4 函:命理正宗	[明]张楠撰集	180.00	九州
第二辑第 5 函:造化玄钥	庄圆校补	220.00	九州
第二辑第 6 函:命理寻源·子平管见	[清]徐乐吾撰	280.00	九州
第二辑第 7 函:京本风鉴相法	[明]回阳子校辑	380.00	九州
第二辑第 8—9 函:钦定协纪辨方书 8 册	[清]允禄编	780.00	九州
第二辑第 10—11 函:鳌头通书 10 册	[明]熊宗立撰辑	880.00	九州

书　名	作　者	定　价	版别
第二辑第 12—13 函:象吉通书	[清]魏明远撰辑	1080.00	九州
第二辑第 14 函:选择宗镜·选择纪要	[朝鲜]南秉吉撰	360.00	九州
第二辑第 15 函:选择正宗	[清]顾宗秀撰辑	480.00	九州
第二辑第 16 函:仪度六壬选日要诀	[清]张九仪撰	680.00	九州
第二辑第 17 函:葬事择日法	郑同校辑	280.00	九州
第二辑第 18 函:地理不求人	[清]吴明初撰辑	240.00	九州
第二辑第 19 函:地理大成一:山法全书	[清]叶九升撰	680.00	九州
第二辑第 20 函:地理大成二:平阳全书	[清]叶九升撰	360.00	九州
第二辑第 21 函:地理大成三:地理六经注·地理大成四:罗经指南拔雾集·地理大成五:理气四诀	[清]叶九升撰	300.00	九州
第二辑第 22 函:地理录要	[明]蒋大鸿撰	480.00	九州
第二辑第 23 函:地理人子须知	[明]徐善继撰	480.00	九州
第二辑第 24 函:地理四秘全书	[清]尹一勺撰	380.00	九州
第二辑第 25—26 函:地理天机会元	[明]顾陵冈辑	1080.00	九州
第二辑第 27 函:地理正宗	[清]蒋宗城校订	280.00	九州
第二辑第 28 函:全图鲁班经	[明]午荣编	280.00	九州
第二辑第 29 函:秘传水龙经	[明]蒋大鸿撰	480.00	九州
第二辑第 30 函:阳宅集成	[清]姚廷銮纂	480.00	九州
第二辑第 31 函:阴宅集要	[清]姚廷銮纂	240.00	九州
第二辑第 32 函:辰州符咒大全	[清]觉玄子辑	480.00	九州
第二辑第 33 函:三元镇宅灵符秘箓·太上洞玄祛病灵符全书	[明]张宇初编	240.00	九州
第二辑第 34 函:太上混元祈福解灾三部神符	[明]张宇初编	360.00	九州
第二辑第 35 函:测字秘牒·先天易数·冲天易数/马前课	[清]程省撰	360.00	九州
第二辑第 36 函:秘传紫微	古朝鲜抄本	240.00	九州
子部善本 1:新刊地理玄珠	精装古本影印	380.00	华龄
子部善本 2:参赞玄机地理仙婆集	精装古本影印	380.00	华龄
子部善本 3:章仲山地理九种(上下)	精装古本影印	760.00	华龄
子部善本 4:八门九星阴阳二遁全本奇门断	精装古本影印	760.00	华龄
子部善本 5:六壬统宗大全	精装古本影印	380.00	华龄
子部善本 6:太乙统宗宝鉴	精装古本影印	380.00	华龄
子部善本 7:重刊星海词林(全五册)	精装古本影印	1900.00	华龄
子部善本 8:万历初刻三命通会(上下)	精装古本影印	760.00	华龄
子部善本 9:增广沈氏玄空学(上下)	精装古本影印	760.00	华龄
子部善本 10:江公择日秘稿	精装古本影印	380.00	华龄
子部善本 11:刘氏家藏阐微通书(上下)	精装古本影印	760.00	华龄
子部善本 12:影印增补高岛易断(上下)	精装古本影印	760.00	华龄
子部善本 13:清刻足本铁板神数	精装古本影印	380.00	华龄
子部善本 14:增订天官五星集腋(上下)	精装古本影印	760.00	华龄
子部善本 15:太乙奇门六壬兵备统宗(上中下)	精装古本影印	1140.00	华龄
子部善本 16:御定景祐奇门大全(上下)	精装古本影印	760.00	华龄
子部善本 17:地理四秘全书十二种	精装古本影印	380.00	华龄

书名	作者	定价	版别
子部善本 18:全本地理统一全书	精装古本影印	380.00	华龄
子部善本 19:廖公画策扒砂经(上下)	精装古本影印	760.00	华龄
子部善本 20:明刊玉髓真经(上下)	精装古本影印	760.00	华龄
子部善本 21:蒋大鸿家藏地学捷旨	精装古本影印	380.00	华龄
子部善本 22:阳宅安居金镜	精装古本影印	380.00	华龄
子部善本 23:新刊地理紫囊书(上下)	精装古本影印	760.00	华龄
子部善本 24:地理大成五种(上下)	精装古本影印	760.00	华龄
子部善本 25:初刻鳌头通书大全(上中下)	精装古本影印	1140.00	华龄
子部善本 26:初刻象吉备要通书大全(上中下)	精装古本影印	1140.00	华龄
子部善本 27:钦定协纪辨方书(武英殿板)(上下)	精装古本影印	760.00	华龄
子部善本 28:初刻陈子性藏书(上中下)	精装古本影印	1140.00	华龄
子平遗书第 1 辑(甲子至戊辰,全三册)	精装古本影印	980.00	华龄
子平遗书第 2 辑(庚午至甲戌,全三册)	精装古本影印	980.00	华龄
子平遗书第 3 辑(乙亥至戊子,全三册)	精装古本影印	980.00	华龄
子平遗书第 4 辑(庚寅至庚子,全三册)	精装古本影印	980.00	华龄
子平遗书第 5 辑(辛丑至癸丑,全三册)	精装古本影印	980.00	华龄
子平遗书第 6 辑(甲寅至辛酉,全三册)	精装古本影印	980.00	华龄
风水择吉第一书:辨方(精装)	李明清著	168.00	华龄
珞琭子三命消息赋古注通疏(精装上下)	一明注疏	188.00	华龄
增补高岛易断(简体横排精装上下)	(清)王治本编译	198.00	华龄
中国古代术数基础理论(精装 1 函 5 册)	刘昌易著	495.00	团结
飞盘奇门:鸣法体系校释(精装上下)	刘金亮撰	198.00	九州
白话高岛易断(上下)	孙正治孙奥麟译	128.00	九州
润德堂丛书全编 1:述卜筮星相学	袁树珊著	38.00	华龄
润德堂丛书全编 2:命理探原	袁树珊著	38.00	华龄
润德堂丛书全编 3:命谱	袁树珊著	68.00	华龄
润德堂丛书全编 4:大六壬探原 养生三要	袁树珊著	38.00	华龄
润德堂丛书全编 5:中西相人探原	袁树珊著	38.00	华龄
润德堂丛书全编 6:选吉探原 八字万年历	袁树珊著	38.00	华龄
润德堂丛书全编 7:中国历代卜人传(上中下)	袁树珊著	168.00	华龄
三式汇刊 1:大六壬口诀纂	[明]林昌长辑	68.00	华龄
三式汇刊 2:大六壬集应钤	[明]黄宾廷撰	198.00	华龄
三式汇刊 3:奇门大全秘纂	[清]湖海居士撰	68.00	华龄
三式汇刊 4:大六壬总归	[宋]郭子晟撰	58.00	华龄
三式汇刊 5:大六壬心镜	[唐]徐道符辑	48.00	华龄
三式汇刊 6:壬窍	[清]无无野人撰	48.00	华龄
青囊汇刊 1:青囊秘要	[晋]郭璞等撰	48.00	华龄
青囊汇刊 2:青囊海角经	[晋]郭璞等撰	48.00	华龄
青囊汇刊 3:阳宅十书	[明]王君荣撰	48.00	华龄
青囊汇刊 4:秘传水龙经	[明]蒋大鸿撰	68.00	华龄
青囊汇刊 5:管氏地理指蒙	[三国]管辂撰	48.00	华龄

书　名	作　者	定　价	版别
青囊汇刊6:地理山洋指迷	[明]周景一撰	32.00	华龄
青囊汇刊7:地学答问	[清]魏清江撰	58.00	华龄
青囊汇刊8:地理铅弹子砂水要诀	[清]张九仪撰	68.00	华龄
青囊汇刊9:地理啖蔗录	[清]袁守定著	48.00	华龄
青囊汇刊10:八宅明镜	[清]箬冠道人编	48.00	华龄
青囊汇刊11:罗经透解	[清]王道亨著	58.00	华龄
青囊汇刊12:阳宅三要	[清]赵玉材撰	48.00	华龄
子平汇刊1:渊海子平大全	[宋]徐子平撰	48.00	华龄
子平汇刊2:秘本子平真诠	[清]沈孝瞻撰	38.00	华龄
子平汇刊3:命理金鉴	[清]志于道撰	38.00	华龄
子平汇刊4:秘授滴天髓阐微	[清]任铁樵注	48.00	华龄
子平汇刊5:穷通宝鉴评注	[清]徐乐吾注	48.00	华龄
子平汇刊6:神峰通考命理正宗	[明]张楠撰	38.00	华龄
子平汇刊7:新校命理探原	[清]袁树珊撰	48.00	华龄
子平汇刊8:重校绘图袁氏命谱	[清]袁树珊撰	68.00	华龄
子平汇刊9:增广汇校三命通会(全三册)	[明]万民英撰	168.00	华龄
纳甲汇刊1:校正全本增删卜易	郑同点校	68.00	华龄
纳甲汇刊2:校正全本卜筮正宗	郑同点校	48.00	华龄
纳甲汇刊3:校正全本易隐	郑同点校	48.00	华龄
纳甲汇刊4:校正全本易冒	郑同点校	48.00	华龄
纳甲汇刊5:校正全本易林补遗	郑同点校	38.00	华龄
纳甲汇刊6:校正全本卜筮全书	郑同点校	68.00	华龄
古今图书集成术数丛刊:卜筮(全二册)	[清]陈梦雷辑	80.00	华龄
古今图书集成术数丛刊:堪舆(全二册)	[清]陈梦雷辑	120.00	华龄
古今图书集成术数丛刊:相术(全一册)	[清]陈梦雷辑	60.00	华龄
古今图书集成术数丛刊:选择(全一册)	[清]陈梦雷辑	50.00	华龄
古今图书集成术数丛刊:星命(全三册)	[清]陈梦雷辑	180.00	华龄
古今图书集成术数丛刊:术数(全三册)	[清]陈梦雷辑	200.00	华龄
四库全书术数初集(全四册)	郑同点校	200.00	华龄
四库全书术数二集(全三册)	郑同点校	150.00	华龄
四库全书术数三集:钦定协纪辨方书(全二册)	郑同点校	98.00	华龄
增补鳌头通书大全(全三册)	[明]熊宗立撰辑	180.00	华龄
增补象吉备要通书大全(全三册)	[清]魏明远撰辑	180.00	华龄
增广沈氏玄空学	郑同点校	68.00	华龄
地理点穴撼龙经	郑同点校	32.00	华龄
绘图地理人子须知(上下)	郑同点校	78.00	华龄
玉函通秘	郑同点校	48.00	华龄
绘图入地眼全书	郑同点校	28.00	华龄
绘图地理五诀	郑同点校	48.00	华龄
一本书弄懂风水	郑同著	48.00	华龄
风水罗盘全解	傅洪光著	58.00	华龄

书　　名	作　者	定　价	版别
堪舆精论	胡一鸣著	29.80	华龄
堪舆的秘密	宝通著	36.00	华龄
中国风水学初探	曾涌哲	58.00	华龄
全息太乙(修订版)	李德润著	68.00	华龄
时空太乙(修订版)	李德润著	68.00	华龄
故宫珍本六壬三书(上下)	张越点校	128.00	华龄
大六壬通解(全三册)	叶飘然著	168.00	华龄
壬占汇选(精抄历代六壬占验汇选)	肖岱宗点校	48.00	华龄
大六壬指南	郑同点校	28.00	华龄
六壬金口诀指玄	郑同点校	28.00	华龄
大六壬寻源编[全三册]	[清]周螭辑录	180.00	华龄
六壬辨疑　毕法案录	郑同点校	32.00	华龄
时空太乙(修订版)	李德润著	68.00	华龄
全息太乙(修订版)	李德润著	68.00	华龄
大六壬断案疏证	刘科乐著	58.00	华龄
六壬时空	刘科乐著	68.00	华龄
御定奇门宝鉴	郑同点校	58.00	华龄
御定奇门阳遁九局	郑同点校	78.00	华龄
御定奇门阴遁九局	郑同点校	78.00	华龄
奇门秘占合编:奇门庐中阐秘·四季开门	[汉]诸葛亮撰	68.00	华龄
奇门探索录	郑同编订	38.00	华龄
奇门遁甲秘笈大全	郑同点校	48.00	华龄
奇门旨归	郑同点校	48.00	华龄
奇门法窍	[清]锡孟樨撰	48.00	华龄
奇门精粹——奇门遁甲典籍大全	郑同点校	68.00	华龄
御定子平	郑同点校	48.00	华龄
增补星平会海全书	郑同点校	68.00	华龄
五行精纪:命理通考五行渊微	郑同点校	38.00	华龄
绘图三元总录	郑同编校	48.00	华龄
绘图全本玉匣记	郑同编校	32.00	华龄
周易初步:易学基础知识 36 讲	张绍金著	32.00	华龄
周易与中医养生:医易心法	成铁智著	32.00	华龄
梅花心易阐微	[清]杨体仁撰	48.00	华龄
梅花易数讲义	郑同著	58.00	华龄
白话梅花易数	郑同编著	30.00	华龄
梅花周易数全集	郑同点校	58.00	华龄
一本书读懂易经	郑同著	38.00	华龄
白话易经	郑同编著	38.00	华龄
知易术数学:开启术数之门	赵知易著	48.00	华龄
术数入门——奇门遁甲与京氏易学	王居恭著	48.00	华龄
周易虞氏义笺订(上下)	[清]李翊灼校订	78.00	九州

书　　名	作　者	定　价	版别
阴阳五要奇书	[晋]郭璞撰	88.00	九州
壬奇要略(全5册:大六壬集应钤3册,大六壬口诀纂1册,御定奇门秘纂1册)	肖岱宗郑同点校	300.00	九州
周易明义	邸勇强著	73.00	九州
论语明义	邸勇强著	37.00	九州
中国风水史	傅洪光撰	32.00	九州
古本催官篇集注	李佳明校注	48.00	九州
鲁班经讲义	傅洪光著	48.00	九州
天星姓名学	侯景波著	38.00	燕山
解梦书	郑同、傅洪光著	58.00	燕山